日本の
構造デザイン
ガイドブック

一般社団法人日本建築学会　編

建 築 技 術

はじめに

　古来より伝統木造技術を駆使して実現されてきた日本の大空間建築は、近代以後、海外から新技術が流入し伝統文化と融合することで、西欧諸国の近代化とは異なる独自のプロセスを経て急速に発展してきた。特に戦後、高度経済成長期を迎えてからの勢いは凄まじく、これほど急激かつ多様に空間構造技術が発展した国や地域は世界を見回しても他に類を見ない。この間に高度に成熟した技術、建築と構造の高い次元での統合、構造デザインの多様性が、近年世界的に高い評価を受けている日本建築の魅力の大きな部分を占めていることは疑いの余地がない。

　本書は日本国内のドームやシェル、膜、テンション構造などの大空間を支えるシステムや、立体的な力の流れを有する構造、いわゆる「空間構造」の作品を取り上げている。超高層や一般的な骨組構造の建物などは他書に委ねることとし、逆に何かしらの「空間構造」的な仕組みを有する作品であれば、個人住宅からスタジアムなどの大空間、タワーに至るまでを幅広く対象としている。公共性の高い大空間建築などこれら空間構造作品は、時代や地域を象徴する作品が多く、数々の個性的な作品が日本の建築史を彩ってきた。建築と構造が高い次元で統合したこれら名建築は一見毅然としていて隙がないようにも見える。しかし、仔細に観察すれば、そこに関わった設計者やエンジニア達の意図や工夫、時には苦悩の痕跡さえも発見することができる。本書はそういった構造的に特徴ある作品を訪れる際に理解の手引きとなるガイドブックとして計画されたものである。本書の解説に目を通してから建物を訪ねれば、作品そのものとの対話、あるいは作品を通し時代を超えて作り手たちと語り合うことも可能になるだろう。

　本書は、2019年に刊行された「世界の構造デザインガイドブックⅠ」の続編に当たるものであり、日本建築学会のシェル空間構造運営委員会に設けられた構造設計小委員会を中心に企画・執筆を行った。本シリーズは建築を学ぶ若者が構造デザインに関心を持つきっかけとなり、構造系の学生や設計者が構造技術の多様性と奥深さに触れるための入門書となることを目的としている。第二弾として日本国内の全137作品を地域ごとに取り上げ、それぞれ図版や写真を豊富に用いながら初学者にもわかりやすく解説している。また、構造デザイン上の工夫や設計者の意図を読み解き、作品をより深く理解するためのヒントとなるような、重要な要素技術や、作品群の時代背景に迫るコラムも極力充実させた。

　解説する作品の選定は本書の肝となる部分であり、慎重に行った。まずは日本の空間構造を語る上で不可欠な作品を網羅的にリストアップし、委員全員の投票に基づいた議論の上100作品前後を決定した。その後、投票では拾いきれない重要な作品を各委員2〜3作品を目途にそれぞれ推薦し、委員会内で一つ一つ議論を尽くした上で、掲載する全137作品を確定させた。もちろん、ここで取り上げた作品以外にも重要な作品や、完成後間もないために掲載を見送った作品も多数存在する。これらについては将来刊行されるであろう続編に委ねたい。

　本書が専門家はもとより、一般の方にとっても日本の構造デザインの魅力を知っていただく一助となれば幸いである。

2023年10月吉日

日本建築学会

第1章── 北海道・東北

第3章 —— 東京

第4章 —— 中部

第5章 —— 関西

第6章 —— 中国・四国

第7章 —— 九州・沖縄

第1章
北 海 道・東 北

001

002,003

005

004

009,010

008,12

011

006

013

007

014

札幌ドーム
Sapporo Dome

デュアルアリーナ形式のスタジアム

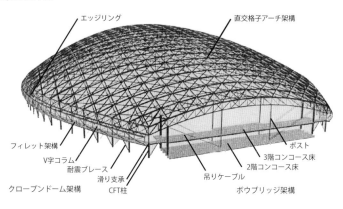

エッジリング　　　　　　直交格子アーチ架構

フィレット架構　　　　　　　　　　　　　　　　　　ポスト
　V字コラム　　　　　　　　　　　　　　　　3階コンコース床
　　耐震ブレース　　　　　　　　　　　　　　2階コンコース床
クロープンドーム架構　　　滑り支承　　吊りケーブル
　　　　　　　　　CFT柱　　　　　　　ボウブリッジ架構

デュアルアリーナ形式のスタジアム

　札幌ドームは 2002 年のワールドカップを契機に
実現されたサッカー，野球，展示場，コンサートな
ど多目的用途に対応する，札幌・羊ケ丘公園に建つ
200 m 超級の巨大ドームである。最大の特徴は，屋
内と屋外アリーナが連結したデュアルアリーナ形式
のスタジアムで，内外二つのアリーナの間はホヴァ
リングステージにより天然芝フィールドを一体で移
動可能にするなど，使用目的に合わせてステージや
座席の配置替えが可能となっている。

開きながら閉じるクロープンドーム

　このドームでは天然芝フィールドの一体移動のた
めに，ドームの妻側に幅 90 m の大開口が設けられて
いる。一般にドームの外周境界部にはエッジリング
（テンションリング）が必要となるが，ここに妻側大
開口では屋根は切断され，力学的に不連続になると
いう構造計画上の問題が生じる。さらに，建築計画
上 2 層分の 90 m スパンのブリッジを設ける必要もあ
り，単独ではともに不合理ともいえる二つの課題を
再び合理的な全体系に統合する必要があった。この

難題を解決するため，ここでは巨大な張弦梁を応用
した自己釣合系の力学的デヴァイスを導入してい
る。それはボウブリッジ（Bow–Bridge）と呼ばれ，
90 m スパンをまたぐ重量約 15,000 kN のブリッジを
斜めケーブルによる吊り構造とすることで，開口部
に生じる多大なスラストや不連続なエッジリングの
引張力にバランスする力を創り出している。さらに，
吊りケーブルにプレストレスを導入し，中間にポスト
を立てることにより力学的に閉じた全体場を形成し，
形態的には開きながら力学的には閉じたクロープン
ドーム（Clopen–Dome）を合理的に実現している。

　このように新しく着想されたボウブリッジによる
クロープンドームでは，多雪区域に建つ世界最大級
のドームでありながら，軽快で透明感のある開放型
のドーム建築となり，羊ケ丘公園の中核施設として
広く札幌市民に愛されている。

所在地・竣工年：北海道札幌市／2001 年
建築設計：原広司＋アトリエ・ファイ建築研究所，アトリエブンク，
　　　　　大成建設，竹中工務店
構造設計：佐々木睦朗（基本計画），大成建設，竹中工務店
構造形式：鉄骨複層ドーム構造

公立はこだて未来大学本部棟
Future University Hakodate Main Building

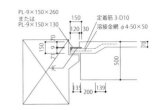
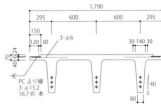

PC 構造の柱が林立するスタジオ

斜線部：トップライト開孔

トリプル T スラブ配筋詳細図

スタジオに面するガラスファサード

鉄骨小梁によるレセプションスペース

第 1 章｜北海道・東北

柱が林立する階段状のスタジオ空間

　木村俊彦の最後期の構造作品で，情報系大学の校舎である。建築家の山本理顕は，コンピュータを扱う大学として人同士のコミュニケーションが重要と考え，製図室のような一体空間をイメージしたという。平面約 100×100 m，高さ約 24 m のボックス型建物のガラスファサードに面し，「スタジオ」と呼ばれる 5 層吹抜の階段状フリースペースが設けられている。スタジオ内には柱がグリッド状に林立し，大きなトップライトのある屋根が覆っている。

軽量な PC 構造

　寒冷な函館で冬期に施工する必要があり，場所打ちコンクリートの養生期間を考えると，工期不足が予想されたため，基礎を除き PC 構造が採用されている。RC 造と比較したコスト管理のため，設計開始当初から構造体の軽量化が考えられたという。

　構造形式は耐震壁付ラーメン構造で，耐震壁やスラブを含めて PCaPC 構造である。柱は 950 mm 角（構造としては 930 mm 角），梁は幅 620×せい 850～950 mm。スラブは，T 形が二つまたは三つ連

続する断面形状からダブル T（トリプル T）スラブと名付けられた，トップコンクリートを用いない軽量なリブ付きスラブとなっている。柱スパンは 12.6 m で，スラブのリブピッチ 600 mm の倍数の中から，梁部材の運搬に支障のない寸法を採用している。

　木村は，設計開始当初に柱断面寸法を試算し，それを実現するために，当時はまだ新しい技術だったコンピュータによる荷重集計や立体骨組解析を用いた偏心率のコントロールなどを取り入れている。

鉄骨梁の部分使用による多様な空間

　グリッドで整理された PC の構造体の中で，ブリッジやレセプションスペース，体育館などは PC躯体から鉄骨梁を持ち出してトリプル T スラブを架けることによって作られている。イレギュラーな形のスペースを鉄骨梁とすることで，工期の問題を解決しながら多様な空間を生み出している。

所在地・竣工年：北海道函館市／2000 年
建築設計：山本理顕設計工場
構造設計：木村俊彦構造設計事務所
構造形式：PCaPC 耐震壁付ラーメン構造，一部鉄骨造

公立はこだて未来大学研究棟
Future University Hakodate Laboratory Building

均一な格子壁をガラスブロック，スチールプレートのモザイクで仕上げた柔らかな外観

実験室　格子壁の横材のように見えるのは仕上材の目地。横材はほとんど存在しない

格子壁と梁の接合部

木村俊彦最後の弟子による研究棟

　木村俊彦構造設計事務所の解散後，最後の所員で本部棟の構造担当者だった佐藤淳が独立して構造設計を行った研究棟である。大きな階段状のオープンスペースが特徴的な本部棟に対し，研究棟は研究室などの諸室が並列配置され，間に「実験室」と呼ぶ細長いオープンスペースを設けた構成になっている。

小さなフラットバーによる格子壁構造

　諸室と外部・実験室を隔てるのは，幅90×せい25mmのスチールフラットバーを，鉛直430mmピッチ，および斜め45°片方向に約300mmピッチに平行四辺形に組んだ「格子壁」である。開口部周辺を除き横材は存在せず，鉛直荷重を負担する縦材と，縦材の座屈補剛・地震力を負担する片斜材という最小限の部材構成になっている。格子壁の高さは7.35mで，2層吹抜の実験室から見ると，部材幅と高さの比率は1/82程度となり，小さな部材を密に配置して荷重を分散し，空間を成立させた構造である。格子壁には，部屋の機能に応じてガラスブロック・パンチングメタルパネル・スチールパネルと透明度

の異なる3種類の仕上材がはめ込まれ，部屋同士の関係を決める意匠的役割も担っている。屋根梁も幅25×せい200mm，ピッチ430mmのフラットバーで軽やかに架けられている。格子壁は長期荷重と東西方向の水平荷重を負担しており，南北方向の水平荷重は諸室の間仕切壁内に設けたH形鋼のラーメン構造が負担し，力の分担を明快にしている。

格子壁の製作

　格子壁1枚の全長は51.6mに及び，部材総数は14,000ピースにもなるため，誤差の小さい製作方法が検討された。フラットバーを相欠きにする案や，大判の鋳物とする案などが検討されたが，最終的には縦材を通しとし，斜材を縦材に部分溶込み溶接とする方法を採用している。佐藤はこの研究棟と同時期に，ツダ・ジュウイカ（C＋A，2003年）やクリスタル・ブリック（アトリエ天工人，2004年）などの鋼板格子壁構造の作品を設計している。

所在地・竣工年：北海道函館市／2005年
建築設計：山本理顕設計工場
構造設計：佐藤淳構造設計事務所
構造形式：鉄骨格子壁構造＋鉄骨ラーメン構造，一部RC造

新青森県総合運動公園陸上競技場
Aomori Prefectural General Sports Park Athletics Stadium

スタンド外観　天秤システムで支えるスタンド大屋根

アプローチ側 外観全景

コンコース

第1章｜北海道・東北

自然と一体化したオープンスタジアム

　青森市郊外の東岳山麓のなだらかな斜面にある総合運動公園に，「自然と一体化したオープンスタジアム」をコンセプトとして計画された陸上競技場施設で，外周に盛土をしてコンコースまで地形を造り，公園を訪れた人々が自由に観客席やフィールドの様子を見られるようになっている。メインスタンドとコンコースを覆うGRCパネル仕上げの鉄骨大屋根はフィールド側に26m片持ちで張り出し，面積は9,000 m²を超える。山々の連なりや空に翼を広げるイメージを重ねて周囲の自然と呼応させ，訪れた人々や選手の高揚感を生み出すような形にデザインされている。

細い柱が「天秤」で支える大屋根

　大屋根の形状と，構造は2mにもなる積雪量と南西からの強い卓越風という立地特性への建築的な対応から導かれている。スタンドの外周に沿って下部スタンド構造と一体化した主柱（鋼管φ600）が12mピッチに設けられ，この主柱を支持点とするスタンドの26m片持ち跳ね出し屋根には，大きな積雪

荷重にも十分な強度と剛性をもつ構造として，最大5mのせいを確保した鉄骨トラス梁を設けている。さらに，この跳ね出し屋根の回転を制御するために，外部のコンコース側に副柱（鋼管φ450）を設け，両柱の柱頭をアーチ状の鉄骨トラス梁でつないでいる。一対の圧縮主柱と引張副柱による天秤システムであり，規模は違うが原理的には有名なサルスエラ競馬場（E.トロハ, 1935年）と同じシステムである。特に，コンコース両端部でこの天秤システムの様態がストレートに現れている。

　アーチ状の鉄骨トラス梁は意匠性，および耐候性からGRCパネル仕上げとしている。厳しい自然条件への対応から導かれたモスクを連想させる優美な曲面天井が漏斗状に滑らかにスレンダーな柱へと連続し，コンコースに集まって来る人々が思わず息をのむ，浮遊感に溢れる建築空間を創出している。

所在地・竣工年：青森県青森市／2018
建築設計：伊東豊雄建築設計事務所
構造設計：佐々木睦朗構造計画研究所
構造形式：屋根／鉄骨構造，スタンド／RC，SRC，PC構造

17

しもきた克雪ドーム
Shimokita Kokusetsu Dome

海に浮かび上がるドーム

外観　膜屋根面から滑落した雪が堆雪スラブ上にのっている

外部の EV から内部へつながる展望台

内観　中央の円形部分は高透光内膜，周辺部には設備用の円形開口と展望台が突き出している

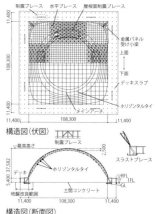

構造図（伏図）

構造図（断面図）

寒冷地雪国のドーム

　冬期間の屋外活動に制約を受けていたこの多雪区域（設計用積雪深は130 cm を超える）に，設計競技を経て，全天候型の運動施設が建てられた。この施設はスポーツやイベントで，住民の健康増進と相互交流，地域の活性化に役立っている。鉄骨の外側に屋根膜，内側に内膜天井が設置された二重膜となっているが，上部円形部分には高透光の内膜材が使用されて，内部は非常に明るい空間となっている。外側には，1.5 m 角開口の 70 個の換気口が設置されている。夜間は内部照明が膜面を行灯のように照らし，海に浮かび上がるドームは街のシンボルとなっている。

正方形平面と球形屋根の連続曲面

　108.3×108.3 m 正方形アリーナの平面から，最高高さ45 mのドーム状球形屋根へと変化する形状が，正方形の境界に石鹸膜を張り，下から膨らませた等張力曲面を解析で求める空気膜構造の理論で決定されており，構造的合理性を有している。屋根頂部は，膜面の滑雪を促すよう実験で確認された 11.5°の勾配がつけられており，気温が 0℃以上になると自然滑雪が見込まれる。骨組は平行弦アーチトラスによる鉄骨シェルとなっており，下部のデッキスラブ上でピン接合で取り合っている。鉄骨の最下部にはホリゾンタルタイと呼ばれる箍の役目をする部材が，円周上にまわっている。上弦面には合理的に水平ブレースが配置され，屋根の一部には，地震応答を低減するための制振ブレースも配置されている。

多機能な堆雪デッキスラブ

　軒レベルに厚さ 30〜40 cm のデッキスラブがあるが，この部分は建物周囲の二重回廊部分の屋根となっており，膜屋根から滑落した雪を堆雪するエリアともなっている。このスラブは，構造的に屋根面のスラスト処理にも役立っている。RC スラブ自体はドーム周辺の 5.7 m グリッドの 252 本の RC 柱と，ブレース構面（RC スラストブレースと鋼材制振ブレース）により支持されている。

所在地・竣工年：青森県むつ市／2005 年
建築設計：原広司＋アトリエ・ファイ建築研究所，大成建設 JV
構造設計：大成建設
構造形式：平行弦アーチトラスによる鉄骨シェル構造＋膜屋根

岩手県営体育館
Iwate Prefectural Gymnasium

中央のメインアーチ，外周のリングアーチ，ケーブルネットの吊り屋根が作るダイナミックな外観

メインアーチと吊り屋根が作るダイナミックな内観

構造システム模型

ケーブルネットと PCa パネルの施工状況

第1章｜北海道・東北

地域に愛されるシンボリックな体育館

　岩手県営体育館は，岩手山の雄大な裾野の広がる盛岡市郊外に建設された。昭和45年度の国体開催を目標にその主体育館として計画されたものである。独特なフォルムは地域のシンボルであり，公園内の木々に囲まれたランドマークとして「UFO」や「亀の子」などと呼ばれ，市民に親しまれている。

アーチとケーブルネットの組合せ

　アリーナと観客席を覆い包み込む大屋根は，互いにもたれ合う2本のメインアーチと外周のリングアーチを境界構造とする2枚の吊り屋根（ケーブルネット＋PCaパネル）によって構成されている。

　メインアーチの脚部スラストはPSタイビームによって吸収され，リングアーチの自重は片持ち式のスタンド架構と外周アーチによって支持されている。吊りと押えの2群のケーブルからなるケーブルネット間には形状の異なる4種類のPCaパネルが配置され，目地にモルタルが打設されている。さらに，吊りケーブルの緊張によって屋根曲版に圧縮力を導入することで，積雪時の変形が抑制されている。

　メインアーチ（双曲線）とリングアーチ（放物線）は，各々"平面曲線"とすることで造形的シャープさを狙うとともに構造と施工の明快さ・簡素化を意図している。特に，リングアーチは上端を屋根曲面の勾配に合わせ，下端を傾斜平面としているため，大断面から小断面へと変化する中空の異形断面が形成されている。この特異な中空断面はメインアーチとともに暖房・換気のためのダクトとして有効に活用され，建築・構造・設備が融合したトータルデザインが実現されている。

　本体育館は「建物中央を貫く2本のメインアーチと外周部のリングアーチ間に張られたケーブルネットによる屋根面の形成という架構形式が室内外にわたり独自の造形効果を示し，力感に富む空間が生み出されている」と高く評価され，2020年にDOCOMOMO Japanによる「日本におけるモダン・ムーブメントの建築」に選定されている。

所在地・竣工年：岩手県盛岡市／1967年
建築設計：小林美夫研究室（小林美夫，若色峰郎，津路次郎）
構造設計：斎藤謙次研究室（小野新，斎藤公男）
構造形式：アーチ構造＋ケーブルネット吊り屋根構造

せんだいメディアテーク
Sendai Mediatheqe

外観全景　美しいケヤキ並木の定禅寺通りに面して建つ

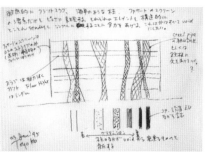

伊東豊雄氏のスケッチ

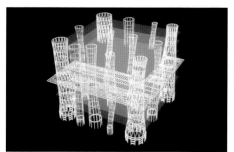

鉄骨ドミノ構造システム　CG図

新しいアーキタイプと鉄骨ドミノ構造

　美しいケヤキ並木の仙台・定禅寺通りに面して建つ，美術館，図書館，メディアセンターなどの機能をもつ複合施設である。1995 年，審査員長を磯崎新とする国際コンペで伊東豊雄案が当選，近代建築の原型とされるル・コルビュジエのドミノシステムの現代版として大きな話題となり，2000年の竣工後も今日に至るまで世界の建築界に多大な影響を与えている。また，2020年には平成の十大建築の第１位に選ばれるなど建築メディアでの評価も高く，今日では 20 世紀から 21 世紀にかけたエポックメーキングとなる建築作品として位置付けられている。

　人間，自然，情報を統合する場としての新しいアーキタイプを提案したもので，メディアごとに異なるコミュニケーションの場を図式化した７枚の床プレートと，これを組織化する13本の柱チューブ，および環境をコントロールする皮膜としての外壁スキン，これらを建築・構造・設備すべてにわたって統合した明快な建築構成に特徴がある。この建築的アイディアは伊東豊雄によるコンペ当初の衝撃的なス

ケッチ，即ち，不定形なチューブが海藻のようにゆらゆらと揺れながら数枚の薄いプレートを支えている，という白昼夢のような一枚のスケッチの中に明瞭に読み取ることができる。構造エンジニアは，このスケッチが示す建築的イメージを最大限に反映する実現可能な構造システムとして，場を規定するプレート（鉄骨フラットスラブ）とそれを支えるチューブ（鉄骨独立シャフト）だけで構成するピュアな現代版鉄骨ドミノ構造を創出し，露出したチューブの内部には階段や EV，設備などがシースルーに組み込まれ，透明で流動的な建築空間を実現している。

チューブ（鉄骨独立シャフト）

　主体構造であるチューブは大小合わせて 13 本の鉄骨独立シャフト（直径 2～9 m）からなり，細径のシームレス鋼管（径 139.8～240 mm，FR鋼）による立体骨組構造を構成し，床を支えると同時に一部耐震要素となる主体構造を形成している。これらのうち四隅に配置されたラチス状に組まれた大径の主要チューブは耐震的に塔状のキャンチレバーとして働き，地上部では HP 形状をした高い剛性と強度を

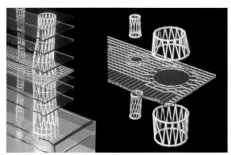

チューブとプレートのジオメトリー

チューブの建方

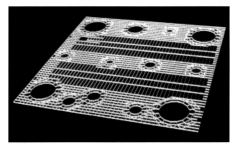

応力分布に応じたプレートのジオメトリー

1階のチューブと2階プレート下面

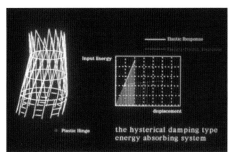

地下貫梁立体フレームの地震エネルギー吸収機構

現場建方時の全景

もつ強度抵抗型の単層ラチス柱とし、地下1階では靭性型の貫梁立体フレームとしている。なお、上記以外の9本の小径チューブは主として鉛直床荷重を支持する支柱として配置されている。

プレート（鉄骨フラットスラブ）

床組構造であるプレートは自重の軽量化と同時に、最大スパン20mに対してできる限り薄くする必要があり、そのため強度的にも剛性的にも最も断面効率の高い鋼板サンドイッチスラブ（スラブ厚400mm、格子間隔1m、標準鉄板厚6mm）を採用、上面に70mm厚の軽量コンクリートを打設している。鋼板サンドイッチスラブの構成各部の断面は13本のチューブ柱で支持された50m四方の無梁版応力分布に応じて、チューブまわりのディスクゾーン、柱列ゾーン、柱間ゾーンに分けて合理的に設計されている。

貫梁フレームによる応答制御の試み

地下外壁上端で1階床をローラー支持とすることにより地下1階床を実質的な地震入力レベルとした上で、地震入力の第1層となる地下1階の主体構造を履歴減衰型のエネルギー吸収機構をもつ靭性型の貫梁フレームに切り替えている。大地震時には梯子状に組まれた貫梁部分を順次先行降伏させて地震エネルギーを第1層で吸収してしまい、上部構造のラチス柱への地震入力を軽減するという一種の応答制御設計の試みである。2011年3月11日の東日本大震災では当該建物も震度6強の烈震に見舞われたが、幸いにも人的被害はなく構造的にも無被害であったことを付記しておく。

工法（建設現場への造船技術の導入）

施工に当たっては、運搬可能な適切な寸法に工場製作されたユニット相互を現場溶接することで全体を組み立てる必要があり、現場溶接による溶接ひずみの解消や施工精度の確保など、通常の線材による鉄骨構造とは比較にならない高度な施工技術が要請された。このため、造船技術が建設現場に大々的に導入されたことは現場施工における最大の特徴である。

所在地・竣工年：宮城県仙台市／2000年
建築設計：伊東豊雄建築設計事務所
構造設計：佐々木睦朗構造計画研究所
構造形式：鉄骨ラチスシャフト構造、鉄骨フラットスラブ構造

21

Column A | 鉄骨部材の座屈と補剛
Buckling and stiffening of steel structure

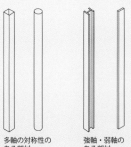

多軸の対称性の
ある部材

強軸・弱軸の
ある部材

図1　部材形状によって座屈補剛の対応は
変わる

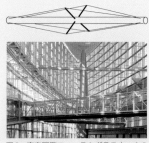

図2　東京国際フォーラムガラスホールの
鋼管水平梁はテンション材によって座屈補
剛されている

図3　せんだいメディアテークのチューブ
の座屈補剛

図4　釧路こども遊学館の高さ20mの吹抜部

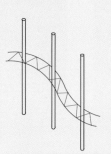

図5　釧路こども遊学館の鉛
直柱と水平トラスの座屈補剛

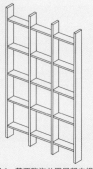

図6　葛西臨海公園展望広場
レストハウス，ツダ・ジュウイ
カの平鋼による構造

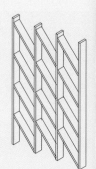

図7　公立はこだて未
来大学研究棟の平鋼柱
の構造

圧縮材の座屈補剛

　鉄骨は強度が高い材料であり，細さ，薄さを表現できる構造材であるが，圧縮材や曲げ材として使用される場合には座屈により耐力が極端に低下する欠点があり，座屈補剛によってこれを補うことができる。圧縮力を受ける部材の形状が，鋼管のような強軸弱軸の対称性を有する部材とH形鋼や平鋼のように強軸と弱軸を有する部材では，座屈補剛の方法が異なる。前者では多方向（通常は二方向）への座屈変形に対して補剛する必要があり，後者では弱軸方向だけの補剛で効果を得ることができる（図1）。

鋼管圧縮材の座屈補剛

　東京国際フォーラムのガラスホールでは，壁面の水平トラスの中間を拘束する水平梁として鋼管が用いられ，周囲にテンション材を配して座屈補剛が行われた（図2）。せんだいメディアテークの鋼管柱を集合した"チューブ"では，円形状の梁によって結合されることやHP面を形成することで，二方向の補剛効果が得られている（図3）。円形状の梁の効果が活かされて，補剛が行われた。釧路こども遊学館では高さ20mの吹抜空間に細長い鋼管柱が用いられ，中間レベルに鋼管を用いた湾曲した水平トラスにより座屈補剛が行われる（図4，5）。圧縮材（柱）に比べて，補剛材（水平トラス）のボリュームが大きい使われ方である。

平鋼圧縮材の座屈補剛

　平鋼のように強軸と弱軸の剛性が大きく異なる部材

では，弱軸方向だけの補剛で効果が得られ，補剛材の部材形状や配置の違いなどにより工夫ができる。圧縮材と補剛材が同じような形状の部材で構成されている例として，葛西臨海公園展望広場レストハウスでは，ファサード面が平鋼の柱・梁で構成され，梁材の平鋼が圧縮力を受ける柱の座屈補剛材となっている。類似の事例として，ツダ・ジュウイカでは6mmの平鋼の方立構造が用いられ，座屈補剛された平鋼柱が用いられた（図6）。これらの構造では，フレームとしての水平剛性が小さいので，梁だけでは座屈補剛が十分ではない。前者では高さ方向に6m以内のピッチで水平ブレースにより，鉄骨架構は内部のRCコアに繋がれて水平剛性を高め，後者では二方向に配列された方立構造を一体化することで水平剛性を高めている。公立はこだて未来大学研究棟は鉛直方向と45°方向の平鋼を組み合わせて相互に座屈補剛を行い，斜め部材があることで水平剛性が確保されている（図7）。

　補剛材を目立たせないためにテンションロッドを補剛材に用いることがあり，ガラスファサードの構造などで用いられている（図8）。この場合には，補剛材が強固な主体構造に接続されている必要がある。

他の材料による鉄骨部材の座屈補剛

　鉄骨部材が，他の材料によって補剛されることもある。上州富岡駅は鉄骨造の構造で，平鋼を用いたブレースが用いられている。平鋼をレンガ壁で包むことでレンガ壁の面外曲げ剛性によって座屈補剛を行い，平鋼は引張ブレースとしてだけでなく圧縮ブ

図8 テンションロッドによる平鋼柱の座屈補剛

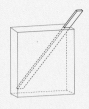

図9 レンガ壁による平鋼柱の座屈補剛

図10 上州富岡駅の平鋼鉄骨ブレースは，レンガ壁に埋め込めれて座屈補剛された

図11 土佐市複合施設の平鋼ブレースは，集成材の水平梁によって座屈補剛された

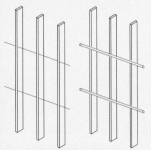

図12 平鋼柱の偏心補剛の概念図

図13 福田美術館のファサード面に用いられた折れ曲った平鋼柱

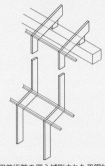

図14 福田美術館の偏心補剛された平鋼柱。補剛材は柱の外側に位置するCT鋼

図15 レイカズン本社ビルの外観。斜めの平鋼柱による外郭構造

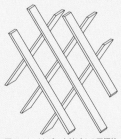

図16 レイカズン本社ビルの平鋼柱の構成。お互いを偏心補剛している

図17 神奈川工科大学KAIT工房では，水平力を負担する平鋼柱にあらかじめ引張力が与えられた

レースとしても機能させている（図9, 10）。同じような事例として，土佐市複合施設"つなーで"では，平鋼の斜め格子ブレースを用いた耐力壁において平鋼の両側面に集成材の梁を配して座屈補剛を行っている。集成材の補剛材の断面は大きなものとなり，視覚的に木材が強調されるデザインとしたものである（図11）。

偏心補剛

座屈補剛は圧縮材の全断面を拘束する，あるいは部分的に拘束する場合は中央や両端などを拘束することが一般的であったが，近年になり圧縮材の片側のみを補剛する"偏心補剛"が実践されてきている（図12）。H形鋼では片側だけ拘束しても，捩じれが生じて座屈補剛は成り立たないが，平鋼のように捩じれ剛性に対して相対的に曲げ剛性が小さい部材では成立する。

この方法の事例として，福田美術館では外壁に平鋼柱が並び，部材を外れた位置に設けられたCT鋼で座屈補剛が行われ，CT鋼は天井仕上げの裏に隠れることで，座屈補剛材が存在しないかのような表現が生まれている（図13, 14）。別の例として，レイカズン本社ビルは平鋼の斜め柱を組み合わせた外郭構造を持ち，傾きの異なる位置のずれた平鋼がお互いに座屈補剛材の役割を有している（図15, 16）。

プレストレスによる座屈防止

圧縮材の欠点を補う別の方法として，プレストレスの手法がある。あらかじめ部材に引張力を加えておき，外力として圧縮力が作用しても，部材には圧縮が生じないようにする原理である。適用例としては，神奈川工科大学KAIT工房で用いられた平鋼柱がある（図17）。約4.9 mの階高に対して，25 mmの薄い柱が水平抵抗のみを期待するものとして用いられたが，完成後に積雪による付加的な荷重を受けると，座屈が生じてしまう。それを防止するために，施工時にはこの柱が吊られた状態で屋根に積雪荷重分の錘を載せて基礎に固定させ，その後に錘を撤去することで積雪荷重分の引張力が導入された。

国際教養大学中嶋記念図書館
Akita International University Nakajima Library

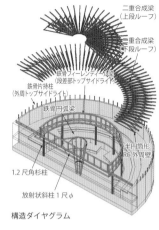

構造ダイヤグラム

屋根段差部と外周部の水平連続窓から木漏れ日のような淡い光が射し込む内観

二重組立梁のモックアップによる検討

断面図（単位：m）

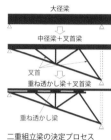

二重組立梁の決定プロセス

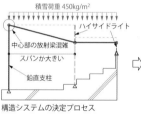

構造システムの決定プロセス

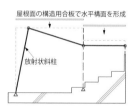

二重組立梁の決定プロセス

365日24時間眠らない図書館

「ブックコロシアム」と呼ばれる24時間オープンの大学図書館で，直径約44mの同心・半円形平面を持ち，閲覧席と書架が階段状に配置される。この半円筒形空間を高さ1.5mの積雪に耐える2段の広大なフラット屋根が覆い，屋根段差部と外周部に設けられた水平連続窓からは木漏れ日のような淡い自然光が射し込む。

秋田スギ無垢材，鋼材，大工技術でつくる大空間

図書館としての遮音性と水密性確保のためのRC造外周壁の中に，和傘のような木造屋根架構が入れ子状に組み込まれている。平面に合わせて半径方向にハイピッチ（上段屋根7.5°，下段屋根3.75°）に架け渡された二重組立梁が，中心部，屋根段差部，外周部の3か所で支持される。二重組立梁は，叉首（さす）梁と重ね透かし梁という適応スパンの異なる2種類の組立梁を縦に重ねたもので，大荷重・長スパンに対して，秋田県産スギ製材（主要材は150mm角）を使用可能にし，軽快な架構を実現する方法として考案されている。接合箇所が多くなるが，大工

技術による継手仕口を用いることで，製作金物によるコストアップや美観低下の問題を解決している。特に，大きな圧縮軸力を負担する合掌材と引張軸力を負担する陸梁との接合部は，傾ぎ大入れという洋小屋組の合掌尻で使われてきた仕口を採用している。

円中心から2.5mの位置に設けた鉄骨造円弧梁は，スパンを短縮させつつ互いの干渉がないよう二重組立梁を支え，1階床レベルの円弧中心付近から傾けて立てた6本の円柱（スギφ300mm）で支えられている。柱が斜めになることで積雪時に架構に生じるスラストは，厚物構造用合板による屋根構面と外周RC壁によって立体的に安定させている。

屋根段差・外周部では，鉄骨造のフィーレンディール梁と片持ち柱を配置することで水平連続窓の開放性を確保し，フィーレンディール梁の鉛直力は6本の独立柱（スギ360mm角）で支持している。

所在地・竣工年：秋田県秋田市／2008年
建築設計：仙田満＋環境デザイン・コスモス設計共同企業体
構造設計：増田建築構造事務所　担当：山田憲明
構造形式：RC造＋木造放射状二重組立梁＋鉄骨造フィーレンディール

大館樹海ドーム
Odate Jukai Dome

卵型をした膜のドーム　頂部からずれた位置に換気塔が設置されている

回転体なので集成材アーチがだんだん倒れていく

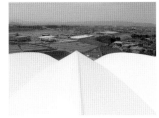

膜面は内部でケーブルを引込みV字形状にしている

木と鉄の混構造

環境と調和する卵型のドーム形状

　当時木造ドームは真円や球面の構造的合理性のある幾何学形状が当たり前の時代であったが，設計者の伊東豊雄氏は，あえて卵型にすることを望んだ。雪や風を受け流し，野球の打球軌跡からも合理的な面はあるが，何より周辺の自然環境と調和し，外に対して開かれた空間を創ることが狙いであった。どこから見ても違う非対称形状で，違和感なく地域の環境に溶け込んでいる。

秋田スギ大断面集成材による世界最大級の木造架構

　秋田スギの使用は，地元の産業振興という観点からも，当初からの命題であった。秋田スギによる卵型ドームをいかにして合理性を確保しつつ構成するかが，構造設計のテーマであった。長辺178m，短辺157mの平面に，中央高さを52mとし，頂部から二円弧で構成されたアーチを，GL−38.4mの位置を中心に回転させ，水平面に対し1/30傾斜した軒部RCリングで切断された卵型となっている。軒リングから下は斜めのV字型RC柱で，杭基礎に力を伝えている。屋根架構は長辺方向を3〜5mの高さを

もったアーチトラスとし，短辺方向は単層アーチの二方向アーチ構造である。約6×6mの格子グリッドとなっており，アーチ材は集成材，束材および斜材・接合部などは鉄骨で作られている。二方向のアーチがほぼ均等に雪荷重に抵抗し，曲げ剛性の高い長辺方向アーチトラスが変形を抑えている。スギの品質管理は，ヤング係数を重要視して行われた。

V字型二重膜構造

　屋根はPTFE膜材で，雪荷重への抵抗と滑雪のために深いV字形状となっている。V字の底辺は，室内側に設置されたバレーケーブルで膜面を押え，グリッドごとに主架構と接続することで過大なケーブル張力にならないよう考慮されている。アーチが均等に倒れているため，膜スパンはほぼ均等で合理的かつ内部も明るい。送風経路確保兼結露受けで設置された内膜もあり，二重膜となっている。中央膜パネルは200mを超える日本最長の膜パネルである。

所在地・竣工年：秋田県大館市／1997年
建築設計：伊東豊雄建築設計事務所，竹中工務店
構造設計：竹中工務店
構造形式：木造ドーム＋膜屋根

今井篤記念体育館
Atsushi Imai Memorial Gymnasium

体育館の内観

全景

敷地が多雪区域に該当するため，実大実験により3m相当の積雪を考慮した地震時の応力に耐えることを確認している

架構アイソメ図

フィーレンディールアーチ
ペンタゴンラチスアーチ
短手方向スパン約20m
長手方向スパン約28m
ライズ約6m

接合部の詳細

ファスナーボルト　丸鋼φ36
シェアパネル LSL 厚50
ラチス材
CT-100×50×6×8
ペンタゴンラチスアーチ
上弦材
LSL 600×60
フィーレンディール
アーチ　上弦材
○-φ76.3×18
フィーレンディール
アーチ　下弦材
○-φ76.3×18
現場ジョイント
HTB 2-M16
ペンタゴンラチスアーチ
下弦材 LSL 600×60

ペンタゴンラチスアーチの構成

秋田県名産の「曲げワッパ」のように，日常容易に手にすることができる形を構造デザインに利用するためには，「広範にして周到」「簡明にして平易」な注意深い取組みが必要である。

ドーム屋根短辺方向は上下弦材をLSL面材（厚さ60×幅600 mm），ラチス材を鋼材としたハイブリッドラチスアーチとなっている。上下弦材と直交するファスナーボルト丸鋼φ36をラチス材で結ぶと，五角形（ペンタゴン）ラチスが誕生する。このペンタゴンラチスと通常のトラスラチスとの違いは，後者が主に軸力抵抗系に対して，前者は軸力抵抗＋弱曲げ抵抗という複合抵抗系であることである。

軸力が支配的な上下弦材とラチスの接合をシンプルな1ピン接合とすることで，通常多本数必要なせん断ボルトを劇的に削減したセレンディピティな接合部デザインが誕生した。この接合は本建物のために新規に開発したジョイントであるため，日本建築センターの技術評定を受ける必要があった。実大スケールの試験体を製作して実験を行い，長期積雪

3m荷重時と地震時における安全性を確認している。

曲げワッパのようなドーム屋根

ドーム屋根は短辺方向に上述したペンタゴンラチスアーチ，長辺方向には鋼材を主材とし木質パネルを一つおきに配置したフィレンディールアーチを使用した直交異方性の卵状半楕円ドームとなっている。この結果，まるで曲げワッパでできたかごの中にいるかのような，薄板同士の隙間から太陽光が木漏れ，地下でありながら冬期でも開放感を感じる独特の内部空間を実現している。

本記念体育館は豪雪地域（積雪深さ3m）に位置するが，冬期でも病院に従事する医師，看護師などのための健康維持活動と，ピアノコンサートなどの文化活動が年間を通して利用でき，併設した温水プールを含めて敷地内で自然光を満喫できる地下施設を提供している。

所在地・竣工年：秋田県大館市／2002年
建築設計：坂茂建築設計
構造設計：TIS&Partners
構造形式：上部構造／鋼製パイプ＋LSLペンタゴントラスアーチの直交異方性ドーム，下部構造／RC造

あきたスカイドーム
Akita Sky Dome

外観　A種膜と押えケーブルによる膜面は雪が自然に滑り落ち，30年以上にわたって白く輝きを保っている

内観　両妻面は大型ガラス戸とポリカーボネート製大型ジャロジーで外部と連続する

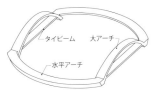

境界構造　アーチのスラストを水平アーチとタイビームが負担し，大アーチが妻面を外力から解放する

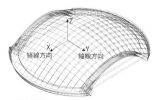

架構の構成

プロジェクトの経緯

　秋田県が実施した屋内運動場コンペでは，積雪寒冷地のスポーツ施設のモデルとなる乾いた土のグランド（現在は人工芝に改修），屋外のように感じられる空間が求められた。多雪区域に建つスパン122×101mの大規模膜構造施設は，それまで世界にも例がなかった。この施設では透光性を重視した一重膜，屋根上積雪を速やかに落とす工夫，外部および天空への開放感を確保する工夫がなされている。

架構システム

　球面を基本とした屋根の曲面を形成する架構は，緯線方向をフィーレンディール形式として剛性を高め，緯線方向の下弦材と経線方向の単材アーチを剛接合することで，ブレースや斜材のない架構を実現している。これにより本架構は，4.5 kN/m²という重さの積雪荷重およびその偏在に対しても十分安定した，信頼性の高いシステムとなっている。鋼管アーチは，冬は雪に対するシェルター，温風ダクトとして，夏は酷暑時の排熱ダクトを兼ねる多機能ダクトとして機能し，ランニングコストを抑える建築的工夫となっている。

滑雪のための屋根形状と膜パネル

　柔らかい表現で地面に向かって流れる膜屋根は，骨組みと押えケーブルによりV字型の断面形状をなしている。これは，吹き溜まりによる偏荷重を避けると同時に，妻面と直角方向に屋根面の積雪を滑落させ，開口部の安全を確保するためであり，また滑落した雪は池状の落雪エリア内に集中堆雪させて周囲の安全を図っている。膜は6mごとにパネル化し，屋根中央部でV型を深く，裾に近づくにつれて平坦になる，笹の葉に似た形状としている。膜パネルは，フィーレンディールアーチの上弦材に，特殊な金具によって接合し，V型形状の底部に配した押えケーブルと接合金具の調整によって膜面に張力を導入，所定の形態をつくる。両妻面は足元から天井までガラス戸とジャロジーによる開口が設けられ，屋内外の連続性と自然通風が図られている。

所在地・竣工年：秋田県秋田市／1990年
建築設計：KAJIMA DESIGN
構造設計：KAJIMA DESIGN
構造形式：骨組膜構造

秋田県立体育館
Akita Prefectural Gymnasium

全長60mの水平PC梁とアリーナをはさむ2本のタイバーで山形アーチの水平スラストを吸収し自碇系を作る　正面の棟持柱はスタンドを支えている

形状を少しずつずらした山形アーチによって，室内に構造表現のリズムを見せる

構造システム模型

鉄骨建方風景

PSストランドの配置状況

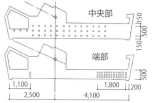

PSRC縁梁の断面とストランド配置

地上から離陸した大屋根

　秋田市の郊外西の敷地は，やや高台になっており，体育館のシルエットやファサードが強く印象づけられる立地条件である。大きな合掌を正面にすえた姿形は，大地を蹴る飛行体にも見える。ローカルでありながら未来的な形態には，重厚感と軽快さが入り混じっている。客席の配置，三つの面による最小空間の構成などは下関市体育館（181頁）と似ているが，自然採光，縁梁による屋根スラストの処理，室内外の構造表現などは大きく異なっている。

　アリーナとスタンドを覆う大架構は，肩部で大きく屈曲する山形アーチ（台形ラーメン）。スパン73〜58m，約3m間隔で25列。棟梁と構面ブレースが，この前傾した主架構を安定させている。

　山形アーチはトラス梁で構成され，主材断面には下弦材を室内露出にすることを考慮してT形鋼が選ばれた。幅250-400mmのフランジ面が，地面に平行であることは鉄骨建方時の足場として好都合となった。

　建方およびリベット接合に要した日数は約25日。

支保工のジャッキダウンは縁梁へのPS導入を考慮し，段階的に慎重に実施された。

屋根架構を"自碇"させる縁梁・つなぎ梁

　幅6.6m，全長66mにも及ぶ2本の巨大な縁梁はエアダクトを内蔵しており，鉄骨屋根を支えるとともに，建築形態を創る主役でもある。片側10,000kNに近い外向き水平力を縁梁（曲げ梁）によって抵抗させ，両端のタイ（つなぎ）材でバランスさせるため，両者にはストランドを用いたポストテンションによるPS導入が行われた。

　全体の地震力に対しては，縁梁端部に配置した二重の耐震壁とスタンド下の階段コアが考慮されている。十字型断面をもつ正面の棟持柱は主にスタンド荷重を支持しているが，その存在は構造的と同時に意匠的な意味合いが強い。伊勢神宮のそれとの違いである。なお，この建物の施工は，寒冷地にも拘らずわずか10か月という極めて短い工期であった。

所在地・竣工年：秋田県秋田市／1968年
建築設計：小林美夫，若色峰郎
構造設計：斎藤公男＋タクミ設計事務所
構造形式：鉄骨造，RC造

酒田市国体記念体育館
Sakata City Arena

池の右側奥に土門拳記念館が見える　大小二つの体育館の屋根曲面は極めて偏平である

小アリーナ（手前）と大アリーナ（奥）の軒先空間を作り出す外周ストリング

張弦梁の青いケーブルが印象的な大アリーナ空間

大自然に囲まれた大規模な体育館

　1992年「山形べにばな国体」開催を記念して，建設された酒田市国体記念体育館である。その規模は，体操競技全種目に対応できる観客席 1,000 席を擁する大アリーナの外に，小アリーナと弓道場などを含めて延床面積約 8,800 m² に及んでいる。

特性が異なる施設を近接させる建築家のイメージ

　敷地は，最上川の河口に広がる庄内平野の水田に囲まれた飯森山公園の中で，既設の土門拳記念館と僅か 100 m の距離をおいて対峙する位置にある。

　設計担当は，記念館と同じ谷口吉生，高宮真介。当初，池をはさんだ形で修景として定着した記念館に近接して，大きな規模の体育館を設計することには難しさを感じたという。軒高を可能な限り低く抑え，意匠的にもあえて両施設の相違を強調することが基本方針とされた。石とコンクリートの重厚なたたずまいの記念館に対して，体育館には緩やかに湾曲した大屋根に包まれた軽快な空間構成という構造デザインが求められた。そうしたイメージを実現すべく提案された構造システムが天秤式張弦梁である。

キャンチレバーで両端を支持した張弦梁構造

　その軽快さを表現しているのが，大・小アリーナを覆う 2 枚の大屋根である。屋根架構は，いずれも屋根両端の支持部にキャンチレバー状の逆三角形トラスを配置して，その先端に張弦梁を架け渡した複合構造である。三角形トラスの屋外側は，外壁から大きく跳ね出して，雪国に不可欠な雁木に代わる大庇の構造体となっている。

　また，軒下から射し込む陽光が，天井面に反射して柔らかくアリーナ内部を照らし，大きくて薄い屋根版が浮揚しているように見える。

軽さを強調する軽量屋根

　スパン 54 m の大アリーナの構造材重量（530 N/m²）と，仕上荷重（1,140 N/m²）＋長期積雪荷重（1,400 N/m²）との比は約 1：5 であり，大屋根の軽快さを強調している。この合理性とデザインの可能性が，その後の張弦梁構造の広がりの起点になったと考えられる。

所在地・竣工年：山形県酒田市／1991 年
建築設計：谷口吉生建築設計研究所
構造設計：斎藤公男＋構造計画プラス・ワン
構造形式：RC ラーメン構造＋鉄骨張弦梁構造

会津さざえ堂
Aizu Sazaedo

会津さざえ堂（円通三匝堂）外観

歌川広重による羅漢寺三匝堂（名所江戸百景）

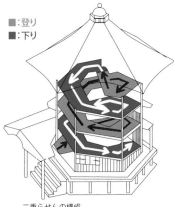

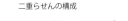

■：登り
■：下り

二重らせんの構成

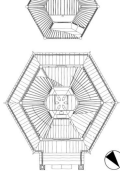

標準階と最上階平面図

断面図

江戸庶民の憧れ・西国三十三所巡礼

　西国に位置する 33 か所の観音信仰の霊場を巡る三十三所巡礼は，平安時代には既に始まっていたが，それが大衆化するのは室町時代末期といわれる。伊勢参詣や京・大坂の名所見物などの物見遊山と合わせて行われることが多く，江戸を含む東国在住の庶民にとっては，いわば憧れの観光ツアーであった。

三匝堂の隆盛

　多大な時間と費用が掛かるこれら巡礼を，一度で体験できる画期的な施設が江戸時代に登場する。それが，江戸本所（現在の江東区大島）羅漢寺に 1780 年に完成した三匝堂（さんそうどう）である。三層の建物の外周に沿ってスロープを取り付けたもので，参詣者が建物を三回匝（めぐ）りながら最上層まで上る間に，西国だけでなく関東の坂東三十三所や秩父三十四所と併せて百体の観音像を巡拝できるようになっていた。その特異な形態から「栄螺（さざえ）堂」とも呼ばれ，葛飾北斎や歌川広重がともに錦絵に描くほど，大いに江戸市民の人気を博したが，1855 年の安政大地震で大きな被害を受け，後に取り壊された。

二重らせんを有する会津さざえ堂

　羅漢寺の成功が模範となり，東日本各地に三匝堂が建てられるようになる。その一つが会津に建てられた円通三匝堂，通称「会津さざえ堂」である。

　高さ約 16 m で，6 本の心柱と周辺柱の間に二重のらせんスロープが納まっている。平らな床が一切存在せず，参拝者は正面から入って時計回りに西国三十三観音を拝みながら頂上まで上り，そのまま太鼓橋を渡って下りのスロープを巡って下まで降りる仕組みである。登り客と下り客がまったく出くわすことのない完全な二重らせん構造となっており，世界的に見ても極めて珍しい構成である。

　本建物がある会津若松市は，東日本大震災では震度 5 強の揺れが発生したが，本建物は特段の被害もなく耐えたという。外周スロープにより構成されるトラス状の軸組構成が，耐震性能の向上に寄与しているのかも知れない。今後の研究が待たれる。

所在地・竣工年：福島県会津若松市／1796 年
構造形式：木造伝統構法

構造実験による検証
Verification of structural behavior by physical models

図1 Z–D工法によって作られた厚み1.5 cmのシェル模型（1931年）
Dyckerhoff & Widmann社の従業員39人が薄いシェルの上に載り，その強さをデモンストレーションしている様子

図2 フロントン・レコレトス球技場の実験用1/10模型
1：シェル妻面を支える部材，2：シェル計測用のマイクロスコープ，3,4：吹上げの風荷重載荷用ケーブル，5：内側にある基壇を支える支持材

はじめに

　構造技術の発展における歴史の中で，人類が未だかつて経験したことのない新しい試みを成し遂げようとするとき，その構造メカニズムや材料特性の把握，さらに施工方法などを確認するため，構造模型を製作し実験を行うことは有用な手段の一つである。

RCシェル構造　発展の拠り所として

　特に，鉄筋コンクリートシェル構造の発達過程において，構造実験はその効力が大きく発揮された。1920年代，ドイツにおける鉄筋コンクリート構造のパイオニアの一つとして知られるDyckerhoff & Widmann A.GはCarl ZeissとともにZ–D（ツァイスーディビダグ）工法を開発し，薄肉コンクリートシェルという形態抵抗による構造システムがいかに経済的に建設でき安全であるかを世に示した（図1）。

　一方で，ドイツ流のRCシェル構造は数値解析を重んじる伝統に則り，球形ドームやシリンダーなど数学的に取り扱うことのできる曲面形状で構成され，境界構造に梁や壁，アーチが設けられたことからシェルの薄さが視覚的に感じられない傾向にあった。そこへ，イタリアのピエール・ルイジ・ネルヴィや，スペインのエドゥアルド・トロハによって，新しいシェル構造の流れがつくり出された。それは，「解くことができなくてもつくることができる」という考え方で，その大きな拠り所とされたのが構造実験である。トロハが設計したフロントン・レコレトス球技場（1935年）は，二つの大きさが異なるシリンダーシェルを母線方向に並走させて非対称な形状を作り，さらにはスカイライトを作るためにシェルの一部をラチス状とし，ガラスがはめ込まれた。計算の複雑さ，および常に起こりうる誤差の危険を考慮して，理論解析による検討に加え，縮尺模型を用いた実験が行われた（図2）。この模型には固定荷重，風荷重，積雪荷重が載荷され，構造性能が検証

された。この実験装置で驚くのは，実験中における安全性確保のため，載荷用ケーブルが一本でも破断した場合には，すべての荷重が自動的に除荷されるシステムが考案されて適用されていたことである。

坪井善勝研究室における構造実験

　1950年代から1960年代のはじめにかけて，日本にも鉄筋コンクリートシェル構造による建築が華々しく登場する。丹下健三はRCシェル構造が合理性と経済性を兼ね備えると同時に，建物を訪れる人間の心を動かすことのできる表現であることに強い関心を持ち，その想いを実現に導いたのが坪井善勝との出会いであった。

広島児童図書館

　丹下健三と坪井善勝のはじめての協働作は広島児童図書館であり，終戦から8年後の1953年に竣工した。青葉の茂った木立のかげ（緑陰）が建築に成長して子どもの集う場となることをコンセプトに，円形平面を有する朝顔形シェルが提案され，その形を実現するべく坪井善勝はコーンとシリンダーをドーナツでつなぐという，世界に例を見ない鉄筋コンクリート組合せシェル構造を実現させた（図4）。応力検討において，コーンとドーナツ部分は膜応力理論によって計算し，シリンダー部分は煙突と同じ設計式を使用。コーンとドーナツ，そしてドーナツとシリンダーとの接続部分など，不連続な部分においては安全側に設計し応力攪乱状態に備えた。これらの計算で追えない部分について，坪井善勝は現実の挙動を構造模型を用いた載荷実験によって入念に検証するという，新しい手法を導入した。それは，前述のトロハの思想に通じる考え方であった。模型は，実施案の1/30の大きさの相似モルタル模型（図3）でシェル厚のみ試験体工作の都合により1/20（最も薄い部分で0.6 cm）とされ，鉄筋には市販の針金（直径：平均で0.871 mm）が使用された（図5）。実験は

図3　広島児童図書館の 1/30 実験模型写真

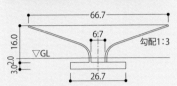

図4　実験模型の断面図（単位：cm）

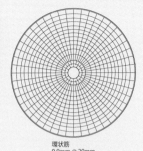

環状筋
0.9mm @ 20mm
図5　実験模型形状および配筋

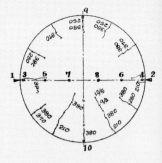

図6　鉛直荷重における亀裂の発生状況

主として鉛直荷重時について行われ，次いで積雪荷重時および水平荷重時に相当する載荷試験が行われた。実験の結果，鉛直荷重に対しては設計荷重の 2.1 倍，水平荷重に対しては震度 0.36 の静的水平力に耐え，強度の点では十分な安全性を有することが確認された。構造計画で特に問題となったのはリング方向の引張力を小さくすることであり，鉛直載荷実験においては亀裂が円周の 12 等分点に発生し，ほぼ均等に中心に向かって進展する結果（図6）であったため，十分な配筋をする必要があることが改めて強調された。図書館構造体のコンクリート打設後，仮枠取外しに際して現場試験も行われた。試験では仮枠の支柱を除去する前後における軒先のたわみおよびリング方向の伸びが測定され，さらには積雪荷重（全載，半載）に相当する載荷試験が行われた。軒先のたわみはコンクリート自重により 4mm，仕上げと積雪荷重を含めて 6mm 程度の変形があり，模型実験から推定された値よりは少し小さい結果で，リング方向の伸びについても模型実験の約 1/2 に留まった。とはいえ，鉄筋コンクリート造にしては大きな変形量であったにも関わらず，ひび割れがまったく生じなかったことが現場で確認されたのであった。

国立代々木競技場第一体育館

1953 年に世界で初めて，本格的な吊り屋根構造を適用したノースカロライナのアリーナ（現ドートン・アリーナ）が完成し，それを契機に軽量なケーブル構造による建築表現が世界各国で試みられるようになる。国立代々木競技場第一体育館の設計に際し，巨大な空間をどう支えるか，丹下健三グループと坪井善勝グループがディスカッションを重ねていく中で，「吊り構造」へと話合いが収束したのは割合に早い時期であった。

坪井善勝は「吊り構造」という当時にとっては新しい構造システムに内在する問題に対し，数値解析による検討に加え，ここでも模型実験を用いた検証法を導入した。コンセプチュアルな設計段階において，実験室で 1/100 の大きさの模型がつくられ，鉄筋コンクリート製の境界構造に，ナイロン製のひもが図7のように配された。この実験における主目的は，建設中と完成後の荷重によるケーブルネットの変形と張力の概略の大きさ，そして屋根面における押えケーブル（プレストレス）の効果を把握することであった。荷重は，屋根の固定荷重，積雪荷重（全載，半載）が考慮され，実験結果よりプレストレスを導入することで，すべての荷重ケースにおいて変形が減り，特に非対称荷重に対して有効に減ること，張力においてもプレストレスの導入によって吊りケーブルの張力が減り，押えケーブルを通じて部分的に荷重が負担されていることなどが確認された。

設計段階の後半においては，さまざまなレベルのプレストレス，温度変化による影響，そしてより詳細なケーブル張力の分布を把握するために，より大きな模型を用いた実験が求められ，建設現場に 1/30 の大きさの模型がつくられた（図8）。屋根の境界構造は 1/100 模型と同じく鉄筋コンクリート製であったが，ここでは屋根面に撚り線のワイヤーロープが用いられ，2本のメインケーブルの直径は 12 mm，吊りケーブルと押えケーブルは直径 6mm とされた。実験における変形の測定では，一般の曲面構造と異なりひずみ計による曲率変化の測定が不可能で，さらにダイヤルゲージによる測定においても曲面変形の中の特定方向についての成分しか得られず，限られた数のゲージでは曲面の曲率の変化までつかむことが非常に困難な状況であった。そこで，試験体が比較的大きく，ケーブルのヤング係数が低いので変形量が大きいことを活かして，たわみの測定に写真測量の方法を用いるという初の試みがなされた。

1/30 ワイヤーロープ模型の段階では，まだ国立代々木競技場第一体育館の屋根形状が定まっておらず，ケーブルネットの静的，動的挙動を検討するのと並行して，与えられた境界構造の中にケーブルネットによって，どんな屋根面形状を形作ることが

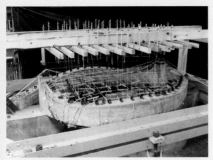

図7　1/100の実験模型

図8　1/30のワイヤーロープ模型

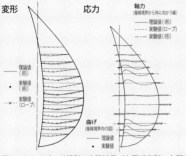

図9　セミリジッド模型の実験結果（左図が変形，右図が応力）

図10　1/30のセミリジッド模型

できるか模索されていた。解析と実験による試行錯誤が繰り返され，ワイヤーロープでは建築家の求める形状を実現するのは難しく，吊りケーブルにある程度の曲げ剛性を持たせる必要があるとの結論にいたる。曲げ剛性を有する部材を吊り材に使うというセミリジッド吊り屋根構造の誕生である。そこで，建築家が創造した新しい曲面形状をI形鋼の吊り材によって形成した1/30模型が改めてつくられた（図10）。もともと建物平面の軸線に平行に配されていたバックステイの形状を，軸線から角度をつけて傾斜させる変更もこの段階で加えられた。固定荷重＋プレストレスの荷重条件における変形，そして軸力，曲げモーメントの応力分布の実験値は理論値とよく一致することが確認された（図9）。セミリジッド模型とワイヤーロープ模型の比較も示され，変形において，セミリジッド模型では中間のヒンジ位置に変形が集中するのに対し，ワイヤーロープ模型では変形がスムーズに変化することが確認された。軸力分布においては，セミリジッドとワイヤーロープ模型とで大きく性状が異なる結果であった。屋根中央付近の長手方向スパンにおいて吊り材の形状が放物線に近く，結果的に曲げモーメントが生じない範囲においては両者がよく一致しているのに対し，それ以外の部分で懸垂線や放物線から大きく吊り材形状が異なる範囲においてはセミリジッド部材の軸力がとても小さくなった。この結果から，その範囲においては部材の荷重伝達機構が吊り構造ではなく，梁作用に変わることが確認された。

屋根構造の動的挙動を把握するために，振動実験は1/100と1/30模型の両方で実施された。実験において，屋根の振動はコイルバネを介して，電動モータにより屋根面1点に周期的に力を与える方法によって入力された。1/100模型は対称振動のみ，1/30ワイヤーロープと1/30セミリジッド模型は対称振動と逆対称振動の実験が行われ，相似則により実屋根面における固有周期がそれぞれ推定された。この振動実験からも，プレストレスの導入によって屋根面の剛性が高くなることが認められ，プレストレスの導入量が大きいほど，その効果が高かった。実建物の工事が最終段階に入った時点では，現場でも振動実験が実施された。その結果において，実建物の固有周期は模型実験で想定された値より非常に短い周期となり，その理由としては，実屋根面には垂木，屋根鉄板，天井面，2本のメインケーブル間の台形トラスと台形トラス側面のルーバーなど模型実験では考慮されなかった部材があり，これらの要素が実屋根面の剛性に貢献したためと考察されていた。

むすび

電子計算機がほとんどない時代にありながら，すばらしい名建築を生むことを可能にした構造技術者たち。その脇では構造実験が強力な手法として，彼らのくだす大事な判断を支えていた。日本の技術者もまた独自の手法を通じて世界と肩を並べ，大空間構造の学術的，技術的拠点の一つとして活躍していたのであった。

第 2 章
関東

022,023

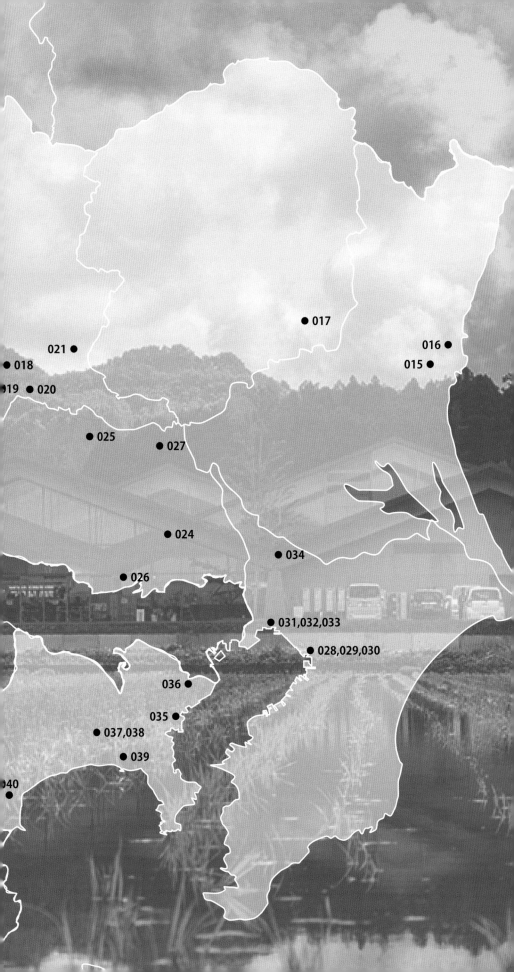

水戸芸術館展望塔
Art Tower of Mito

広場を取り囲んで諸施設とシンボルタワーが配置されている

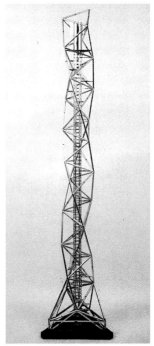

捩じれた塔の構造模型

6本の鋼管が鋳鋼接合部で一体化されている

捩じれのあるシンボルタワー

この施設は水戸市市制100年を記念するもので，約60mを一辺とする正方形の広場を取り囲んでさまざまな文化施設が配置され，シンボルとして高さ100mの塔が作られた。ブランクーシの「無限柱」の概念に由来しており，一辺9.6mの正四面体を28個傾けて積み重ねていくことで，捩じれた形態が作られている。外装はメンテナンスフリーを考慮して，厚さ1.5mmのチタンパネルが貼られている。

塔の構造

主体構造は28個の正四面体を連続した31節点の捩じれ三角筒状の静定立体トラスであり，下部構造からの片持ち構造であるが，基壇部から3本のステイによって補助的に支えられている。部材はすべて直径500mmの鋼管で統一されているが，部材の勾配によってトラスの弦材としての役割となる部材とラチス材としての役割となる部材が混在し，応力の大きさが異なるため，それに対応して鋼管の板厚は21〜60mmと変えられている。内部にはH形鋼柱を円周上に並べたEVコアが配置されて外周の構造

体と連結され，二重チューブ構造となってはいるが，ほとんどの水平力は外周トラスで負担される。

節点には6本の部材が集まり，剛な接合条件とすることを目的に鋳鋼が用いられた。見学者は展望室につながるEVの中から，塔を支える骨組みや接合部の様子を見ることができる。

耐震設計・耐風設計

剛接合の条件を除くと静定トラスに近いため，レベル2の地震動においてもほぼ弾性領域内に留まる設計とされた。見るからに捩じれの大きそうな構造体であるが，1次固有周期は東西方向で2.32秒であり，捩じれ振動の固有周期は0.41秒と，捩じれに強い構造である。

耐風設計においては，特異な形状のため風洞実験を踏まえて安全性の確認が行われているが，一様な円筒形や三角形の塔に比べて，風力係数が小さくなるという興味深い結果が得られた。

所在地・竣工年：茨城県水戸市／1989年
建築設計：磯崎新アトリエ（協力：三上建築事務所）
構造設計：木村俊彦構造設計事務所（協力：横山建築構造設計事務所）
構造形式：鉄骨トラス構造

笠松運動公園体育館
Kasamatsu Sports Park Gymnasium

中央のコアは，メインスタンドと境界構造の跳ね出し部分を支える階段室

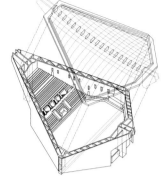

構造システム図

屋根面の施工時の様子

ケーブルへのPS導入の様子

【ケーブルへのPS導入】
押えケーブルの長さを固定した後で，吊りケーブル1本ずつにジャッキで張力を与えていく。何番目の吊りケーブルに何t導入したら最終的に目標の設計張力が導入されるかを「逆工程解析」で事前に導き出している

建物全体模型

(a)PC梁による構成　(b)PS導入時の静定化　(c)屋根面完成時の状態
境界縁梁へのプレストレス導入

境界縁梁（PC梁）は，接合部の剛性を変えながらプレストレスが導入され，ケーブルネットからのスラストを処理するように構造計画。また，屋根の施工終了後に下部の二重壁と一体化されている

主空間ならびに外部造形に動きを与える建築計画

　この体育館は，茨城県笠松運動公園内の中核的な施設である。アリーナの平面形状が長軸に対して北側で34°，南側で56°傾いた形状であり，またスタンドがアリーナの短軸に平行に一方向主体の配置が採用され，南を主として，北は従として小さく配置されている。これらの主空間（メインスタンドおよびアリーナ）ならびに回廊空間が，外部造形に力強い「動き」を与えている。

中央吊り鉄骨を持つケーブルネット構造

　屋根は，二方向に配置されたケーブルネット構造の中央部に吊り鉄骨（トラス）が挿入されている。ケーブルにより生じる水平反力（スラスト）を，ほぼ水平な4本の縁梁によって処理することで屋根面は自己釣合型となっている。吊り屋根は内部空間に対して凸の天井となり，音響的には拡散面となり有利である。また，中央に配置される吊り鉄骨（トラス）は照明設備とメンテナンス用のキャットウォークを兼ねている。

　架構を成立させている構造は，①吊りケーブル，押えケーブルとその中央を走る吊り鉄骨（トラス）によるケーブルネット構造，②境界縁梁，③境界縁梁を支える建物外周の二重壁および跳ね出し部を支える階段コアなどの下部構造，の三つに大別される。軽かつ柔の屋根面と重かつ剛の外殻の対比が構造的な特徴である。屋根を支え，スラストを処理する外殻の縁梁と二重壁の幅は構造的にも必須であるが，動線としての回廊，空調ダクトとしての利用および屋根施工時の足場といった多目的な機能を兼ねている。

　縁梁は，長尺なプレストレス梁として設計し，施工時は下部の二重壁が水平拘束をしないように工夫した。吊り屋根は，中央吊り鉄骨を介してピン接合された2×37本の押えケーブル，これと水平投影で直交する40本の吊りケーブルおよび吊り鉄骨両端の2本のメインケーブルで構成され，最大スパンは吊り方向69.7m，押え方向88.5mである。

所在地・竣工年：茨城県笠松市／1974年
建築設計：小林美夫研究室＋アトリエ・K
構造設計：斎藤公男＋タクミ設計
構造形式：PC構造＋ケーブルネット吊り屋根構造

道の駅ましこ
Roadside Station in Mashiko

連続する山形屋根と前面に広がる水田風景　屋根は高さと勾配を抑えることで，背景と一体となることを意図している

大断面集成材の登り梁が独立壁の上に点で着地している

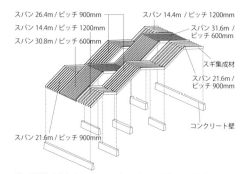

スパン 26.4m／ピッチ 900mm　スパン 14.4m／ピッチ 1200mm
スパン 14.4m／ピッチ 1200mm　スパン 31.6m／ピッチ 600mm
スパン 30.8m／ピッチ 600mm
スギ集成材
スパン 21.6m／ピッチ 900mm
コンクリート壁
スパン 21.6m／ピッチ 900mm

梁の間隔を変化させることで，スパンの違いに対応させた構造システム

大空間を構成する二つの要素

　焼き物で知られる益子町に，2016 年にこの建物は完成した。建築家が「地面から生じたような建築」にしようと考えた，この建物の空間構成要素はたった二つ。一つ目は，勾配を抑え，位相をずらしながら 3 列配置された八つの山形屋根。二つ目は，屋根架構を持ち上げつつ，空間を適度に分節する RC 独立壁である。屋根のずれを含む外壁面は全面ガラス張りとなっており，建物を周辺環境に溶け込ませると同時に，周辺の豊かな水田風景を映し出す装置にもなっている。

山形屋根の構成とディテール

　大断面集成材よりなる八つの山形架構は，14〜32 m までの異なるスパンを持つが，登り梁の寸法はすべて 135×1,000 mm で統一され，スパンに応じた必要強度・剛性の違いには，梁の間隔を変えて対応している。学生でも手計算できそうなほどの単純明快な構造計画だが，実は外部庇も支え応力が大きくなる最外縁の梁には，鉄骨梁が巧妙に隠されており，そこに構造設計者の密かな苦労が偲ばれる。

　梁せいが大きく，かつ人間の目線に近いだけに，それが親しみやすさを与えるかはディテールで決まる。すべての梁で断面と勾配を統一することで，接合部もまた極めてシンプルかつ共通化が図られ，ウッドタッチを利用することで，金物を露見させないさりげないディテールが実現している。

　この大屋根をピン支持する高さ 2.5 m の独立 RC 壁は，モーメント分布に応じた台形断面を有する。表面を陶土で左官仕上げすることで，地面から掘り出されたかのような力強い量感が付与されている。

材料と架構の強さを同時に表現

　この作品の建築家は木造建築を多数手がけ，近年は大断面材の面としての強さを活かすことで新たな空間表現を獲得しているようである。地場の八溝杉を使い，材料と架構の強さを同時に表現することに成功したこの建物からは，50 年後もきっと何事もなかったかのようにそこに立ち続けている，そう思わせる力強さを感じる。

所在地・竣工年：栃木県益子町／2016 年
建築設計：MOUNT FUJI ARCHITECTS STUDIO
構造設計：Arup
構造形式：大断面集成材による山形屋根架構

グリーンドーム前橋
Green Dome Maebashi

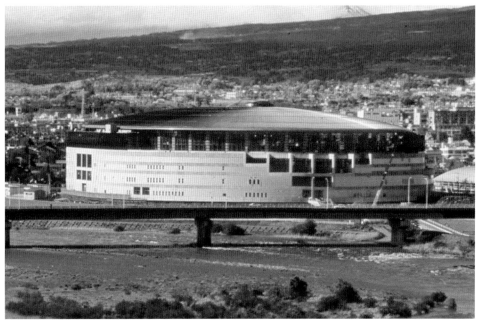

利根川沿いに浮き上がったような軽やかな低ライズドーム　大屋根の色は，竣工直後の銅色から緑色へと変化していった

水平反力から解放され明るい自然光がふり注ぐ

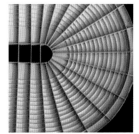

並列型と放射型からなる長円形平面

鉄骨建方中を俯瞰する

張弦梁構造（BSS）の特徴を活かしたデザイン

　利根川沿いの自然環境に溶け込むように高さを抑えた，偏平で伸びやかな大屋根は張弦梁構造（BSS）によって実現された。BSSの最大の特徴である水平反力から解放された自碇式の効果により，長円形平面の約2万m²の大屋根が浮き上がったような軽やかな外部表現と，ドーム空間の内包にもかかわらず屋根支持構造に大開口のカーテンウォールを設けた，明るく開放的な内部空間を可能としている。

長円形張弦梁構造のデザイン

　ピスト（走路）と観覧席からなる内部機能に適合させた長円形平面の屋根は，並列型BSSと放射型BSSを中央リングガーダーで一体化することにより力学的に安定させた上で，内部空間をデザインしている。ドーム感覚の外部形態と内部空間を創出するため，BSSを構成するトラス梁にはわずかなアーチ形状が与えられている。さらに，これを座屈補剛する小梁トラスの下弦材も円弧アーチとしている。小梁アーチが波紋のように広がる鉄骨架構の構造デザインもポイントである。施工性や安全性を考慮した

ペアケーブルは視覚的にも繊細な緊張感を生み出している。繊細な内部空間を意識した緊張感を生み出すペアケーブルも，自然光により光り輝いている。

ディテールから施工法までのホリスティックデザイン

　雪・風荷重などに対するケーブルの有効活用と，温度応力からの解放および地震に対する抵抗を可能にしたトラス梁方向に可動するローラー支承，並列部と放射部の最適張力の組合せによる積極的な応力・変位制御，ペアケーブルと64台のジャッキによる同時一斉張力導入システム，張力・変位などを計測・管理しながら工事を進める計測管理システムの構築など，新たな領域への挑戦が見られる。

　張力導入により予測どおり浮き上がり自立した屋根架構，BSSの特徴を最大限に活かした建築デザインと構造表現，さらに構造計画・さまざまな構造解析・ディテール設計から施工法までのトータルな構造デザインが行われている。

所在地・竣工年：群馬県前橋市／1990年
建築設計・構造設計：松田平田坂本設計事務所・清水建設
技術指導：斎藤公男
構造形式：SRC造・鉄骨造＋長円形張弦梁構造

群馬音楽センター
Gunma Music Center

正面　五角形のアーチが最大スパン60mをダイナミックに架け渡す

側面と繋ぎ梁　雨樋はなく、雨は谷間を伝わって地面へ流れる

内観　平面的に折れ曲がったアーチが空間に動きをもたらす

1 ホワイエ
2 観客席
3 舞台上部
4 舞台
5 調光室
6 ロビー

2階平面図(上)と断面図(下)

RC 折板構造への挑戦

　各地に続々と完成する RC シェルブームに沸いた50年代、建築家たちは早くも別のシステムを模索し始めていた。折板構造もその一つで、丹下健三による今治市公会堂（1958年）や前川國男による世田谷市民会館（1959年）などが完成している。

　建築家・A.レーモンドにとって、この作品は RC 折板構造を用いた2作目の作品である。1作目となるカトリック目黒教会（1958年）では、スパン高さともに約15mの比較的小規模な空間でこの構造を極めて抑制的に用いた。2作目となる群馬音楽センターは、地方交響楽団の草分けとして名高い「群響」の創立に尽力した高崎の実業家・井上房一郎が友人・レーモンドに設計を依頼して実現したもので、施工も井上の会社で手掛けている。

V字型断面による五角形アーチ

　本建物の構造は、V字型断面を有する五角形アーチがスパンを変えながら奥行き方向に11列連続する構成となっている。このアーチは平面的にも多角形を構成し、V字型天井に沿って配置された照明と相まって地形のような動きのある内部空間を実現している。五角形アーチの頂点位置では折版を貫くように繋ぎ梁が配置され、V字の開きを抑え架構全体の安定性を向上させる役割を果たしている。

　アーチ断面は辺長4.13mで直角に交差するV字型で統一され、厚さは壁部分で250mm、屋根部分ではわずかに120mmである。極めて厳しい予算の中、型枠の転用利用と使用材料を最小限とすることを意識した、極めて合理的な構造計画となっている。

音楽の街・高崎のシンボル

　レーモンドはこの難工事を地元業者が手掛けることをひどく心配したそうだが、施工者は極めて熱心に取組み、その完成度にレーモンドは非常に満足したという。完成後60年に亘り「群響」の拠点としての役割を果たしてきたこの建物は、その役割を他に引き渡した今日でも、音楽の街・高崎のシンボルとして市民にこよなく愛され続けている。

所在地・竣工年：群馬県高崎市／1961年
建築設計：アントニン・レーモンド
構造設計：岡本剛
構造形式：RC 折版アーチ構造

群馬県農業技術センター
Gunma Agricultural Technology Center

執務空間内観

薄く垂れた屋根形状が特徴的な外観　両脇に立つ丸柱にはバックステイ材が取り付いている

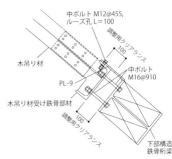

中ボルト M12@455,
ルーズ孔 L＝100
調整用クリアランス
100
木吊り材
中ボルト
M16@910
PL-9
木吊り材受け鉄骨部材
調整用クリアランス
100
下部構造
鉄骨桁梁

木梁下端部に設けたクリアランス機構詳細図

小さな木材による菱形格子吊り屋根

　農業に関する研究・実験施設で，訪れる人に開かれた建築が考えられ，エントランスと一体となったワンルームの執務空間を持つ建物全体を，地場産の木材による吊り屋根で覆う計画となっている。吊り構造は引張力が支配的となり，小さな断面で大スパンを構成することができる構造形式である。この建物では，最大約20 mスパンを幅90×せい75 mmのスギ材で架け渡している。455 mmピッチで二段組みの菱形格子状に並べられた梁同士は，既製金物で接合している。部材の曲げ加工はせず，屋根の重量によって自然にたわんだ形状となっている。下部構造は鉄骨ラーメン構造で，吊り屋根による水平反力に抵抗するため，バックステイ材が設けられている。

二段梁と柔らかい木材の採用

　ケーブルや膜材と異なり，木材には曲げ剛性があるため，風によるばたつきにプレストレスなしで抵抗できる一方，長期荷重時にも引張力に加えてたわんだ分の曲げ応力が発生する。そのため，部材軸方向の強度を確保しながら曲げ剛性を小さくし，長期

応力を減らす工夫として，せいの小さな部材による二段梁を採用し，さらに，一般に同じ樹種ではヤング係数が大きな硬い材の方が強度も大きくなるが，あえてヤング係数が小さな柔らかい材料（スギE50相当）を選別して使用している。

経年伸びの検証と調整機構

　木材には，長期間荷重が架かることで変形が進行するクリープ現象に加え，湿度変動により生じるメカノソープティブ変形があり，経年的な屋根の垂れに繋がる心配があった。そこで，設計中に木材に引張力を与えて伸びの季節変動を検証し，屋根端部に部材の伸びを吸収するための100 mm分のクリアランス機構を設けている。

　これ以降，同種の吊り構造は陸前高田市立高田東中学校（2016年），知立の寺子屋（2016年），那須塩原市まちなか交流センターくるる（2019年），神奈川工科大学KAIT広場（2020年，63頁）と続く。

所在地・竣工年：群馬県伊勢崎市／2013年
建築設計：SALHAUS
構造設計：佐藤淳構造設計事務所
構造形式：木格子吊り屋根構造＋鉄骨ラーメン構造

県立ぐんま昆虫の森 昆虫観察館
Gunma Insect World Insect Observation Hall

ドーム状の単層のラチス構造にガラス屋根が設けられ，一部は蝶の生態温室としてガラス壁で囲われる

三方向の部材構成による三角形グリッド

三角形の平面形状のガラスは，隅の3点でDPGにより取付けられている

傾斜地に舞い降りたガラスの被膜

　傾斜地に建てられた蝶の生態温室で，RC造の大階段に覆われた地中部に展示室が設けられた。地上部は球面を3枚の平面で切り取った形態のガラス屋根が架けられ，その一部がガラス壁で仕切られて生態温室となっている。RC造の大階段と屋根のガラスドームが対比的な建築であり，建築家のイメージは"舞い降りたガラスの被膜が斜面を覆う"ということであった。

ガラスドームの構成

　屋根の鉄骨は，半径57.241mの球面の一部を切り出し，一辺4.5～5.0mの三角形グリッドで構成した単層ラチスシェル構造である。3点の隅角部の直線距離は約70mとなっている。

　屋根の支持点としては3点の隅角部の他，温室外周部に約4mピッチに設けた方立兼用のボックス柱となっている。これらの支持点だけであると非対称なドームとなり，構造的な合理性を欠くことから，外周部に3組のV字形鋼管柱を設けている。これによりドームの境界部の支持を強固とすることで，内

部の部材サイズの最小化が図られ，径250mmの鋼管部材が用いられた。接合部には鋳鋼が用いられ，溶接によって鋼管と一体化されて視覚的に連続性のある構造とされた。

　温室の壁面は，見付け幅が200mm，奥行きが400mmのビルトボックスの柱と，4mピッチの水平材のフラットバーで構成されて透過性が確保されている。

ガラスの支持

　鉄骨部材は概ね4mのグリッドであり，ガラスはそのグリッドの半分の約2mを辺長とする三角形状の強化ガラスが用いられた。鉄骨部材から支持金具を持ち出してガラスの3隅をDPG（Dot Point Glazing）によって支持し，最小部材で取付けられている。蝶の生態を考慮して，ガラス面は鉄骨部材の内側に配置されており，その構成を全体に延長して広場上部でもガラス面が鉄骨部材の下側に位置していることも特徴である。

所在地・竣工年：群馬県桐生市／2005年
建築設計：安藤忠雄建築研究所
構造設計：金箱構造設計事務所
構造形式：鉄骨ラチスシェル構造

富岡製糸場
Tomioka Silk Mill

東置繭所外観　木骨組内部がレンガ壁で満たされた木骨レンガ造　製糸場の設立年である「明治五年」がキーストーンに刻まれたアーチをくぐって構内へ入っていく

繰糸所内観　キングポストトラスで無柱空間が実現している

西置繭所内観　ハウス・イン・ハウス形式のガラスボックス＋鉄骨フレーム補強より，建設当初の建物を観察できる

第2章｜関東

富岡製糸場建設まで

　明治時代に入り，政府は外貨獲得の最重要手段として国営の官営製糸場建設を決定，フランス人製糸技術者ポール・ブリュナに建設を依頼する。ブリュナは建設地を，古くから養蚕が盛んで水の確保が容易，かつ輸出港横浜に近い富岡に決定した。設計を依頼された技術者エドモン・バスチャンはたった2か月で設計をまとめ上げ，1871年3月に着工，翌年7月には繰糸所などの主要建物が完成した。

木骨レンガ造による建物

　場内最大の繰糸所，東西置繭所の3棟は創業当時から現存する最も古い建物で，木造軸組の枠内をレンガ壁で満たした木骨レンガ造により建設されている。国内では極めて珍しい事例だが，ドイツなど欧州の古い木造建築ではhalf-timberなどとも呼ばれ，比較的よく見られるシステムである。木造軸組を主体とした構成が日本人職人にも受け入れやすい構法であったこと，通常の組積造と比較して工期を短縮できることから採用されたものと考えられる。

　最新の繰糸機が整備され，集められた500人以上の女工が作業する繰糸所は梁間12.3 m，桁行140 mの切妻屋根平屋建て。小屋組みはキングポストトラスで構成され，作業効率のよい無柱の大空間が実現している。これと直交配置された東西の置繭所は，梁間は繰糸所と同じく12.3 m，桁行のみ短く約104 mとなる。2階建てで中央に3.6 mピッチで柱が並ぶが，小屋組みが内部空間に柱のない繰糸場とほぼ同じ形式であるところが興味深い。

2014年世界遺産に登録

　日本の近代化に果たした歴史的価値が認められ，本製糸場は2014年，世界遺産に登録された。2020年10月には，西置繭所を炭素繊維複合材料でブレース補強すると同時に，内部に鉄骨フレームを挿入するハウス・イン・ハウス形式の耐震補強がなされ，一般公開された。本耐震フレームは12 mm 2枚合わせの強化ガラスで覆われ，明治初期から使われてきた建物自体をそのまま見学することができる。

所在地・竣工年：群馬県富岡市／1872年
建築設計：エドモン・バスチャン
改修設計：文化財建造物保存技術協会，江尻建築構造設計事務所
構造形式：木骨レンガ造，キングポストトラス

上州富岡駅
Joshu Tomioka Station

広場や駅舎床と統一された煉瓦が座屈拘束材としても機能し街並みと一体化した駅舎

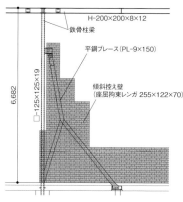

構造部材配置

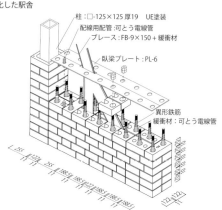

プレストレス導入により自立するレンガ壁のディテール

世界遺産の街の玄関口

　富岡製糸場の世界遺産登録を控え，その玄関口にふさわしい駅舎として開催されたオープンコンペの一等案として全359案の中から選ばれ，建て替えられたものである。木骨レンガ造である富岡製糸場を想起させる「煉瓦」は，駅舎の壁や床に用いられるだけでなく，そのまま連続して駅前広場に用いられ，さらには街の中へとつなげられており，駅の大きな屋根下の空間がそのまま街の一部となっている。

白い軽やかな大屋根

　10.3×88.91 mの真っ白な1枚の長方形大屋根は，9.3 m間隔で立つ細い溶接組立柱（□-125×125×19 mm）によって地面から約6.6 mの高さにて支持されており，そのスパンに対して梁がH-200×200×8×12の薄い部材で構成されているため，とても軽やかに浮いている印象を抱かせている。

レンガを座屈拘束材に用いたハイブリッドな耐震要素

　この大屋根に対する耐震要素は平鋼ブレースである。グリッド上に配置された鉄骨柱を起点に，一見ランダムに散りばめられているレンガ造による傾斜

控え壁の中に平鋼ブレースは内蔵されている。そのため，レンガ控え壁はX，Y方向に配置のバランスを取りながら空間を妨げないように設けられている。このレンガ控え壁は，長さ255×幅122×厚さ70 mmのレンガをフランス積で積層したもので，内部に異形鉄筋（D19〜D25）を挿入し，プレストレスを導入し，圧着することで最大高さが6.0 mありながらも自立している。レンガと鉄骨柱は絶縁され，また，平鋼ブレースは緩衝材を介してレンガの縦目地内に組み込まれることにより完全な一体性を避けながらも，レンガによって平鋼ブレースの座屈を拘束することを可能としている。これによって平鋼ブレースは引張ブレースとしてだけでなく，圧縮ブレースとしても機能し高い耐震性を確保している。

　レンガを座屈補剛材として用いるという画期的な手法で，富岡の地に相応しい構造デザインを実現している。

所在地・竣工年：群馬県富岡市／2014年
建築設計：武井誠＋鍋島千恵／TNA
構造設計：小西泰孝建築構造設計
構造形式：鉄骨造（一部組積造）

さいたまスーパーアリーナ
Saitama Super Arena

躍動的なフォルムとして外観に表れている大空間架構

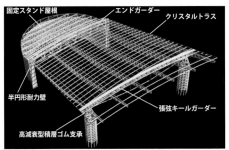

架構構成図（張弦キールガーダーが6本のクリスタルトラスを受ける）

可動スタンド（左：アリーナモード，右：スタジアムモード）

張弦架構とMJGによる明るいコミュニティアリーナ

高度な要求を満たす高度な技術の結実

　アメリカンフットボールからコンサート，展示会など，さまざまなタイプのイベントに利用されるイベント空間と，日常的に新しい文化や情報に接するための文化アミューズメント空間が結合した高機能な複合施設である。高度な要求を満足させるため，ダイナミックな空間を作るための技術はもちろん，細部の表現を高めるための技術まで，多彩な構造技術がここに結集している。

可動スタンドと大架構システム

　大小さまざまな規模のイベントに対応させるために，ムービングブロックと呼ばれる巨大な可動スタンド（幅126×奥行70×高さ42mの半円形平面で重さ150,000kNに及ぶ）を水平に70m移動させ，空間サイズを大胆に変化させる大がかりな仕組みを内包している。可動スタンドを支持構造として利用することはできないため，可動領域全体を跨ぐ大スパン架構が必要となる。

　組柱である2本のハイパーカラムで支えられたスパン130mの張弦キールガーダーから，半円形固定スタンド側のエンドガーダーに向けてクリスタルトラスと呼ばれるスパン120mの6本の三角形断面トラス梁を架け渡し，大架構を成立させている。

　大屋根に作用する地震時水平力に対しては，ハイパーカラム上部に高減衰積層ゴムを設置（ローラー支点化）することで，ハイパーカラムには水平力がほとんど伝わらないようにし，固定スタンド背面の半円形状耐力壁で負担する計画としている。

透明なカーテンウォールの壁と屋根

　アリーナモード時に出現するコミュニティアリーナを囲うカーテンウォールは，隣接する広場との連続性のため，張弦マリオンとMJG構法を採用した高さ15m×長さ80mの長大で透明なガラスファサードである。このコミュニティアリーナを明るく覆うのは，全体でサンバイザー形状をしたガラス屋根で，透明性を高めるため張弦梁架構を用い，頂部を三角トラスによる斜めアーチリング架構で受けている。

所在地・竣工年：埼玉県さいたま市／2000年
建築設計：日建設計（MAS・2000共同設計室）
構造設計：日建設計，大成建設（技術協力）
構造形式：張弦キール梁とトラス梁による大架構

Column B | ガラスファサード
Glass facade

クッション・ワッシャー　強化ガラス

φ36

ガラスの荷重を伝達するワッシャー

ロチュールとプレストレス・ケーブルトラスで実現された透明なガラス・ボックス

図1　ラ・ヴィレットのガラス・ボックス

図2　DPG構法が採用された旧日本長期信用銀行本店ビルのガラスファサード

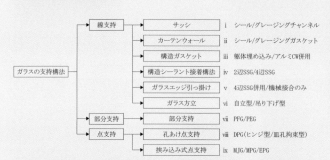

ガラスの支持構法	線支持	サッシ	i シール/グレージングチャンネル
		カーテンウォール	ii シール/グレージングガスケット
		構造ガスケット	iii 躯体埋め込み/アルミCW併用
		構造シーラント接着構法	iv 2辺SSG/4辺SSG
		ガラスエッジ引っ掛け	v 4辺SSG併用/機械接合のみ
		ガラス方立	vi 自立型/吊り下げ型
	部分支持	部分支持	vii PFG/PEG
	点支持	孔あけ点支持	viii DPG(ヒンジ型/皿孔拘束型)
		挟み込み式点支持	ix MJG/MPG/EPG

図3　ガラスファサードの支持構法の分類

図4　産総研(ケーブルグリッド＋MJG構法)

図5　中部国際空港ターミナル（テンセグリックトラス＋MJG構法）

図6　資生堂掛川工場（テンショントラス＋DPG構法）

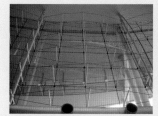

図7　さいたまスーパーアリーナ（テンショントラス＋MJG構法）

ガラスファサードの支持構法

P.ライスが手がけたラ・ヴィレットのガラス・ボックス（1986年，パリ，図1）は，透明なガラスファサードの開発を一気に加速させた。ラ・ヴィレットのシステムは，旧日本長期信用銀行本店ビル（1993年，図2）において日本で初めて採用される。この頃から重厚感のある石打込みの PC カーテンウォールに対して，透明感や軽快感が実現できるガラスファサードを用いた建築事例が見られるようになる。

ガラスファサードの支持構法は，線支持と点支持，ならびに部分支持構法に分類される（図3）。線支持構法は，サッシ・カーテンウォールやガラス方立，構造ガスケット，構造シーラント接着構法（SSG）などのように，板ガラスの辺を線状に連続支持したものを指す。一方，点支持構法は，孔あけ点支持構法と挟み込み式点支持構法（MJG構法など（58頁））に分類され，どちらも板ガラスの一部分を点支持するだけで構造的に安定させる構法をいう。

透明感の実現を目指した点支持構法と支持架構

先に述べたラ・ヴィレットのシステムは，DPG構法を用いてガラスを止め，さらにそれらの点支持金物を支える支持架構のシステムとしてケーブル・トラスを用いて透明感を追求した革新的なものであった。このように点支持構法では，ケーブルやロッドなどの線材と呼ばれるテンション材を用いた支持架構と組み合わせることで，透明感の実現が図られ，さまざまな支持架構の提案がされている（図4〜7）。

点支持構法の設計上の注意点

風荷重を受けるガラス板の隅部を金物で支持する点支持構法では，ガラスと金物の接合部で発生する応力集中とガラス板の変形に対する追随性能が設計上の課題となる。孔あけ点支持構法の場合，強化ガラスを用いることが必須となり，孔部分または金物支持部分で回転可能なヒンジを設けるなどの仕掛けが施されている。一方，挟み込み式点支持構法の場合，ガラスを2枚の金物で挟み込むため，ガラスへの孔あけ加工が不要となり，強化ガラスの使用も必須でなくなるため，変形（面内・面外）への追随性能も高く，ケーブルグリッドのような変形の大きい支持架構にも適用できる特徴がある。

熊谷ドーム
Kumagaya Dome

膜屋根部分内観

2014年豪雪被害前の外観

張力補剛の詳細

テンション材で座屈補剛された鋼管単層格子構造

　2004年の国体メイン会場として建設された大屋根施設で，屋根仕上げは，多目的運動場部分は膜屋根，屋内体育館とその他の施設部分は長尺折版屋根と二つに分かれているが，構造方式は屋根全体で同一。屋根全体は長辺250m，短辺135mの楕円形で最高高さは地面から38.5m。地元で盛んなラグビーのボールの一部をカットしたような形状となっている。屋根構造は10m四角形グリッド状の単層鋼管格子をメインとし，格子交点から下向きに2mの束を設け，束の頂部と底部を対角方向で対になる束にテンション材でX状にたすき掛けして，互いに相対変位を拘束しあう仕組みとなっている。この補剛システムにより，全体座屈の荷重は5倍に向上しているという。格子鋼管のサイズはφ350，長径，短径方向それぞれ厚25，30mmである。屋根構造は境界構造としてのリングビーム（φ600，厚25,40）で一回受けられており，このリングビームはさらに支柱（φ400，厚12–19）で地上から支えられている。上記のX状の対角テンション材は，中央でもう一方の対角テンション材と交差する点で，膜屋根の展張ポストを支えている。

難易度の高い構造

　鋼管格子の十字型接合部は鋳物で製作し，鋼管とは機械式のスクリュージョイント接合としている。これにより，溶接熱ひずみの影響などをなくしている。施工時にテンション材一本あたり60kNの導入張力を管理するため，すべてのテンション部材（約2,300本）に，EMセンサー（磁気ひずみを利用したセンサー）約580個を設置している。

豪雪被害を乗り越えて

　2014年2月の豪雪により，設計荷重を大幅に上まわる大雪に見舞われたが，鉄骨の損傷が出る前に屋根膜が早期に破断したため，積雪荷重が大きく低減され，屋根の鉄骨構造は全体座屈などの致命的な被害に至ることはなかった。その後の復旧では，さらに早期に短径方向に落雪するように，屋根形状が変更されている。

所在地・竣工年：埼玉県熊谷市／2003年
建築設計：石本建築設計
構造設計：梅沢建築構造研究所
構造形式：テンション材補剛による鋼管単層格子構造

西武ドーム
Seibu Dome

外観　単層格子骨組膜と金属による屋根

軽快な屋根とV字柱　膜屋根から自然光, 外周から自然風が流れ込む

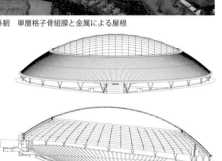

メインビームと階段状のトラスが外周の放射型立体骨組を構成する

内側の単層格子膜は地上で組み立てた後に, リフトアップして外側のドーナツ状部分に取り付けられた

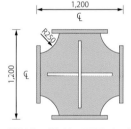
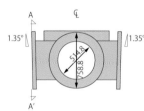
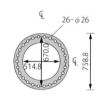

材質：SCW480
厚さ：22mm

鋳鋼金物の寸法（左：平面図, 中：立面図, 右：A−A′断面図）

単層格子骨組膜による屋根

　既存のオープンスタジアムにシーズンオフの期間だけを利用して, 1年目に観客席部分の金属屋根, 2年目にグランド部分の膜屋根の施工が行われ, 屋根付きスタジアムが完成した。ドームの中央部は鋼管による単層格子骨組膜, 外側のドーナツ状部分は放射型鉄骨立体骨組で構成されている。ドームの直径は220m, 高さ51mで, 半径160mの球を頂部から43mの位置で切り出し, 全体を5°傾けた形状で, これを既存のスロープから立ち上がったV字柱で支える構造となっている。

　単層格子骨組膜はφ558.8, 厚さ14mmの鋼管で, 地球儀赤道付近と同様の経線と緯線による約7.5mのグリッドを構成している。約300箇所の交叉部は, 同一形状の中空の鋳鋼接合金物（SCW410, 重さ約1.2t）を用いている。接合金物は交点の剛性を確保するために肉厚を22mmとし, 一般部鋼管との接合は高力ボルト26本によるフランジ接合としている。膜は長手方向に約7.5m間隔で, 交互に設けられた1/10ライズ（75cm）のアーチ突上げ部と

直線定着部で支持し, 短手方向は引込み機構により張力を導入したうえで定着されている。約7.5m幅で立体裁断されたPTFE膜を長手方向に連続させることで, 合理的な製作と施工が可能となっている。

放射型立体骨組とV字柱

　放射型鉄骨立体骨組は上部のコンプレッションリング, 下部のテンションリング, この2本のリングをつなぐ50本のメインビーム, メインビームを横につなぐ階段状のトラスで構成された球面台状となっている。リングは, 上下ともH型鋼を二丁合わせとしている。テンションリングで下部を固めることにより, 柱には大きなスラストが作用しないようになっている。V字柱は, φ812.8, 厚さ16〜36mm, 高さ4.5〜12mで, 柱頭部（屋根のテンションリングとの接合部）は固定, 柱脚部は温度変化によるテンションリングの伸縮を考慮して, ドーム半径方向はローラー支持, 円周方向は固定となっている。

所在地・竣工年：埼玉県所沢市／1999年
建築設計：KAJIMA DESIGN
構造設計：KAJIMA DESIGN
構造形式：単層格子骨組膜構造

ジャンボ鯉のぼり
Jumbo *Koinobori*

青空へ舞い上がるジャンボ鯉のぼり4世※

※1988年に製作された初代ジャンボ鯉のぼりは1995年まで遊泳し，その役目を終えた。その後，2世，3世と続き，現在のジャンボ鯉のぼり
は2014年に製作された4世である。鯉のぼりの素材は，3世製作の時点で従来の綿生地からポリエステルに変更され軽量化された。現4世
の大きさは全長100m，重さ約330kgである

遊泳前に，地面に広げられたジャンボ鯉のぼり

口輪から風が入り，徐々に膨らんでいく様子

はじめに

　日本有数の鯉のぼりの名産地である埼玉県加須市
には，春の年中行事として「ジャンボ鯉のぼりの遊
泳」がある。例年5月3日，利根川の河川敷に全長
100mの巨大な鯉のぼりが心地良いそよ風のなか青
空に泳ぐのである。遊泳にいたるまでの背景には，
数々の困難を乗り越えるための物語があった。

経緯

　加須市の鯉のぼりを全国の人々に知ってもらいた
い，そのような思いから1988年早春，青年会議所
の発案により2,000人あまりの市民が参加して，全
長100m，重さ600kgの木綿製の巨大な鯉のぼりが
作られた。いざ完成してみると，製作に協力した市
民からせっかく作ったのだから，ぜひ泳がせてみた
いという声が挙がったのである。「どのように泳が
せるか」市民からも意見を募りながら考えた結果，
物干しの要領で鯉のぼりのお腹にロープを通し，そ
のロープを数台のクレーンを使って引き上げること
にした。ところが，ロープを持ち上げた途端，鯉の
ぼりが裂けて破れてしまったのである。

川口衞のもとへ

　青年会議所は，流体力学や応用数学の専門家に協
力を仰ぐも断られ，1988年3月川口衞のもとを訪
れる。話を聞いた川口は科学者たちに見放されたこの
問題が，技術的に不可能なのか吟味するべく協力す
ることとなる。技術的な立場から問題を整理し，次
元解析を用いて解決できる手ごたえを得る。10分の
1の大きさの鯉のぼりで風洞実験を行い，お腹の布に
作用する力は計算と実験の両面から確認された。そ
の結果，木綿自体の強度は十分であるが，縫い目の強
度不足が判明し，全面的な縫い直しが実施された。口
輪の設計では，軽量かつ圧縮力に対する座屈に十分
耐えられるようアルミ製とし，車輪のスポークの仕
組を応用した。鯉のぼりを支えるポールには，建設用
のクレーンを使うことにした。このような過程を経
て1988年4月24日，みんなの期待に応え，ジャン
ボ鯉のぼりがはじめて大空に舞い上がったのである。

所在地・竣工年：埼玉県加須市／1988年
製作：加須青年会議所
技術協力：川口衞

Column C | スケールと二乗三乗則
| Scale and square – cube law

図1 フィールド自然史博物館（シカゴ）にて展示されているティラノサウルス・レックスのスー，全長 12.3 m，推定体重 7.3 t

図2 クロサイ（Diceros bicornis）の雄
全長 4 m，体重 2.3 t

図3 アリ 体長 1〜30 mm

図5 東京国際フォーラム・ガラスホールの屋根を支える船底形の骨組 圧縮や曲げを負担する鉄骨は骨，引張を負担するケーブルは筋肉や腱のようである

	全長 L	後足の付け根から先端までの長さ H	後足の太さ D	体重 P	L（比率）	L^3（比率）	P（比率）
Trex	12.3m	3.5m	0.3m	7.3トン	3.1	29.8	3.2
クロサイ	4m	1.4m	0.3m	2.3トン	1	1	1
アリ	20mm	10mm	0.5mm	5グラム	1/200	1/800万	1/50万

（注）Trexとクロサイの寸法は写真から推定，アリの寸法と体重は仮定した数値である
表1 Trex，クロサイ，アリの比較

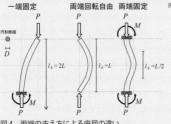

図4 両端の支え方による座屈の違い

長柱（円形断面）の座屈荷重と応力

$$P_{cr} = \frac{\pi^3 D^4}{64 l_k^2} E$$

$$\sigma_{(圧縮)} = \frac{4}{\pi D^2} P$$

$$\sigma_{(曲げ)} = \frac{32}{\pi D^3} M$$

D：直径
E：ヤング率
l：柱の長さ
l_k：座屈長さ
M：曲げモーメント
P：鉛直荷重
P_{cr}：座屈荷重
σ：応力度（単位断面に生じる力）

図6 ヒトの大腿骨の断面と X 線の写真
内部は力のかかる方向に向かって繊維質の骨組織が海綿状の構造で，軽量で座屈荷重多くなるよう合理的なつくりになっている

動物のスケールと体重の関係

　二乗三乗則は，相似な形状をした物体において，面積に関係する量は概ね代表長さの二乗，体積に関係する量は三乗のオーダーになるという法則である。恐竜の Trex，クロサイ，アリを例に考えてみよう。全長と体重が表1のとおりとすると，Trex の全長はクロサイの 3.1 倍，全長の三乗は 29.8 倍である。これはクロサイがその比率を保ったまま体長 12.3 m になり，体重が体積に比例して増えると 67 t（Trex の 9 倍）になることを意味する。

　クロサイと Trex の後足を比べると，太さはあまり違わないのに，付け根からつま先までの長さは Trex の方が倍以上ある。Trex は二足歩行なので，単純計算でも Trex の足には 1 本当たりクロサイの 6.5 倍の鉛直荷重が作用する。Trex の足はなぜクロサイに比べて細いのか。一方，アリの足はなぜこんなに細くても大丈夫なのだろうか。

　Trex の全長の半分は細長いしっぽで，Trex とクロサイの体は相似でないため両者を直接比較することはできない。しかし，Trex が属する獣脚類の一部は現在も鳥類として繁栄しているという説があること

からも，Trex はスケールの大きさの割には体重が軽いと言えそうである。

細長い柱に作用する力と座屈

　細長い定規を机の上に立てて上から押すと，定規は「く」の字に折れ曲がる。この現象を座屈と呼ぶ。図4は両端の支え方を変えた場合の曲がり方を示したもので，円形断面の長柱が鉛直荷重を受けて座屈するときの座屈荷重 P_{cr}，圧縮・曲げによって断面に生じる力 σ を式で表している。足の骨は，両端が関節になっているので両端回転自由の柱に相当する。紙面の制約のため詳細は省略するが，座屈荷重は D/l_k の二乗，D の二乗，ヤング率 E の一乗に比例する。今度はクロサイがアリと同じ 1/200 倍のスケールになったとすると，比率が保たれていれば D/l_k は変わらないので，座屈荷重は D の二乗に比例して小さくなる。ただし，体重は三乗に比例するので 1/800万倍になり，体重の方が劇的に減少する。アリの足が細長くても大丈夫なのは，体のスケールが小さいためである。一方，Trex は骨の周りを大きく発達した筋肉が取り囲んだ太い足によって，体重を支えていたと考えられる。

幕張メッセ国際展示場 北ホール
Makuhari Messe International Exhibition Hall, North Hall

外観にも表現されているカテナリー状のトラスとバックステイ

低い展示室の屋根トラスは逆三角形の断面で緩やかに湾曲している

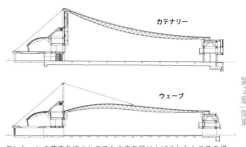

テンションの要素を持つトラスと中央を吊り上げられたトラスの構成，バックステイは共通の形状となっている

カテナリーとウェーブ

　10年前に竣工した展示ホールの増築として，計画された100×200mの平面形状の展示場である。1期工事は上に凸状に緩やかなカーブを描くシルエットであったことと対比的に，緩やかな下に凸状の屋根としてデザインされた。全体が一様な空間や形態であることの単調さを打ち破るように，半分の空間は天井が低い展示室として計画された。

　天井の高い展示室は"カテナリー"と呼ばれるように，引張成分の大きいトラス構造が採用され，引張力に抵抗するためのバックステイが必要とされた。これに対して，低い展示室は"ウェーブ"と呼ばれるように，途中で曲率が変わるほぼ水平のトラス構造とされた。ウェーブの部分は単純梁としての構造であるため，そのままではカテナリーのトラスより大きくなってしまう。そこで，中央を吊り上げる方式とすることで，トラスに生じる応力を制御して同じ寸法のトラス形状で可能とされ，また吊り上げ用のテンション材に対応してバックステイが必要となり，外観上も同じ表情の建築となった。

トラスの配置とディテール

　屋根を支える柱やバックステイは12mピッチに設けられたが，トラスをこのピッチで配置するとトラスせいが大きくなることと，トラス間の繋ぎ材も大きくなる。繊細な構造とするために，トラスは柱支点間をつなぐものに加えて，中間にも配置され6mピッチとされた。中間に配置されたトラスは端部では二股に分かれ，それぞれが柱に取り付いている。

　トラスの形状は，上弦材が2本と下弦材が1本の組合せによる三角形断面が採用され，そのことで上弦材のピッチは3m間隔となり，母屋材を受ける寸法として適度な寸法ともなった。

　トラス部材は，上弦材がH形鋼，ラチス材がCT鋼，下弦材がCT鋼の2丁合わせが用いられ，溶接によって組み立てられ，シャープさを出している。トラス端部，支柱，ケーブルが，1点に集まる箇所は形態や力学的明快さを考慮して，鋳鋼が使用された。

所在地・竣工年：千葉県千葉市／1997年
建築設計：槇総合計画事務所
構造設計：構造設計集団〈SDG〉
構造形式：鉄骨吊りトラス構造

千葉県文化会館・千葉県立中央図書館
Chiba Prefectural Culture Hall・Chiba Prefectural Central Library

千葉県文化会館　オーディトリウム外観

大ホール屋根構造図　　　　　　　　　　　　　　　大ホール屋根取付き詳細図

千葉・文化の森に建つモダニズム建築の傑作

　この二つの公共文化施設は、千葉市の中央に位置する亥鼻公園の一角に半世紀以上にわたって隣接して建ち、いずれも日本を代表する現存のモダニズム建築の傑作としてDOCOMOMO JAPAN選定作品に選ばれている。設計はいずれも当時の日本を代表する建築家・大高正人と構造家・木村俊彦のコラボレーションによるもので、戦後モダニズムをリードした巨匠・前川國男の事務所から独立後に二人が協働した最初の公共文化施設である。なお、この時のコラボレーションは当時大きな注目を集め、特に構造家によるいくつかの独創的で斬新な構造デザインとその設計思想は、昭和の日本構造デザイン史において第一級の遺産として位置付けられている。

千葉県文化会館（1967年）

　千葉県文化会館は本館と別館（聖賢堂）がある。主要建物である本館は、大ホール、小ホール、ロビー、練習室、レストランなどからなり、それぞれ室の規模に応じて適材適所の構造方式が採用されている。なかでも規模の大きな大ホールには注目すべ

き二つの独創的な構造方式が見られ、一つはRC造のHP曲面による側壁構造であり、もう一つはPC張弦梁による屋根構造である。

　大ホールは1階床面では建築機能上ステージに向けて徐々に幅が広がった平面形状をしているが、屋根面では構造上は一定の幅（同一スパン）とするのが妥当であり、結果的に両側の側壁は内倒れのHP曲面となる。なお、この構造合理性から生まれたスリムなHP壁面は、本館のオーディトリウム外観に独特の表情をもたらしている。

　このHP側壁が内側に倒れ込むのを押えるために、上端部で一体となっているのが階段状の屋根構造である。それは屋根スパン28.8mに対して、1列あたり長さ14.4m×幅600mm×せい540mmのPCジョイストを中央で合掌に突合せて、それをPCaの束で支え、1.5m下からPC鋼棒で引っ張り上げて受ける張弦梁を基本構造とし、4列1組として2.4mごとに階段状に並べられている。ここにプレキャスト屋根のユニット一段を長さ14.4m×幅2.4mとしたのは、運搬と現場の施工性を考慮してのことである。曲

千葉県立図書館外観

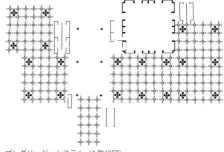

プレグリッド・システム（3 階伏図）

閲覧室

プレグリッド・システムの現場建方

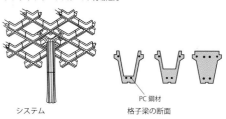

システム　　　　　格子梁の断面　PC 鋼材

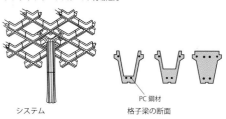

第2章｜関東

げ・圧縮材と引張材を組み合わせた軽快な張弦梁は，力学的に効率のよい構造方式として近年では多用されているが，本事例はその先駆的・独創的な応用例として高く評価される。また，張弦梁自身は天井で隠れているが，下弦材である PC 鋼棒の定着端が HP 側壁の上端部で階段状に配置されている様子が外から確認でき，お洒落なデザインとなっている。

千葉県立中央図書館（1968 年）

　千葉県立中央図書館で考案された自由な平面展開を可能とするプレグリッド・システムは，構造家・木村俊彦による工場生産された高品質プレキャストコンクリート構法への新たな挑戦から生まれた独創的な構造方式として知られている。その基本ユニットは V 型断面十字形（長さ 2.4 m×せい 600 mm）の PC 部材であり，ユニットは工場で一方向に必要な数だけプレテンションで連結され，運搬に適した棒状部材となり現場に運ばれる。この棒状部材を現場で必要な数だけ並べて直交方向にポストテンションをかけると，2.4 m をモジュールとする 600 mm 厚さのグリッド（格子状）スラブができる。グリッド

スラブを支える柱は，上下の節点に向かって太くなる十字型変断面の PC 部材で，柱の上には柱頭ディスクと呼ばれるせい 600 mm の十字型ユニットが 2.4 m の格子にすっぽりとはめ込まれ，ディスクと格子，ディスクと柱をポストテンションで緊張することによって一体化される。柱の位置や間隔は，2.4 m の整数倍であれば自由である。ここに柱の位置や間隔によって，格子梁の応力分布は違ってくるが，V 字型断面を中空式，半中空式，中実式の 3 種類に分け，さらに各々の配筋，プレストレス量を 3 種類用意し，応力分布に応じたグリッドスラブを組み立てている。

　なお，この独創的なプレグリッド・システムは，その後静岡市農協センター，佐賀県立博物館などさまざまな施設に応用されているが，その記念碑ともいえる千葉県立中央図書館は残念ながら老朽化と耐震改修のため，現在は利用が一部制限されている。

所在地・竣工年：千葉県千葉市／1967 年，1968 年
建築設計：大高正人建築設計事務所
構造設計：木村俊彦構造設計事務所
構造形式：千葉県文化会館／RC＋PC 混構造，HP 壁，PC 張弦梁屋根
　　　　　千葉県立中央図書館／RC 壁構造，PC プレグリッド構造

ホキ美術館
Hoki Museum

アプローチ側からの全景

ギャラリー内の展示状況

大きく張り出した片持ちギャラリー

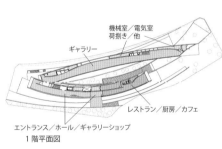

エントランス／ホール／ギャラリーショップ
1階平面図

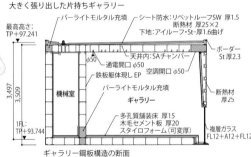

ギャラリー鋼板構造の断面

湾曲した筒状のギャラリーを重ねた美術館

　敷地形状に合わせ，長さ60〜100mの筒状構造を二層に重ねた構成である。地下を含む大部分が鉄筋コンクリート造のカルバート状床壁構造（厚さ250〜350mm）であり，地上部の浮遊感ある鋼板構造のギャラリーが強い印象を与える美術館となっている。

30mの片持ちを有する鋼板構造

　異なる曲率で下部構造から600mm浮かせた長さ100mの鋼板構造部分は，30mの片持ちを含む2か所支持の連続桁となっている。片側にスリット状の開口があるため，コの字構造のように見えるが，反対側の外壁と展示壁からなる縦長の箱形断面が長さ方向の主構造で，そこから床・屋根が直交方向に跳ね出す構成である。外壁面は緩やかな弧を描き，展示壁となる内壁面には更にうねりが重なり，この空間に空調機が納まる。30m片持ち元端の支持部は階段であるため，箱形断面の内壁側は階段両側の十分な重なりをもって開いている。構造となる2枚の水平面（床・屋根）と壁面はH-250とC-250を内

蔵する二重鋼板であり，片持ち元端近傍の片側に9，16mm厚を使うほかは，大部分を6mm厚の鋼板とし溶接にて一体化している。外壁・展示壁・天井は，塗装した鋼板がそのまま仕上げ面となっている。天井に設けられた多数の小さな孔はLED照明と空調吹出し，二重鋼板内は配線とダクトであり，展示壁には磁石で絵画が掛けられる。鋼板が構造であり，意匠であり機能であり，建築である。

　支持部分は階段幅に絞られ，高流動コンクリートを充填した二重鋼板で十分な剛性・耐力を確保している。この部分はコンクリートの充填性から，L断面を弦材とする鉄筋トラスで2枚の鋼板を連結している。箱桁直交方向の転倒安全性について特に配慮する必要があり，地下においてアウトリガー状に十分なスタンスをとり，場所打ちRC杭で支持させている。

所在地・竣工年：千葉県千葉市／2010年
建築設計：日建設計
構造設計：日建設計
構造形式：RC造，鉄骨造（鋼板構造）

日本大学理工学部 テクノプレース 15
TECHNO PLACE 15

多様な機能空間を含めた建物全体を単一の膜屋根で覆っている

格子梁から遊離した張力膜

円筒形状から切り取られた一枚の膜屋根

ショーケース化し，開かれた実験施設

　本建物は理工系キャンパスの実験施設であるが，可能な限りオープン化し，訪れた人たちに対し，新たな教育・広告媒体として活用するショーケース化した施設であり，見学・回遊できるようになっている。明るく開放的な半屋外空間は，大学祭やオープンキャンパスでも開かれた交流の場となっている。

大屋根の架構

　大屋根の全体形状は円筒を斜めに切り取った形状となっており，半屋外の空間は長柱によって支持された 4,250×4,900 mm の格子梁で構成している。交点は剛接合で，各グリッドに水平ブレースが配置され，屋根の地震力は内部の建屋によって抵抗している。

バネストラットによるホルン型張力膜

　ここでの最大の特徴は，膜材の立体裁断を不要としたことである。基本的に円筒状の膜屋根は，「一枚物」で格子梁から「遊離」している。格子梁交点に結合された風吹上用の小径ケーブルと突上げストラットにより，連続したホルン曲面が形成されている。各々のストラットを突き上げる（下部ボルトを

回転させる）ことで，先端の円盤が膜を押し上げ，膜面に張力導入がされる。万が一経年後に，膜張力が緩んだ場合には，通常のストラット形式の場合は下弦ロッドの張力を再導入することで，ストラット材を突き上げて膜面に張力再導入を行うことが必要になる。しかしながら本構造では，ストラット材にバネが仕込んであり，膜が緩んだ場合には，バネが少しだけ伸びて膜張力を保持する。そのため，膜面の張力再導入は不要な形式となっている。このバネストラット式張力膜は，風や雪の外力がかかった時にも，バネが伸び縮みすることで，有効に作用する。ストラット先端の膜面を突き上げている円盤は，膜とは定着されておらず，膜面に余計な部品は必要ない。ストラットの転倒防止のために，水平面にもロッド材が配置されており，前述した屋根面の水平ブレースの役割も果たしている。膜面の張力保持と構造安定性の観点からも，合理的なシステムである。

所在地・竣工年：千葉県船橋市／2002 年
建築設計：坪山幸王＋梓設計
構造設計：梓設計＋斎藤公男
構造形式：鉄骨造＋(RC 造，SRC 造)，バネストラット式張力膜

ファラデー・ホール
Faraday Hall

プラザ習志野の俯瞰（ファラデー・ホールは写真左の建物）

ロッドにストレイン・ゲージを貼る

ライズの高いタイ付きアーチは十分な載荷能力をもつ。アーチのスラストはタイに吸収され、"かたち"は崩れない

ライズの低いアーチとタイの間に小さな「ストラット」（束）を挿入する。アーチとストリング、ストラットとストリングの圧縮と引張は各々釣合い、"かたち"は崩れない

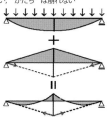

PS導入によるビームの応力（曲げ）制御のメカニズム

中央リングと放射ストリング群：トップライトの光に浮かぶ新しい構造表現

システムの視覚化をイメージしたデザイン

　工学の生み出す構築物や製品は、小さなエレメントの集積・結合によって形成される。理工系のキャンパスにふさわしい、科学や工学を象徴するような小空間に、「システムの視覚化」をイメージしてデザインが行われている。キャンパス内に建てられた隣接する二つの食堂棟のデザインを共有している。三つの建物は煉瓦タイルの外壁をもつ2階建であり、ファラデー・ホールの屋根面の構成も四角に円形の屋根が組み合わされている。デッキプレートにRCを打設したファラデー・ホールの屋根面を支持するのは、H形鋼（Beam）と鋼棒（String）の組合せによる「張弦梁構造（Beam String Structure：BSS）」である。BSSがもつシステムとしての基本的特徴は、①組合せの架構、②自己釣合系、③自重時の応力・変形の制御、④ストリングの室内配置などである。

ファラデー・ホール

　ケーブルやロッドといった優れたテンション材をより有効に利用した、いわゆる"新しい張弦梁"として、1978年に国内（世界）で最初に出現したのが

「ファラデー・ホール」である。放射状に配置されたBSSのため、車輪型張弦梁構造とも呼ばれる。中央の束は直径約2.5mのリング形状となっており、このリング上部にはトップライトが設けられ、そこからの光は内部空間をより豊かにしている。

　中央リングの下端の引張リングは、32個の鋳鋼のエレメントから形成されている。Strut（ダブル鋼板）と、Stringを定着させながら、自らも逆ネジ連結ボルトによってTension Ringを成立させるこのエレメントは、力学と造形の面で多機能であるがゆえに、「鋳鋼であること」のリアリティが生まれているといえる。施工は、中央リング位置で仮設構台により仮受けした状態で組み立てられた後、32本のStringの端末ナットを順次回転させることで、徐々に仮設構台の反力を減少させ、最後にわずかにジャッキダウンすることにより行われた。

張弦梁構造とは

　張弦梁構造（BSS）は古くて、そして新しい構造といわれる。かつて19世紀の初期から中期にかけての橋や建物には、形鋼を引張鋼棒（ロッド）によって

理工スポーツホール外観（1985年）　極めて緩い屋根勾配

船橋日大前駅（1995年）俯瞰　愛称は「グラス・ホッパー」

ケーブル端部　軸力の示力図をデザインする

フェイス・ジョイント　6本のロッドを同時に緊張する

理工スポーツホール内観　ブラインドで壁と屋根の自然光を制御

船橋日大前駅内観　張力構造の権威者 J. シュライヒ

補強した合成梁がしばしば登場している。そのような歴史的なルーツとは別に，現在の BSS の位置付けや発生プロセスには，いくつかのルートが考えられるが，ここではかつて一時的に活用されながらすぐに消えたこの方式が，再び注目を集めはじめた理由について考えてみたい。一般に，自重を支配荷重とする大スパン構造を実現するための解決法には，次のような手法が挙げられる。

① 形態抵抗による曲げ応力の排除
② 部材の交差配置による立体抵抗
③ 隙間をもった軽量な構造要素の採用
④ 高強度部材の使用
⑤ 主部材へのプレストレス導入
⑥ 主架構への中間支点の挿入

上記の手法を単純に，あるいは複数組み合わせることによって，軽量にしてかつ耐力と剛性に富む構造システムを形成することが大スパン構造の計画目標であるが，従来の空間構造と呼ばれるものは，主に①〜③の手法に基づくものであり，④〜⑥の手法を駆使した混成構造の一つに BSS は位置付けられ

る。すなわち BSS では，力の流れの格付けが比較的明確であり，力学的および構成的な立体抵抗が薄い反面，部材の製作，施工，応力解析が容易となる。

ファラデー・ホールから派生した張弦梁構造

ファラデー・ホールの建設後に実施された，同キャンパス内の理工スポーツホール（1985年）は，並列配置された BSS である。さらに，ファラデー・ホールの放射型と理工スポーツホールの並列型を組み合わせると，長円形状のリングを有するグリーンドーム前橋（39頁）へと繋がっている。また，張弦梁が得意とする荷重は自重であり，そこにテンション材で水平抵抗性能を付加した架構として「スケルション（Skelsion）」が提案された。Skelsion は Skelton（骨組）と Tension（張力）の組合せであり，その最初の事例が同キャンパスの最寄り駅の船橋日大前駅であり，もてなしドーム（115頁）へと繋がっている。空間演出は BSS の"夢"である。

所在地・竣工年：千葉県船橋市／1978年
建築設計：小林美夫，若色峰郎，伊澤岬
構造設計：斎藤公男
構造形式：車輪型張弦梁構造

先端材料科学センター
Advanced Materials Center

Minimum Joint Glazing

MJG の構成システム

アトリウム内よりガラスファサードを通して広場を見る

センターの前に建つテンセグリティ・スフィア

孔なしガラス＋ケーブル・グリッド構法

　ガラス本来のもつ透明性と反射性を活かすために開発されたサッシュレス構法は，1970 年代アメリカでまず SSG（構造シーリング）構法からはじまった。日本での適用は 1980 年前半からである。一方，ヨーロッパでは透明ガラスを使ったグラサード構法や DPG 構法が開発される。DPG（ドット・ポイント・グレージング：孔ありガラス）構法の中でも最も完成度が高い方法として一躍注目を浴びたのは，P.ライスによる「ラ・ヴィレット構法」である。ケーブル・トラスによる革新的な支持構法とともにこの構法が，日本のメーカーを強く刺激してガラス・ファサードの開発競争は加速していった。

　1995 年に，それまで日本に普及していたガラス構法とは異なるシステム「孔なしガラス＋ケーブル・グリッド構法」が登場した。この構法の特徴は，第一にガラスの弱点となる孔をあけないこと。第二に，ケーブルを直線材として利用して 1 本のケーブルに正負の風荷重を負担させること。ケーブル・トラスと異なり，張力はいかなる時にも消失することはな

い。第三に，ケーブル中間の束材を必要としない。ガラスを固定するジョイントに限っても，4 枚のガラスをとめるプレートは 2 枚，ボルトは 1 本。ガラスの自重を支え，風圧に耐え，しかも大きな層間変位（1／100 程度）を吸収できる。製作，施工は極めてシンプルになり，デザイン的にもエネルギー的にも最小化が図られる。Minimum Joint Glazing（MJG）の命名の由縁である。すでに建設が進行中の建物への国内発の試みは無事に成功して，その後 MJG＋テンセグリック・トラスとの組合せへと進化し，国内で多くのガラス・ファサードが実現している。

テンセグリティ・スフィア

　四つの独立した三角形の圧縮材をテンション材で統合した"テンセグリティ"。外形が立方八面体のため，ユニットとして連結ができる。つくば万博 '85 では，モニュメント・タワーとして建設された。

所在地・竣工年：千葉県船橋市／1995 年
建築設計：秋元和雄
構造設計：斎藤公男／技術協力：J. シュライヒ
構造形式：躯体／RC 造，ガラス・ファサード／孔なしガラス（MJG 構法）＋ケーブル・グリッド構法

ホワイトライノⅡ
White Rhino Ⅱ

タワー型テンセグリティ

外観

タワー型テンセグリティ詳細

五角形型テンセグリティ

五角形型テンセグリティ詳細

第2章｜関東

純テンセグリティの空間

　通直なテンション材のネットワークの中に，不連続な圧縮材が宙に浮くように支えられ，この2種類の部材だけで完結した自己釣合状態を保っている。これが純粋なテンセグリティの特徴だ。太い部材が密に接続する部分がないため，明るく透明感のある内部空間が実現する。東京大学柏キャンパスに建てられたホワイトライノⅡを訪れれば，その稀有な空間を体感することができる。「テンセグリティ風」建築は世界中にたくさんあるが，純粋なテンセグリティ架構を構造とした建築はここにしかない。

難易度の高い構造

　かつて東京大学生産技術研究所の西千葉支所にあったホワイトライノⅠ（2001～2021年）は世界で初めて，純粋なテンセグリティ架構で屋根を支える構造を実現した建物だった。大小2基の三角錐台型テンセグリティが膜屋根を支えていた。その後，継建物として東京大学柏キャンパス内に建てられたホワイトライノⅡでは，さらに難易度の高いタワー型と五角形型の二つのテンセグリティ架構に挑戦している。

大変形とプレストレスの制御

　テンセグリティ架構を実構造物として実現するためには，二つの問題を克服する必要がある。
①完成後は大変形を発生させない。
②複雑なプレストレスを制御し実現する。

　ホワイトライノⅡの二つのテンセグリティは，前もって施工中に大変形を生じさせることで，完成後は大変形を生じないで十分な剛性を発揮するように工夫をしている。したがって，ジョイントは施工時に意図的に発生させる大変形を吸収できるように設計されている。さらに，張力導入は人力のみで行った。現場で導入張力を細やかに調節するには，人力が最も都合がよく環境負荷も少ない。人力で導入できる張力は40 kN程度。その制約の中で，最大300 kNを超える張力導入を実現している。各テンセグリティの上下は完全にピン支持されており，曲げモーメントが生じないように設計されている。

所在地・竣工年：千葉県柏市／2017年
建築設計：今井公太郎研究室
構造設計：川口健一研究室，太陽工業
構造形式：テンセグリティ構造

横浜大さん橋国際客船ターミナル
Yokohama International Passenger Terminal

海に突き出した有機的な丘状の形態の外観

中央部の屋根は折板構造であるがトラス状の補剛材が設けられている

両側の上下階を繋ぐスロープがU字形断面のアーチ構造を形成する

海に突き出したランドスケープの建築

　話題を呼んだ国際コンペにより選ばれたデザインであり，設計と施工ともに困難を極め7年の年月を経て完成した。長さ430m，幅70mの巨大な建築であり，海に突き出したように形成されたランドスケープでもある。屋根や床がうねりながら，壁と連続して空間をつくるというデザインコンセプトがイメージされ，コンペ時には“カードボード構造”が提示されていた。その後の設計プロセスで，スペースフレーム的な構造やハニカム構造などの検討を経て，ガーダーと折板構造の組合せの構造として実現された。当初の二方向に展開する構造システムから，一方向の構造システムの組合せへの転換であった。

巨大なアーチ構造

　建物を訪れると，左右の曲がりくねったスロープから屋根に上るか，中央に開け放たれたエントランスから室内にアプローチすることになる。左右のスロープから屋上に出ると，トンネル状の下りの斜路が待ち受けている。スロープを形成しているのが，“ガーダー”と呼ばれる巨大なアーチで，場所によっ

て形状が変わり，ロの字形やU字形断面となっている。アーチは片側でそれぞれ五つに分割されたものとなっており，応力に応じて6〜40mmの鋼板を組み合わせてつくられた。現場では溶接により一体化され，支持部の近くではコンクリート充填が行われた。

トラスと折板構造

　ガーダーに挟まれた中央部はスパン約30〜45mの短手方向にせり上がった屋根であり，フラットな2階床とも折板構造が用いられた。ガーダーの外側は，内側の折板が折り返すような形態で片持ち構造となっている。折板は2.3〜4.5mmのFR鋼板で構成されているため，座屈補剛のためのリブが必要となる。応力の大きい部分では，補剛リブをトラス状に配置することで，座屈補剛を兼ねトラス構造としても機能するようになっており，トラス構造と折板構造が混合したシステムである。鋼板の接合には，溶接による熱変形を避けるためヒルティ鋲が用いられた。

所在地・竣工年：神奈川県横浜市／2002年
建築設計：foa
構造設計：構造設計集団〈SDG〉
構造形式：鉄骨アーチ構造＋折板構造

ハイパードーム E
Hyper Dome E

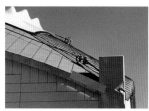

境界ケーブルが柱に接続されている

建物全景　吹上風荷重はバウンダリー・ケーブルを介して四隅の支柱へ伝達される

膜の谷部には，耐風用のケーブルが配置される

コンサートの様子　音響効果は良好であった

ストラットは 3 m おきに配置され，膜面を支持

ストラットを突上げて，膜面に PS を導入

自社工場にて湾曲成形された格子部材

内観　膜構造で室内は明るい

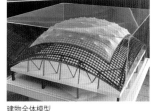

建物全体模型

第2章｜関東

自社ビルの展示空間

　この建物は 1990 年建設当時，設計者の自社ビル（事務所，工場，展示場）であった。施主である建築家・遠藤精一がどうしても実現したいプロジェクトとしてスタートし，多くの人の協力で実現した。1 階部分は事務室と作業スペース，2 階部分は 27 m 角の無柱の展示空間であった。2002 年に所有者が変更後も，展示場は利用されていたが，金属屋根部に機能上の不具合なども発生し，2022 年に再度所有者が変更したタイミングで，残念ながら解体された。

ハイブリッド構造

　木造格子シェルとストラット式張力膜構造の屋根に，鉄骨造と一部鉄骨鉄筋コンクリート造，2 階建のハイブリッド構造である。施設内に展示されていた構造模型により，全体構成がよく理解できる。

木造格子シェル

　ドーム形状の屋根の主架構は，木造格子シェルである。構造解析の結果，70×50 mm の断面が必要とされたが，この大きさでは初期応力が大きすぎて曲がらない。そのため，70×17 mm の単板を湾曲成形した後に 3 枚接着することで，初期応力がほぼゼロの湾曲積層材が自社工場で製作された。これを格子間隔 60 cm で縦横 4 段に重ね，ボルトで緊結して施工され，端部のアーチ鉄骨に接続している。

ストラット式張力膜

　屋根は立体裁断された膜を接合し全体で一枚に製作し，3 m グリッドの押えケーブルが膜面を小さく領域化する。各領域中央でストラット材によって初期張力が導入されている。ストラット材先端には，市販のサラダボールが球状のキャップとしてついている。ストラット材下端に取り付けられたストリングはラチスシェルの交点に向かって 4 方向に吊り上げられ，膜が緩んだ場合には比較的容易に再張力導入可能なディテールとなっている。押えケーブルは外周金属屋根上で境界ケーブルに接続され，境界ケーブルは四隅の柱に力を伝えている。

所在地・竣工年：神奈川県川崎市／1990 年
建築設計：エンドウプランニング（遠藤精一）
構造設計：斎藤公男，斎藤公男研究室（岡田章）＋竹中工務店技術研究所
構造形式：膜構造，木造格子シェル構造，鉄骨造，SRC 造

神奈川工科大学 KAIT 工房
Kanagawa Institute of Technology KAIT Workshop

偏平な柱がさまざまな方向に配置された内部空間

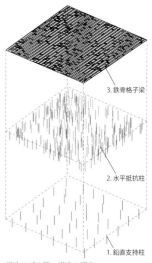

3. 鉄骨格子梁

2. 水平抵抗柱

1. 鉛直支持柱

構造モデル図─構造3要素

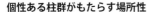

4面ガラスの箱型の外観

偏平柱頭部　無垢材の仕口にさまざまな角度で柱が取り付く

個性ある柱群がもたらす場所性

　神奈川工科大学のキャンパス内にある，学生が自由に使用できる工房で，約2,000 m²のワンルームの内部にはさまざまな断面形状をもつ305本の細い鉄骨柱が配置されている。その形状のバリエーションや配置の粗密が，仕切りのない空間に場所性をもたらしている。この柱断面と配置のやりとりに，設計期間約2年の大半が費やされたという。

柱の構造的な役割分担

　この繊細で多様な柱断面と配置を実現するため，小西は柱に明確な役割分担をつけ，そのために必要な納まりや施工方法の工夫を行っている。

　305本のうち42本は，厚みが55 mm以上あり座屈強度を考慮した「鉛直支持柱」である。これらは約8×8 mの密度で配置され，屋根の鉛直荷重を負担している。柱脚は座屈長さを短くするため基礎に埋込み，柱頭は水平力分担が小さいピン接合となっている。残る263本は，極薄・偏平な「水平抵抗柱」である。この部材は，柱頭・柱脚とも剛接合で水平力を負担する。偏平な部材をさまざまな方向に配置

することで，全方向の水平力に抵抗している。

薄い柱に圧縮力を負担させない施工方法

　薄い水平抵抗柱は極端に座屈に弱いため，この部材が圧縮力を負担しないよう工夫されている。

　小西が編み出したのは，施工時にまず鉛直支持柱のみで屋根を支え，水平抵抗柱の脚元は固定せずに屋根から吊り下げておく。その状態で，屋根に積雪荷重相当の錘を載せたのち，吊られた水平抵抗柱の基礎を固定する，という施工方法だ。錘を取り除くと，水平抵抗柱には積雪荷重相当の引張力が導入され，屋根荷重が増えても圧縮力が生じない状態となる。錘は，仮設資材のH形鋼を載せていく素朴な方法が採用された。薄い柱の座屈を防ぐためプレストレスを導入するというアイディアを，特殊な工法によらず実現している点も，構造家によるひらめきの賜物である。

所在地・竣工年：神奈川県厚木市／2008年
建築設計：石上純也建築設計事務所
構造設計：小西泰孝建築構造設計
構造形式：薄鋼板と厚鋼板柱による鉄骨ラーメン構造

神奈川工科大学 KAIT 広場
Kanagawa Institute of Technology KAIT Plaza

反屋外となる屋根下空間

二方向吊り屋根の鳥瞰

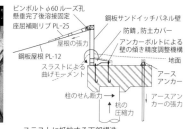

壁脚部の納まり

短辺方向断面図

スラストに抵抗する下部構造

KAIT 工房に隣接する無柱の半屋外広場

　KAIT 工房に続き石上純也が設計した KAIT 広場は，約 80×50 m のゆがんだ四角形平面の半屋外広場で，学生の居場所として計画された。KAIT 工房が柱により場所を作っているのに対し，KAIT 広場は柱のないワンルーム空間となっている。地面が浅いすり鉢状に掘り込まれ，並行して緩やかに垂れる薄い屋根を架け，空間の高さを約 2.2～2.8 m に抑えている。屋根には 1.8～3.0 m 角の開口が 59 か所開けられている。高さを抑えることによる明るさ等の環境の不均一により，多様な空間を生み出している。

緩やかに垂れ下がる鋼板吊り屋根

　緩やかに垂れる屋根は 12 mm 厚の鋼板による吊り構造で，短辺スパン約 50 m に対し約 4 m のサグとなっている。理想的な懸垂形では出隅付近が大きく湾曲するが，施工性や天井高を考慮して緩やかになるように調整されている。その結果生じる屋根外周の圧縮力に対し，屋根の四周幅 3 m に座屈補剛リブを設けている。このリブは，温度応力にも抵抗している。開口位置は応力が集中しないように決定さ

れており，風圧力には鋼板と仕上材のアスファルトの重量で抵抗している。

サンドイッチパネル壁によるスラスト処理

　吊り構造は，屋根張力によるスラスト処理が課題となるが，ここでは剛性の高い 250 mm のサンドイッチパネル壁の曲げにより基礎に伝達している。基礎は壁下の四周に設けられ，ロの字型の水平梁としてスラストに抵抗すると同時に，杭も水平力を分担している。また，スラストによる転倒モーメントに対しては，圧縮力を杭で，引抜力をアースアンカーで処理している。

薄い鋼板屋根を滑らかに溶接する施工

　屋根の施工では，薄板を滑らかに溶接するために工事現場でのロボット溶接が採用された。2.4×7.2 m の板を搬入し，現場内の作業場で 7.2 m 角にロボット溶接してから足場上にセットし，手溶接している。

所在地・竣工年：神奈川県厚木市／2020 年
建築設計：石上純也建築設計事務所
構造設計：小西泰孝建築構造設計（基本計画）
　　　　　佐藤淳構造設計事務所（実施設計）
構造形式：鋼板吊り屋根構造

第2章｜関東

藤沢市秋葉台文化体育館
Fujisawa Municipal Gymnasium

銀色に輝くカブトムシのような外観

内観 2 本のアーチ状キールトラスを望む

アーチ状キールトラス 詳細

愛称「カブトムシ」で知られる市民体育館

　藤沢市秋葉台公園内に市民のスポーツ拠点として，1984 年にオープンしたこの体育館は，銀色に輝く近未来的な建物の外観がカブトムシに似ていることから，愛称「カブトムシ」として広く市民に親しまれている。

　この体育館は，南北軸上に配置された大アリーナ棟・エントランス棟と，南北軸に対して斜めに配置された小アリーナ棟の 3 棟からなる。エントランス棟と大アリーナ棟は地上 2 階，小アリーナ棟は地上 3 階である。ステンレス仕上げの屋根は，鉄骨構造でそれぞれ異なった形状を持つ。屋根以外は，RC 造もしくは SRC 造である。

大アリーナ棟の構造

　大アリーナ大屋根は，90 m のスパンにライズ 19.75 m で架け渡された 2 本のアーチ状キールトラス梁と，これに直交方向に東西の両観客席外端部間を 6 m ピッチに架け渡されたトラス小梁で構成されている。キールトラスは V 型をした 2 面の鉛直トラス梁と 1 面の水平トラス梁を組み合わせた逆三角形断面である。トラスせいは応力に合わせて，中央部が大きく両端に行くにつれて小さくなっている。脚部は SRC とし鉄筋コンクリートのタイで結び，タイに生じる引張力に見合うプレストレスを導入している。トラス小梁は 3 スパン連続で，キールトラス側でせいを大きく，観覧席端部では小さくしている。

　屋根の南北端ではシリンダー状曲面からフラットな三角形屋根になるなど屋根形状が複雑に変化し，南面の屋根はサッシ面内の鉄骨支柱により，北面の屋根はうちわ状の RC 壁に支持され，開口妻面に独特の形態表現をもたらしている。

　なお，この体育館を設計した建築家と構造家チームは，その数年後にこのデザインを基調にした大規模な大空間建築である幕張メッセや東京体育館を実現しており，この体育館はそれら大作の先駆けとなる作品として位置付けられる。

所在地・竣工年：神奈川県藤沢市／1984 年
建築設計：槇文彦＋槇総合計画事務所
構造設計：木村俊彦構造設計事務所
構造形式：鉄骨アーチ構造

箱根彫刻の森美術館 ネットの森
Knitted Wonder Space 2

ドームの外観

ネットの様子

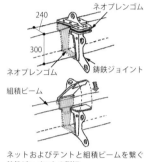

支点上部鋳鉄ジョイント
組積ビーム
仮止め
スクリューネジ
アンカーボルト　　支点鋳鉄ジョイント
支点ジョイント部の詳細

ネオプレンゴム
240
300
ネオプレンゴム　　鋳鉄ジョイント
組積ビーム

ネットおよびテントと組積ビームを繋ぐ
鋳鉄ジョイントの詳細

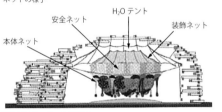

張力テント・ネット断面図
安全ネット　H₂O テント　装飾ネット
本体ネット

組積ビームドームの組立

子どもたちへの「未来へのおくりもの」

　本プロジェクトは，子どもたちが「素材と形，そして空間との関係」を実体験を通じて育むことを目的としている。言うならば子どもたちへの「未来へのおくりもの」。このデザインコンセプトのもと，本作品はアウトドアの巨大なアート空間として実現した。

　そこを訪れると，最初に目につく無骨な木造ビームドームの中に，それと対照的なカラフルなサスペンションネットが吊られ，その上下で 50 人余りの子どもたちが時間を忘れて戯れているのを目にする。

　ネットは，内部のナイロンネットと安全ネット，そして雨雪からネットを保護する塩ビ製のテント構造からなる。子どもたちは，張力空間全体がユッサユッサと揺れる大変形や，ブランコのように吊られたボール玉の不安定な動きを体全体で満喫している。本システムの極めて柔軟で不安定な挙動を検討するために，特別な非線形解析プログラムが開発された。

組積ビームドームの構造計画と施工

　この張力空間を約 600 本のヒバの集成材よりなる，開放的な組積ビームドームが包み込むように

覆っている。建設手順の簡明さを考え，ビームを 4 段積み上げることで立体的に安定したユニットを構成する特殊な組立構法を採用した。これを 10 層重ね合わせることで，高さ 12 m の組積ドームが完成する。

　支点部は地震時の引抜力に抵抗し，フレキシブルに回転可能な鋳鉄製の球座支点として設計されている。ネットおよびテントと組積ビームとを繋ぐ鋳物ジョイントは，構造性能とともにアートとしての質が必要となる。その形状は，ソリッド要素を用いた有限要素法解析により慎重に検討された。

世界に類を見ない空間構造

　空間の骨格は大きく大別すると，圧縮抵抗系のドーム構造と張力抵抗系のテンション構造に分けられる。本作品は，その両方の荷重抵抗システムでできている。世界に類を見ないこの作品は，日常の世界に存在する唯一の体験型の空間構造である。

所在地・竣工年：神奈川県足柄下郡箱根町／2017 年
建築設計：手塚建築研究所
ネット設計・施工：Mac Adam　堀内紀子
構造設計：TIS & Partners
構造形式：組積ビームドーム＋ナイロン製サスペンションネット

Column 2 | 繰り返し活用されるテンポラリー・スペース
Temporary space used repeatedly

図1 建築会館の中庭スペースにイベント時に建設された仮設の支柱式テント

図2 サーカスへのわくわく感が高まる支柱式テント

図3 テントの突き上げと照明を兼ねた支柱の様子

図4 建築会館の中庭に建設されたアルミでできたオーバル・ドーム

図5 学生たちによるオーバル・ドームの組立の様子

繰り返し活用されるテンポラリー・スペース

　イベントなどの際に空間を簡易的に覆う仮設建築のことを，ここではテンポラリー・スペースと位置付ける。このテンポラリー・スペースは，博覧会やオリンピックなどの大規模なイベントで建設され，イベント終了後には解体される，いわゆる期限付き仮設建築とは異なる。

　特徴としては，建設→利活用→解体・保管→建設のサイクルで，何度も繰り返し利用されることである。ここではいくつかの事例を通して紹介したい。繰り返しの利用を前提とするため，収納性が高い，軽量で運搬が容易，施工が短時間で簡単にできることなど，幾つかの共通する特徴があるものの，繰り返して利用される理由は，果たして何だろうか。

支柱式テントの世界

　大きな空間を薄い膜材とケーブルやロープなどのみで覆うことが可能なサスペンション膜構造の突き上げの支点として，単一または複数の独立した支柱を持った構造が支柱式テント（図1〜3）である。サーカステントがその代表であるが，わずか数日で建設される巨大なテントはイベント開幕への期待を膨らませる。

　建築会館の中庭では，仮設の支柱式テントで覆われた空間で毎年イベントが開催されていた（図1）。その後，支柱式テントに変わり登場したのが，軽量なアルミを用いたオーバル・ドーム（図4，5）である。重機などは用いず，学生ボランティアの手により小さく分割されたパーツを組み合わせていくことで，中庭をすっぽりと覆うスパン20mを超える楕円

66

図6　エアードームの建設の様子。膜を展張し，ネットを被せた後（写真：左）にインフレート（写真：中→右）が行われる

図7　江戸東京博物館で建設されたトリプル・バルーン　ドーム内部では段ボールハウスを建設して宿泊

図8　ドーム内部で無邪気に走り回る子どもたち

図9　代々木競技場の脇に建設されたエアーラップ

図10　氷点下20度の極寒の真夜中に，何日もかけて少しずつ，氷の厚さを増して行くアイスドーム

図11　粉川式アイスドーム（トマム）の内部の様子

図12　建設時の仮設として利用されたエアドームの空気を抜いた瞬間

のドームが建設される。

空気の力を利用したテンポラリー・スペース

　災害時の帰宅困難者の待機空間として計画されたトリプル・バルーン（図6〜8）は，建築家・村田豊の考案による「網膜式空気膜構造」であるが，膜に発生するシワを許容して立体裁断しない平膜の状態で利用する，どこでも手に入る材料（農業用のビニルシートなど）を使うなど，大きな空間を簡単に覆えるように計画されている。施工は，もちろん重機などは用いず人の手だけで行われる。インフレートを開始すると，数十分あまりで長さ28m，幅12m，高さ6mの大空間が完成する。なお，地盤との定着

はテントなどで用いられるペグによる方法以外にも，錘として土嚢や水などを用いることで場所を問わずに建設が可能である。2001年に江戸東京博物館で建設されて以降，さまざまなイベントで毎年のように建設されている。

　テニスコートを覆うために建てられたエアーラップ（図9）。複数のチューブを並列させたものでなく，上下の2枚の膜面を，開口を持ったタテ膜（フラップ）でリブ状につなぐことで，内部が一体の空間で繋がったヴォールト状のチューブを構成し，全体の空気圧の制御が容易となっている。カラフルなエアーラップが，アクティブなスポーツ空間の魅力

図13　アーク・ノヴァ外観

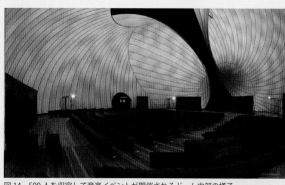

図14　500人を収容して音楽イベントが開催されるドーム内部の様子

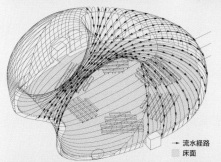

図15　放水冷却を促進させる膜架構形状と流水経路のイメージ

→ 流水経路
　床面

図16　梱包されて搬入されたドームが展張された後，空気が送り込まれていく

図17　プッシュアップの建方のイメージ

図18　緩やかな曲率の「波のシザーズ」

図19　閉した内部空間をつくる「バイオかまくら」

図20　シザーズの建方の様子

図21　日よけ膜が設置された「虹のシザーズ」

図22　愛知万博で建設された休憩スペースの「虹のシザーズ」

をさらに高めている。

　粉川式アイスドーム（図10～12）は，氷点下20℃の極寒の中で，建設時のサポートとして用いられるエアードームに雪と水を交互に吹き付けることで，何日もかけて少しずつ氷のドームを建設していく。厳しい寒さを味方にした「氷のドーム」は，未体験の非日常空間として毎年の冬の目玉になっている。

　東日本大震災の被災地を巡回する音楽イベントのために計画された，500人の収容が可能な移動式の空気膜構造ルツェルン・フェスティバル アーク・ノヴァ（図13～16）。最大の特徴は，デザイン，音響，

空間性によって生まれた未知の形態である。特徴的な形態の実現と繰り返しの使用や，室内の暑さ対策など，さまざまな観点から技術的検討が行われ，実現している。

折りたたみ可能な展開構造の世界

　シザーズシステムにより3次元的に広がる展開構造に，引張材を組み合わせた張弦シザーズ構造（図17～22）である。この張弦シザーズは，シザーズ部材の交点の位置を変化させることで平面から曲面へと簡単に形が変わる特徴がある。小さく折りたたまれたシザーズは，人力により展開された後，3ヒンジ

図23 張弦アンブレラ（愛知万博）

図24 膜の形状が異なる2種類の張弦アンブレラ

図25 移設先での組立の様子

図26 AND展・全国凱旋展のために建設されたAドーム

図28 丸ビル・マルキューブに建設されたテンセグリティー・フラワー

図27 プロジェクションが行われるAドームの内部

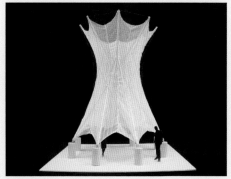

図29 テンセグリティー・フラワーの原理模型

アーチの機構を活かして一気に持ち上げられ，スパン10 m，奥行き10 m，高さ5 mの空間が瞬く間に作られる。2001年以降，毎年のようにさまざまな場所で形を変えながら建設され，愛知万博では台風の襲来にも耐えて，半年あまり設置された。なお，愛知万博では張弦アンブレラ（図23～25）と呼ばれる休憩テントが，リユースを意識して設計され，全国に70台あまりが移設されている。

モニュメンタルなテンポラリー・ドーム

Aドーム（図26，27），テンセグリティー・フラワー（図28，29）は，どちらもアート作品としての

みならず，イベント全体を盛り上げるためのシンボリックなドームである。小さなパーツを集積させて，大きなドームを手作りで作り上げるための工夫が随所に行われ，短時間での人力施工が可能である。さらに内部空間は，展示スペースとしても活用されている。AND展では，マルキューブの巨大アトリウムのモニュメントとして，計画・建設された。

繰り返し利用されるテンポラリー・スペースは，人々から親しまれるデザイン性や機能性に加えて，作り方が人から人へと伝承されて，お祭りのように作られる点なども，その魅力ではないだろうか。

第3章
東京

● 067

● 068

● 066

051,052,053 ●　　● 054　● 055

● 042,043

● 056,057

● 063,064,065　● 044,045

● 041

● 046,047,048,049,050

● 061,062

● 058,059,060

葛西臨海公園展望広場レストハウス
Kasai Rinkai Park Observation Rest House

石畳側から望む外観は，背後の空と海が透過している

鉄骨とRC構造体間のスロープと水平ブレース

水平ブレースの接合部

横桟梁の現場溶接部

透明なガラスの箱をかぶせた展望広場

　葛西臨海公園の石畳を進んだ奥にある，水平に細長い展望広場。建物の向こうにある海を見渡す鉄筋コンクリート造の空中廊下に，透明なガラスの箱をそっとかぶせたような建築で，空の中を歩いているかのような空間である。

建築表現と呼応する構造計画

　高さ11×長さ75×幅7mの「透明なガラスの箱」を実現しているのは，当時新素材だったFR鋼（建築構造用耐火鋼）による，鉄骨ラーメン構造の構造体だ。FR鋼の採用により構造体の耐火被覆が不要となり，構造体がサッシを兼ねている。ガラスの大きさに合わせて，格子状に配置された無垢材の方立柱（見付幅50×奥行120 mm，825 mmピッチ）と横桟梁（見付幅50×奥行100 mm，2,200 mmピッチ）は，押え縁と同じ見付寸法に抑えられている。間口方向には，1スパンの門型フレームとなっている。サッシのような小さな部材寸法とするために，建物内部に剛強なRC造フレームを設け，高さ6.6 m以内ごとに水平ブレースで連結し，鉄骨部材の座屈や

水平力による変形を抑えている。水平ブレースは横桟の高さに合わせて配置され，外観にはほとんど影響を与えないように計画された。

　ブレース端部には，細長い鉄骨フレームの温度応力に対しては拘束を緩和しつつ，水平力をRC部分に伝達できるようなバネ機構が設けられている。

サッシとしての精度を保つための納まり

　構造体に直接ガラスを取り付けるコンパクトな納まりのため，施工では各部材で1 mm以内，建物全長で2 mm以内という，厳格な寸法管理が行われた。鉄骨ラーメン構造では，溶接熱による部材のひずみが避けられないが，とりわけ溶接箇所の多い格子状骨組の溶接熱を最小限に留めるため，柱梁の工場溶接部分は，強度上必要なだけの部分溶込溶接が採用され，現場継手の位置は横桟のスパン中央として断面を絞り，必要最小限の完全溶込溶接が行われている。

所在地・竣工年：東京都江戸川区／1995年
建築設計：谷口建築設計事務所
構造設計：木村俊彦＋オーク構造設計
構造形式：鉄骨格子ラーメン構造＋RC耐震壁付ラーメン構造

東京駅八重洲口開発グランルーフ
GRANROOF

夜間に光る帆のような膜屋根

未来を象徴する東京駅の玄関口

膜上部にある鉄骨フレーム

デッキ上を大屋根が覆っている

テーパ鋼管と鋳鋼ノード

東京駅八重洲口の駅前再開発

　1957年竣工の東京駅八重洲本屋鉄道会館の跡地に建設された地下3階地上4階建施設と，南北のタワーをつなぐ全長240mのデッキを膜構造の大屋根が覆っている。「光の帆」というコンセプトで，ヘルムート・ヤーンによってデザインされた。歴史性を象徴する丸の内側に対し，八重洲口は未来を象徴する玄関口で，「先進性・先端性」を表現している。環境に配慮し高木・低木が設置され，緑豊かで四季を感じる中に，まさに光の帆が浮遊しているように見える。

躍動感ある大屋根の架構

　屋根の前面は，大きく傾けたスレンダーな柱で支持されており，倒れ角度を変化させていくことで躍動感が表現されている。主要部材はプレスベンド異形鋼管で，梁先端接合部の流線形鋳鋼ノードには，古い鉄道レールが100％再生利用されている。南北のタワーのシャープな外観と対比して，丸みを帯びた彫刻やアートのようなダイナミックな鉄骨架構の製作・建方と多くの技術で成立し，最小限の部材で構成されている。

帆のような膜屋根

　膜は鉄骨梁の下に張られ，18mおきに配置される柱・梁の間に，ポールトレーラーで運搬された膜材が手作業で設置された。膜の先端はケーブルで支持されシャープに仕上がり，膜張力に負けないようケーブルにも高い張力が導入されている。18mスパンの中間に2本のストラットビームを配置し，ケーブルを支持することで膜の先端を直線的な形状とし，全体として1枚の膜に見えるよう工夫されている。75mm幅の膜材同士の重ね接合ラインも，上部の鉄骨と位置を合わせるなど，細かい配慮がなされている。柱の傾きが変化していくことと，膜材が3次元に追従しやすいことがマッチして，シャープな街並みの中で，単一的でない固有の形態が際立って表現されている。下に部材がほぼ現れない大屋根の開放感は圧巻であり，是非とも現地を訪れてほしい。

所在地・竣工年：東京都千代田区／2013年
設計：東京駅八重洲開発設計共同企業体（日建設計・ジェイアール　　　東日本建築設計事務所）
デザインアーキテクト：JAHN
構造形式：地上／鉄骨造，地下／RC造 SRC造，屋根／膜構造

東京国際フォーラム
Tokyo International Forum

屋根は大柱で支えられ，アーチとサスペンションの組合せで構成

壁はテンションケーブルで面外方向変位が拘束される

ホール群とガラスホールが中庭を介して配置される

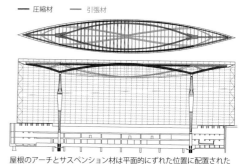
—— 圧縮材　　—— 引張材

屋根のアーチとサスペンション材は平面的にずれた位置に配置された

ホール群とガラスホールからなる巨大施設

　東京国際フォーラムは，四つのホール，会議室群，展示施設からなる巨大な建築である。

　ガラスホールは全長 207 m，中央幅約 32 m のレンズ型の平面で，屋根は上面がフラットで下面が船底状の形態とされ，最大の厚さは 12.5 m である。124 m 離れた 2 本の柱によって屋根を支え，それにより中庭側のガラス面を透明感の高いものとしている。

アーチとサスペンションによる屋根構造

　アーチとサスペンションが立体的にずれて配置され，一見するとそれらにより自己釣合が形成されているように思えるが，実際にはそれぞれは別個に自己釣合とされている。アーチは，2 本の部材が平面的にも湾曲して柱の部分で一つにまとまり，柱間を繋ぐタイバーでスラストに抵抗する。サスペンションは柱の付近では屋根の両端に分かれて中央で近接する平面的な配置であり，屋根面の外周に沿ってコンプレッション材が設けられた。この二つの構造要素を繋ぐものとして，約 5 m ピッチで巨大なリブがある。サスペンションを形成するテンションロッド

はリブ間で分割され，リブのウェブに固定されて球状の部品により回転が自由な接合となる。

　屋根を支える 2 本の大柱は鉄骨の二重鋼管の間にコンクリートが充填されたもので，高さ約 52 m である。高さ 27.5 m の部分で会議棟に接続された片持ち柱となっており，柱の形状は片持ち柱としての応力分布に対応したものとなっている。

壁面の構成

　方立は約 10.5 m ピッチで配置された 300×100 mm 程度の部材であり，屋根の回転を止める役目を持つ。風圧に対しては，別途にテンションケーブルの組合せによる抵抗要素が組み込まれている。高さ約 60 m の壁面は三分割され，その間にケーブルによる水平力抵抗要素が配置されている。鉛直方向の中間の 2 段には通路を兼用した水平トラスが配置され，このトラスは 2 箇所で会議棟に繋がれ，下段の繋ぎ材は会議棟に繋がる通路となっている。

所在地・竣工年：東京都千代田区／1996 年
建築設計：ラファエルビニオリ建築士事務所
構造設計：構造設計集団〈SDG〉
構造形式：鉄骨造サスペンアーチ構造

ミキモト銀座 2
MIKIMOTO Ginza 2

鉄筋コンクリート壁構造の外観全景

構造システム

室外側　室内側

コンクリート
厚200mm

鋼板
厚12〜6mm

スタッドボルト
φ22〜13mm

鋼板コンクリート構造壁 詳細図

第3章｜東京

強い輝きを放つ宝石箱

　銀座の並木通りとマロニエ通りの交わる角地に建つ，一般のカーテンウォールシステムではなく，2枚の鉄板の間にコンクリートを打ち込む鋼板コンクリート構造（壁厚 200 mm）による，地下1階地上9階建，高さ50mの，ユニークな開口形状と優雅な淡いピンク色の表層をもつ商業建築である。真珠のミキモトを象徴するような強い輝きを放つ宝石箱をイメージして，表層と構造を一体化することで建築・構造・素材の力強さを表現している。

鋼板コンクリート構造と温もりのある建築表現

　この表層と構造を一体化した鋼板コンクリート構造のアイディアは，銀座の一等地で狭い角地に建つという与条件を逆手に取り，店舗内には柱・梁の一切ない，できる限り薄い壁厚による外殻チューブ構造が最大の有効床面積を確保できるという，素直な商業合理性から生まれている。平面的には 14×17 mと狭小だが，高さは50mにも及ぶ構造物である。通常の RC 造壁では壁厚が 500 mm にもなり，鈍重で脆弱な構造になることなどから，ここでは 12 mm

厚の 2 枚の鉄板の間にコンクリートをサンドイッチした壁厚 200 mm のハイブリッドな鋼板コンクリート壁構造が考案されている。また，ランダムで自由な開口デザインを可能にするべく構造解析を駆使しトラス的な軸力系の剛強な構造を目指すことで，このようなユニークな外観と薄くて緊張感のある外殻チューブ構造が実現されている。

　また，鉄板の外壁は驚くべきことにまったく継ぎ目のない平滑な出来映えで，上品なパール塗装で優雅に仕上げられ，温もりのある建築表現となっている。限りなくひずみのない鉄板を目指し限界を突破する職人技など，日本の高度な施工技術があって初めて実現される。では，困難を承知の上で何故ここまでやるのか。それは現代の形式化した表層建築に対する批判であり，建築の持つ強さと美しさ，温もりのある建築表現をこの建物に求めたからである。

所在地・竣工年：東京都中央区／2005 年
建築設計：伊東豊雄建築設計事務所＋大成建設
構造設計：佐々木睦朗構造計画研究所＋大成建設
構造形式：鋼板コンクリート構造

メゾンエルメス
Maison Hermes

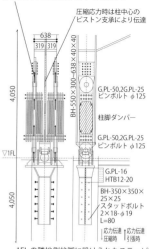

一定以上の引張力が生じると，
浮き上がり，柱両脇のダンパーが機能する

圧縮応力時は柱中心の
ピストン支承により伝達

638
319　319

BH-550×300-638×40×40

4,050

G.PL-50,2G.PL-25
ピンボルト φ125

柱脚ダンパー

G.PL-50,2G.PL-25
ピンボルト φ125

▽1FL

G.PL-16
HTB12-20

4,050

BH-350×350×
25×25
スタッドボルト
2×18-φ19
L=80

応力伝達　応力伝達
圧縮時　引張時

1FL の隣地側柱脚に設けられたステッピング・コラム・システム

数寄屋橋交差点からの夜の外観　耐震コアは建物奥に設けられている

室内では，印象的なガラスブロックファサードに馴染むように丸柱が立っている

ガラスブロックの塔状建築

　ファサードに 428 mm 角のイタリア製ガラスブロックを使用した，エルメスの本社ビルである。建築家・レンゾ・ピアノは，この建築を「昼と夜の表情が万華鏡のように変わる，魔法のランタン」と表現しており，ガラスブロック越しに漏れる光が美しい。

　建物形状は，間口約 10 m に対して高さが約 48 m であり，アスペクト比の大きな塔状建築である。

　交差点に面していない南側に耐震コアを設けることにより，ガラスに覆われた店舗スペースには鉛直力を負担するφ180 mm のピン柱のみが現れている。

ステッピング・コラム・システム

　塔状建築では，地震時の転倒による柱脚部の引抜力が大きくなる。耐震コアを片側に寄せるとより大きな引抜力が生じることになるが，店舗内の空間イメージを実現するには，この大きな引抜力に対応する必要があった。それに対し金田充弘が開発したのが，「ステッピング・コラム・システム」である。これは，柱に長期圧縮力を超える引抜力が生じるような一定以上の地震に対し，1 階の柱脚が浮き上がって上

下に動くもので，建物の固有周期を長くなるように変化させて地震力を低減すると同時に，可動部に設置した粘弾性ダンパーによって地震エネルギーを吸収する。浮き上がりを許容する構造システムは，海外での研究報告や土木分野での数件の事例があったが，建築構造としては世界初の試みである。

伝統と先端技術を表現する構造システム

　日本には，五重塔に代表される塔状の伝統木造建築が現存しており，これらは地震時の柱脚の浮き上がりや，仕口のめり込みなどによるエネルギー吸収によって地震被害を免れてきたとされている。ステッピング・コラム・システムはこれに通じ，金田は，「伝統と先端技術の融合という建築家のコンセプトに対する構造的なレスポンスである」と述べている。

　建築的な課題を解決するための試行錯誤の結果として生まれた新技術が，古来の名建築に重なる。

所在地・竣工年：東京都中央区／2001 年
建築設計：レンゾ・ピアノ・ビルディング・ワークショップ
　　　　　竹中工務店
構造設計：Arup
構造形式：鉄骨ラーメン構造（ステッピング・コラム・システム）

国立競技場
Japan's National Stadium

3 段の観客席を取り囲むように約 60 m の片持ちトラス構造が円周状に配置されている

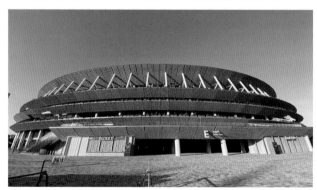

外周の最上階の柱は片持ちトラスと釣り合う引張力が生じるため，SRC 造プレキャスト部材が採用された

トラスの下弦材，ラチス材は鉄骨と木が一体化された部材

杜のスタジアム

　2020 年東京オリンピック・パラリンピック競技大会のメインスタジアムとしても利用された競技場で，「杜のスタジアム」のコンセプトのもと，高さを抑えて水平ラインを強調し，屋根に木材を使用したデザイン，環境共生型への配慮，短工期への対応などが実現された。

屋根構造

　高さ約 47.4 m，平面的には長さがそれぞれ 350 m と 260 m の長円形の形状をしている。屋根は工期短縮が最重視され，同一形状の約 60 m の片持ち状の構造を周方向に繰り返す構造システムとされた。トラスは溝形鋼の 2 本の上弦材と，H 形鋼の 1 本の下弦材を立体的にラチス材で繋いだものをユニット化し，上弦材の溝形鋼を相互に繋ぐ形式である。下弦材とラチス材を鉄骨と木材のハイブリッド部材とし，視覚的には木造の表現とされている。構造的には，木材は変形抑止効果と不測の地震や暴風などの外力に対する余力となっている。
　トラス先端部と中間部には周方向を繋ぐリングトラスが配置されており，円弧状に片持ちトラスが配置される部分ではリング効果により単体の片持ちトラスの剛性より大きくなる。直線部分ではリングトラス構面にわずかなむくりを設けて，アーチ的な効果を生み出して剛性を増大させている。

スタンドの構造

　地下 2 階地上 5 階建の建築であるが，構造的には地上 7 階建となる。上部 4 層はスタンド部分の斜め梁のほか，座屈拘束ブレースを配して剛性を高め，下部 3 層の剛性が比較的小さい層にオイルダンパーを配して地震時のエネルギー吸収を図り，いわゆる "ソフトファーストストリー制振構造" が採用された。鉄骨造が主体であるが，工期短縮の観点からコンクリート部材についても徹底したプレキャスト化が図られた。基礎梁はプレキャストのブロックを繋ぎ合わせてつくられ，地上部では外周の SRC 造の柱もプレキャスト化された。

所在地・竣工年：東京都新宿区／2019 年
設計：大成建設・梓設計・隈研吾建築都市設計事務所共同企業体
構造形式：屋根／鉄骨＋木造トラス，スタンド／鉄骨制振構造

六本木ヒルズガーデンアリーナ
Roppingi Hills Garden Arena

外観　高層ビルの谷間で，円い盆を手のひらで支えるような骨組が庭園越しに見える

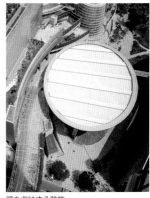

膜を収納する陣笠

駆動ケーブルによって膜が移動して懸垂することで，屋根は開状態から閉状態へ変化する

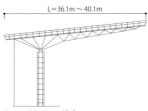

キャンチトラスの構成

建物概要

　本建物は，六本木ヒルズの劇場棟と放送センター棟の間にある集いの広場を覆う，開閉屋根機構を有するキャノピーである。広場はオーバルな形状となっており，これが屋根の架構形状を決定している。劇場棟の施工時に大屋根の設計が決定されたため，短工期かつ非常に狭い敷地条件の中での施工を念頭に置いたシステムとディテール開発が課題であった。

ケーブル補剛された片持ち式天秤構造

　屋根は長径 54.1 m，短径 41.3 m の楕円形で，鋼管による外周のオーバルリングと短径方向に配置された 6 本のキャンチトラス，高張力鋼による水平ブレースで構成されている。キャンチトラスは 1/10 の勾配で，跳ね出し長さが約 14〜30 m の位置で柱に対してピン接合される。屋根を後方でピン支持する片持ち形式のため，バックステイケーブルの張力で屋根の自重とバランスする天秤式の架構になっている。さらに両端のフレームは，柱の位置を前方に出して，フロントステイケーブルを配置することで，屋根が後方に傾くのを抑えている。

A 種膜を用いた開閉式屋根

　法的な関係から屋根面は十分に開放する必要があるため，開閉膜屋根となっている。屋根面は A 種膜（PTFE コーティングガラス繊維織布）を用い，開状態では膜が懸垂状態になり，ガラス繊維の基布に折れ曲がりが生じないように配慮されている。屋根の開閉機構は電動ウインチでエンドレス形式の駆動ケーブルを動かして膜面を開閉するシステムで，約 75 秒ですばやく移動する。開閉管理は，風速・降雨・降雪の各センサーに連動して行われる。鉛直下向き荷重（自重，風吹下げ，雪，地震による上下動）に対しては，キャンチトラス＋バックステイケーブルで抵抗する。風吹上げによる鉛直上向き荷重に対して，風速に応じて膜を開閉管理することで，大きな吹上げ力を受けないようにしている。管理風速 13.5 m/s（平均風速）の範囲内で，バックステイケーブルの初期張力が消失しないように設計されている。

所在地・竣工年：東京都港区／2003 年
建築設計：森ビル，山下設計
構造設計：森ビル，山下設計，斎藤公男
構造形式：鉄骨造（天秤式キャンチトラス構造）＋開閉式膜構造

建築会館 可動式ドーム
Sliding Dome of AIJ Building

中庭より見上げるドームの内観（右下の丸窓は，膜完成後にあけられた透明膜窓）

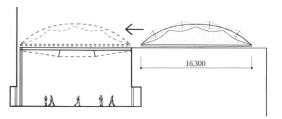

中庭断面図と可動ドーム（右側のホール屋根上が常時および暴風時の避難場所）

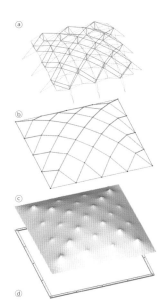

構造システム図
上からⓐストリングとストラット，ⓑトラス格子，ⓒ膜曲面，ⓓ水平梁

屋上に人力で建設されるドーム（左はトラスドームの完成時，右は膜展張後）

中庭をイベントとして利用している様子

中庭に展示空間をつくろう

　100周年記念事業の一環として計画された「建築会館」のコンペ（1981年）には，523点の応募があった。最優秀案は中庭を建物が取り囲む都市型の形式で，地域に密着した建築計画と洗練されたデザインの質が高く評価された。完成後，しばらくして「中庭に屋根を架けたい」という要請があり，いくつかの可能性が検討されたが，実現を見なかった。代わって登場するのがイベント期間に建てられる支柱式テント膜による「仮設空間」であった（66頁）。

　世紀が変わった2001年，当時の仙田満会長が「建築会館の活性化のために，中庭に展示空間をつくろう」と動いた。その背景には，永年の建築博物館構想があった。中庭空間の開放性は，この建物の生命でもある。普段は青空が広がる中庭空間が，イベント時に軽やかなドームに瞬時に覆われる提案がなされた。建方は大ホールの屋上での無足場工法である。

超軽量な「動くドーム」を既存建物の上に作る

　提案された超軽量の組立式の張力混成構造は，以下の四つの要素から構成されている。

①テンセグリック式トラスドーム（上のドーム）
②ハンガー式張力膜（下のドーム）
③可動装置を内蔵した水平境界梁（雨樋兼用）
④張弦梁による可動用レールと支柱

　構造設計における第一のテーマは，外力（雪，風）の設定である。管理システムと連動させながら，大雪や台風の時は屋上に避難する。第二は，二つのドームの形態決定と構成法。テンセグリック・トラスと膜を遊離させながら一体化するジオメトリーが追究されている。第三は，テンション材へのPS導入。特に各々のロッド（斜材，弦材）には役割に応じたPSレベルが設定されている。第四にディテール。トラス支承部の固定化，膜の吊り金具，ケーブルの定着金具，水平梁と雨仕舞などには細心の注意が払われている。開と閉，上からと下から，の四つの顔をもつ可動屋根。その構造デザインを特徴付けているのは，“集積”と“ホリスティック”な考え方である。

所在地・竣工年：東京都港区／2002年
建築設計：秋元和雄，斎藤公男
構造設計：斎藤公男＋構造計画プラス・ワン
構造形式：テンセグリック・トラス構造＋ハンガー式張力膜構造

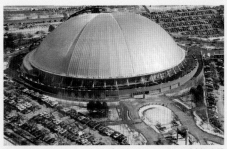

図1 1961年完成のピッツバーグシビック・センター 奥側から跳ね出した巨大なトラスアームから八分割した屋根が吊られ、円周上を回転移動する

図3 モントリオール・オリンピックスタジアム 巨大なタワーからワイヤーで吊られたスタジアム中央を覆う膜屋根が折りたたまれて開閉する計画であった

図2 トロント・スカイドーム 中央2列は右側にスライドし、左側の球形屋根部分は円周上を回転移動する

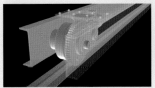

①自走式
レールの上をモーターなど動力付きの車輪が自走して駆動する

②ワイヤー・トラクション式
ウインチによりワイヤーロープを巻き取り、巻き戻しをして駆動する

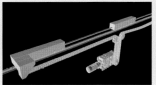

③チェーン・トラクション式
チェーンを動力により押し引きして駆動する

図4 主な駆動機構

北米の開閉式屋根構造

ドームやスタジアムなどの大規模施設に、開閉式屋根が初めて架けられたのは1961年完成のピッツバーグシビック・センター（図1）であると言われる。開閉式屋根は1995年まで稼働したが、その後、維持費の問題などから閉じたままとなり、2011年に解体された。

ピッツバーグの例を皮切りに、北米では多くの開閉式ドームが建設されたが、その中でも最も著名なものの一つがトロント・スカイドーム（1989年完成、図2）である。回転移動と並行移動を組み合わせたこのドームは、日本の開閉式屋根に大きな影響を与えた。

逆に、開閉式屋根の難しさを象徴してしまったのがモントリオール・オリンピックスタジアム（1976年、図3）である。工事の難しさから竣工が遅れに遅れ、予定より11年遅れで完成したが、トラブルが多くてほとんど開閉できない、というあり様だった。その後、現在は開閉式とすることは断念して固定屋根とされ、使用されている。

日本の開閉式屋根

トロントなどの北米での開閉式ドームの成功に刺激を受け、1980年代には日本でも開閉式ドーム建設の機運が高まる。1991年、ワイヤー・トラクション式の有明コロシアムが完成し、日本の開閉式屋根を持つスタジアム建築の幕が開ける。

開閉式屋根を実現するために、重要なのが駆動機構である。開閉膜などの特殊なものを除けば、主な駆動機構としては図4に示すように①自走式、②ワイヤー・トラクション式、③チェーン・トラクション式、の3種類がある。

1993年には、自走式の福岡ドーム（図5）と宮崎シーガイア・オーシャンドーム（図6）が完成した。回転移動と並行移動の2種類の巨大開閉式屋根が早くも実現したことから、自走式については技術的な課題はほぼこの段階でクリアされたと言える。自走式の駆動機構を有するドームとしては、他に但馬ドーム（1998年完成）などがあり、小中規模の事例では各地の開閉式プール屋根として多数存在する。

2001年に完成した豊田スタジアム（図7、135頁）は、勾配の変化する屋根を持つことからレールと車輪の代わりに梯子上のラックとピニオン（歯車）を

図5 福岡ドーム 巨大な屋根が回転移動しながらドラマチックに開閉する様は大きな話題をさらった

図6 宮崎シーガイア・オーシャンドーム 100m×300mの大空間を2枚の並行移動するヴォールト屋根が覆う

図7 豊田スタジアム 屋根は蛇腹状に折り畳まれながら開閉，それと同時に屋根材空気膜の空気導入量を調整する，極めて複雑な制御を要する

図8 こまつドーム 冬場天候の悪い日本海側でも，各種イベントを楽しむことができる

図9 新天城ドーム ソフトボールの盛んな静岡県のメッカである他，テニス，フットサルなど多目的に利用されている

図10 ノエビアスタジアム神戸 既存スタジアムの上に2本のキールアーチを架けて開閉式屋根を増設

図11 河口湖ステラシアター 既存建物に負荷を掛けないように鉄骨トラスを架け渡し，その上に可動屋根を載せた事例

図12 2023年に香港に完成予定のカイタックスポーツパーク

組み合わせた方式が採用された。多くの困難な課題をクリアして実現までこぎつけたが，年間の開閉回数は数回〜10回程度に留まり，運営・維持管理上の問題から2021年，固定屋根に改修された。

　ワイヤー・トラクション式は引張方向であれば高出力で巻き上げ可能なので，勾配のある大規模な屋根の移動に適している。一般的に，上げる時は動力で巻き取り，下げる時は勾配に沿って自重で落下させる。1997年完成のこまつドーム（図8, 117頁）と新天城ドーム（図9），2003年に既存競技場の上に開閉式屋根を増設したノエビアスタジアム神戸（図10）などはこの方式を採用している。

　チェーン・トラクション式は高出力は期待できないが，ワイヤー・トラクション式と違って両方向に押し引きできるため，小規模な屋根であれば水平でも勾配がある場合でも対応可能である。走行路自体に高い剛性も必要ないため，既存施設に開閉式屋根を増設する場面に用いられる場合が多い。建築会館可動ルーフは，既存施設の中庭に増設する形で2001年に完成した。河口湖ステラシアター（2007年，図11）は，開閉式屋根増設により屋外型から全天候型に生まれ変わることで，年間の施設利用者数を10倍に高めることに成功している。

開閉式屋根のコストと運用

　屋根の開閉には，多額のコストがかかるとの報道もあるが，電気代だけでいえば大規模屋根でも1回当たり数万円程度に収まる場合がほとんどで，施設の稼働率を上げることで採算が取れる場合も多い。現にノエビアスタジアム神戸では，天候やイベントに合わせて年間100回程度の開閉を行っている。

　大規模施設が多目的化するのに伴い，開閉式屋根に対する需要は世界的に高まっていると言える。2023年には日本企業が参加し，香港に最大規模の開閉式屋根付スタジアムが完成予定である（図12）。

　開閉式屋根を適切に運用していくためには，何よりも施設の稼働率を高め，適切に維持管理していくことが重要である。建築計画の段階で，年間で想定される屋根開閉回数を含めた施設の運営計画，駆動装置のメンテナンスと更新まで含めた長期的な維持管理計画を立てることが必要となる。

プラダブティック青山店
Prada Boutique Aoyama

外観　斜め格子の外殻構造がそのままファサードを形成する

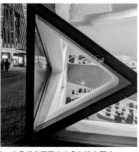

左：夜には外殻格子が強く浮かび上がり，まるで宝石箱のような姿を現す
右：コーナー部を含め，鉛直方向の部材は外周には一切存在しない

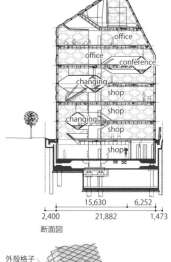

断面図

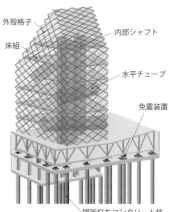

構造システム　敷地全体が免震化されている

表参道の発展

2020 年に開通 100 周年を迎えた表参道は，戦前までは明治神宮への参詣客や地元民だけが利用する静かな通りだったという。それが変貌を遂げたきっかけは，現在代々木公園がある場所に，在日米軍施設であるワシントンハイツが造られたことであった。その後，米国人向けの店が立ち並ぶようになり，銀座とならび高級ブランドの旗艦店が集積する世界的ファッションストリートとして発展を遂げていく。

斜め格子の外殻構造

個性的な建築が立ち並ぶ表参道でも，斜め格子とそこを埋める菱形のガラスファサードが一際目を引く建物がある。それがプラダブティック青山店であり，スイスの世界的建築家・ヘルツォーク＆ド・ムーロンが日本で初めて手掛けた作品である。

五角形平面を有する内部空間は，斜め格子の構造体により外周を覆われている。この外殻構造は鉛直方向の部材が一切なく，グリッド交点で各階床外周梁と接続し，鉛直荷重の 50％と水平荷重のほぼ 100％を伝達しているが，これらの荷重を確実に伝達可能なのは，その上下端が床外周梁と直接つながる斜材のみである。床と外殻構造の一体化も容易ではない中で，大地震時の変形を如何に抑えてガラスの損傷を防止するかが最大の課題であった。

この難題をクリアするために構造設計者が出した答えが，免震構造の採用である。地震動入力を大幅に低減することで，外殻構造を横使いした幅 150×せい 250 mm の小断面の組立 H 形鋼で構成することが可能となった。

建築家の作品と免震構造

それまで免震といえば通常のビルや集合住宅ばかりで，組織設計やゼネコンの専売特許の感があった。海外の著名建築家と国内の大手ゼネコンのエンジニアがタッグを組んだこの作品は，免震技術を採用することで新たな空間を獲得した先駆的な事例となった。以後国内の建築家も，この日本で大きく発展した新技術を積極的に採用するようになっていく。

所在地・竣工年：東京都港区／2003 年
建築設計：Herzog ＆ de Meuron ＋竹中工務店
構造設計：竹中工務店
構造形式：鉄骨造，斜格子フレーム

東京タワー
Tokyo Tower

現在の外観

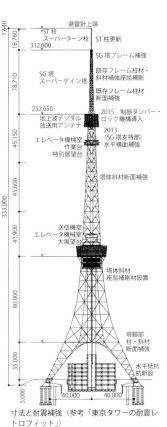

避雷針上端
ST柱
スーパーターン柱　　ST柱更新
SG塔フレーム補強
既存フレーム柱材・
斜材補強座屈補剛
既存フレーム柱材
断面補強
SG塔
スーパーゲイン塔
2015　制振ダンパー・
　　　ロック機構導入
2013
（SG塔支持部）
水平横面補強
地上波デジタル
放送用アンテナ
エレベータ機械室
作業台
特別展望台
塔体斜材断面補強
送信機室
エレベータ機械室
大展望台
塔体斜材
座屈補剛材設置
塔脚部
柱・斜材
断面補強
水平抵抗
杭新設

寸法と耐震補強（参考「東京タワーの耐震レトロフィット」）

各部補強状況

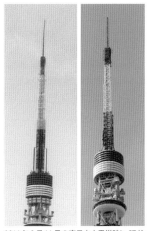

2011年3月11日の東日本大震災時にST柱先端が曲がった（左）　その後のSA440材溶接箱型柱に更新した（右）

60周年を迎えた電波塔

　昭和30年代，TVの大普及時代の到来に伴い，各放送局がバラバラに送信用アンテナ鉄塔を建設することを避けるため，一か所に集約することとなった。関東一円におけるこの役割を担う電波鉄塔が東京タワーである。当時，世界最大の自立式電波塔である。構造設計は名古屋テレビ塔や通天閣等多くの鉄塔の設計を手掛けた内藤多仲が監修，70歳での仕事である。日建設計の構造担当は工手学校から内藤の世話で日建設計に入った鏡才吉，早稲田大学の田中彌壽雄がこれを手伝った。計算尺とクレモナ解法，風洞実験などにより設計。地上高さ380mの予定でプロポーションや足元のビルの寸法などを決定したが，途中で予算などの制約で333mとなったため，足元が少し開き過ぎの形となった。形鋼組合せのトラスで，141.1mまではリベット，それ以上は亜鉛めっきなどを用いているためボルト接合となっている。

デジタル放送への対応と現在の姿

　先端の最も細い部分がスーパーターン柱（ST柱），その下のトラス柱状の部分がスーパーゲイン塔（SG塔），その下の紅白の円筒形のデジタルアンテナ以下が塔体で，特別展望台，大展望台，送信機室が取り付いている。2003年の地上波デジタル放送開始に対応させるため，100m位置に500tの送信機室（大展望台下の中実となっている部分），240mに100tのデジタルアンテナ（SG塔下の円筒部分）の増設が行われた。

耐震レトロフィット

　時代とともに想定する外力も変わり，特に地震力が大きくなった。時代に沿った耐震補強を行ってきたが，特に上記のデジタル放送対応の増築により地震時にSG塔以上の鞭振り現象が増幅されることがわかり，2度にわたる大規模な耐震関連改修を行ったが2度目の改修が終わる前に2011年の東日本大震災に遭遇，ST柱が曲がってしまった。その後，さらなる耐震・制振補強を行い，ST柱は高強度鋼SA440を用いた溶接箱型断面柱へと更新，SG塔も外周に補強フレームを増設した。

所在地・竣工年：東京都港区／1958年
設計：日建設計／設計指導：内藤多仲
施工：竹中工務店
構造形式：鉄骨構造

東京ドーム
Tokyo Dome

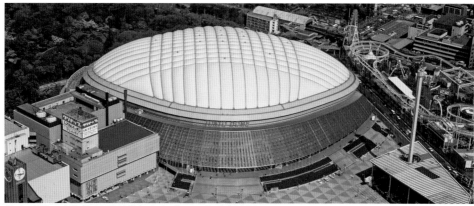

ドームの外観　四角形パネルには雨水排水のためのドレインプラグが設けられている

ドームの内観

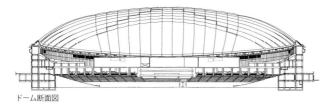

ドーム断面図

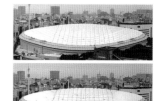

ドームのインフレートは風のない早朝に
5時間をかけて行われた

恒久建築物としての空気膜構造

　日本のドーム建築の歴史を変えた作品である。空気膜構造はデフレート（空気圧が低下して膜が降下する現象）の問題があったが，壁を立ち上げてライズを低くすれば，膜が懸下しても内部空間が保持され，火災時の煙に対しても十分な避難時間を確保できる。また，高強度・耐候性・不燃性のA種膜（PTFE樹脂でコーティングされたガラス繊維織布）の開発により，北米では空気膜による屋根付きスタジアムが相次いで建てられていた。しかし，台風と積雪が常襲する日本での実現への道のりは長く，旧建築基準法第38条に基づく評定（大臣認定）では，構造から防災におよぶ七つの委員会と部会が設けられ，延べ150名の専門家による検討が重ねられた。

膜屋根の構造

　屋根は対角長さ201mの超楕円形で，直交する2方向に8.5m間隔で各々14本の鋼製ケーブル（直径80mm）を配置し，その間にA種膜を二重に張っている。膜厚は外膜0.8mm，内膜0.35mmで，それぞれ合計225枚のパネルが使用されている。ケーブ

ルの端部およびケーブルと膜の取付金物などは，施工の最終段階で行われるエアアップ（インフレート）時の複雑な動きに追従可能であることがディテール設計上，特に重要なポイントであった。二重の膜材としての透光率は約5％程度で，昼間は人工照明なしでも明るい内部空間になっている。

内圧の制御と積雪時の対策

　膜屋根を支える124万 m³の空気は平常時2台の送風機で支持し，積雪時に避難が必要な状況では最大36台を稼働させて膜屋根を支える。送風機は膜屋根の内外に取り付けられたセンサー群からの風・雪・膜のレベルなどの情報を受け，内圧は常時300Pa，降雪時350〜900Paに自動的に制御される。これらの自動制御システムを前提に防災・避難システムが決定されるなど，各技術が相互依存して成立している。膜材は30年以上経過しても十分な強度を有すると同時に，竣工時と同様の輝きを保っている。

所在地・竣工年：東京都文京区／1988年
設計：KAD共同設計室（日建設計・東京，竹中工務店）
構造形式：空気膜構造

東京大学弥生講堂アネックス
The University of Tokyo Yayoi Auditorium Annex

セイホクギャラリー内観

HP曲面形状がそのまま現れる外観

ユニットのLVL境界梁と構造用合板ウェブ

上下面に構造用合板フランジを張ったユニット

独立したHPシェルユニット8基が支え合う

　本建物は，地下鉄南北線の東大前駅を出てすぐ，東京大学農学部弥生キャンパスの正門をくぐった左手に位置する。道を挟んだ向かいに2000年に竣工した弥生講堂一条ホールの分棟として，2008年に建設された。多目的ホールとしてのセイホクギャラリーと，講義室を有するエンゼル研究棟がL字形に連なった平面である。

　セイホクギャラリーは，1点直立させた2組の木質HPシェルユニット4基を，半ピッチずらしながら互いに向き合せて配置させることで，各ユニットの独立性を強調しながらも互いに支え合う，緊張感のある空間を生み出している。水平力に対しては，梁間方向は3ヒンジ架構で，桁行方向はV形ブレースで抵抗させている。各ユニット間の隙間は，天井面では稲妻形スリット状のトップライト，側面では三角形大開口となり，内部を明るく照らすとともに外部への繋がりを感じさせる。以上のように，材料・力学・採光・施工の条件が巧みに統合されることで，森の中のような圧倒的な内部空間を創出している。

HPシェルユニットの構成

　ユニットは，LVL（単板積層材）の境界梁，相欠きした12mm厚構造用合板同士を挿し込んだ格子状ウェブの上下面に，9mm厚構造用合板のフランジを接着剤と木ねじで二重に張ることで構成したHP面を持つストレストスキンパネルである。地組されたユニットは，脚部では三角形の基礎立ち上がりに固定され，上部では境界梁の2辺で水平鉄骨トラスを介して隣接ユニットと接合される。これにより建方時のステージ足場を不要にしている。

構造解析と実験

　木質シェルはRCシェルのように連続体としてはみなせず，各接合部の剛性低下を考慮しなければならない，そのため，構造解析はビス1本ずつをせん断バネとした詳細なモデルを作成し，パネルの曲げ試験との整合性を確認したうえで慎重に行っている。

所在地・竣工年：東京都文京区／2008年
建築設計：河野泰治アトリエ
構造設計：稲山正弘
構造形式：木質HPシェル構造

東京カテドラル聖マリア大聖堂
St. Mary's Cathedral, Tokyo

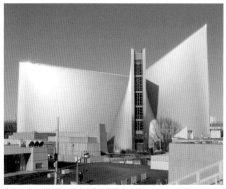

変化に富んだ外観と近代建築を象徴する輝き

外観と対照的な重厚感のある内観

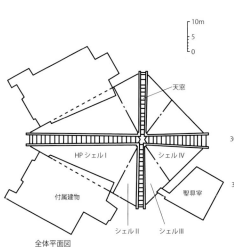

全体平面図

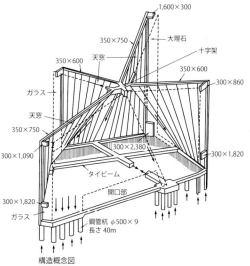

構造概念図

　東京カテドラル聖マリア大聖堂は，壁状に立ち上がった HP シェル群が連続的に屋根となる特異な構成をしている。敷地へ入る正門側から見る外観は，ステンレスの仕上材の輝きと非対称な形状が色あせない新鮮な造形美を見せる。フロアから HP シェルが急角度で立ち上がり，捩じれながら十字架型の開口を形成する劇的な空間構成は，内部に入ると一瞬にして左右対称な視点に変わり，ピラミッド型の稜線に抑えられて，荘厳な聖堂空間を包み込む。

HP シェルの力学的構成

　主架構は，向かい合わせに置かれた大小４種類，計８枚の鉄筋コンクリート HP シェルが２枚ずつペアになり，異形の寄せ棟造りを形成している。各ペアのシェルの境界は縁梁で補強され，向かい合った縁梁は互いに小梁によって結ばれている。８本の上部縁梁は十字架の形に沿って，端部が建物中央部に集まっている。これらは，水平荷重時に生じる不釣合軸力に対処できるように十字梁によって互いに緊結され強固につなげられている。シェルはすべて120 mm の厚さで，線織面である HP の特徴を生か

して，直線状に約２m ピッチで縦横方向にリブが設けられている。これらはシェル面の面外曲げ剛性向上と縁梁の偏心による曲げモーメントの軽減を目的とするが，屋根葺き材の取付け，内部空間の音響制御のためのレゾネータの取付け，断熱層の確保にも役立っている。シェル I は下部でシェル II との角度がなくなり，フラットになっている部分で 20 m もの付属建屋の開口部があるが，付属建屋の屋根がこの開口部を補強する形式になっている。さらに，シェル II との稜線脚部の外向きスラストは１階床下にタイビームを設け，反対側のシェル III と IV のスラストと相殺するように処理されている。

設計のための数値的な把握作業

　設計時の構造計算では，微分方程式を差分形式に置き換えて数値計算を行っている。さらに，アクリル板（2 mm 厚）を熱曲げ加工した1/100 模型を用いた実験により，変形とひずみを測定している。

所在地・竣工年：東京都文京区／1964 年
建築設計：丹下健三＋都市・建築設計研究所
構造設計：坪井善勝研究室
構造形式：鉄筋コンクリートシェル構造

東京文化会館
Tokyo Bunka Kaikan

大ホールの内観と放物面の天井

RC造の大庇と屋根を支えるSRC造の柱

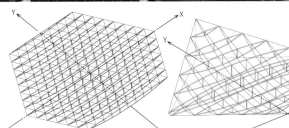

上面の曲線 $Z_1=A(y)x^2$　　　$A(y)$ は y のみの関数
下面の曲線 $Z_2=\alpha(y)x^2+\beta(y)$　$\alpha(y)$, $\beta(y)$ は y のみの関数
大ホールの屋根のジオメトリー　左上が舞台側

上面の曲線 $Z_1=\dfrac{k}{2}(y^2-x^2)$　κ は定数
下面の曲線 $Z_2=\alpha(y)x^2+\beta(y)$
小ホールの屋根のジオメトリー
図中の数式は高さ方向の座標値を示す

複雑な空間構成を適材適所の構造で対応

　わが国初の本格的な音楽ホールを有する複合施設であり，外周に大庇が連続した特徴のある外観だが，内部の空間構成は複雑である。ホワイエ・大ホール・小ホール・4階の諸室などはそれぞれ異なる構造システムで構成され，全体が一体化されている。

　大小のホールはそれぞれが独立した閉鎖的な空間で，大ホールは六角形の平面形の客席が二重のRC壁で，小ホールは正方形の平面形の客席が一重のRC壁で取り囲まれ，これらの下部構造により屋根鉄骨を支持している。

放物線トラスを用いたホールの屋根

　大・小ホールの屋根構造の基本のシステムは同じで，二つの一葉放物面に挟まれたレンズ状の形態から成り，一方向には上弦材も下弦材も放物線となるトラスが形成される。このトラスは等分布荷重を受けた際に，上下弦材の軸力のみで，釣合斜材は必要とされない。不均等荷重に対しては束材によりフィーレンディールとして抵抗できるが，実際には補助的に丸鋼の斜材が用いられた。上弦材・下弦材・束材はアングル材を組合せ，コンクリートで被覆されている。

　大ホールではプロセニアムに平行にメインのトラスが架けられ，それと60°の角度を成す繋ぎ材が設けられている。上弦・下弦とも下に垂れた放物線の形状で，上弦材は同じ放物線を平行移動し，下弦材はトラスせいが客席中央で大きく前後で次第に小さくなるように放物線の形が変化させられている。

　小ホールでは周囲の壁は4辺のうち2辺の上端を1/3勾配として舞台周辺で高くし，屋根も対角線方向に勾配を有する。勾配と直交方向にメインのトラスが架けられ，勾配方向は繋ぎ材が設けられている。トラスは紡錘形となるように上弦材と下弦材が配され，天井面は凸型の曲面で屋根はHP面となっている。当初は，音響的な理由でRCスラブの下部に木天井が設けられていたが，2014年の改修でスラブが撤去され，木仕上げの直天井に変えられた。

所在地・竣工年：東京都台東区／1961年
建築設計：前川圀男建築設計事務所
構造設計：横山建築構造設計事務所
構造形式：RC造，SRC造，鉄骨トラス構造

東京スカイツリー®
TOKYO SKYTREE®

東京スカイツリー

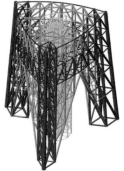

高さ50mの三本脚

ライトアップによる江戸風情演出の一例

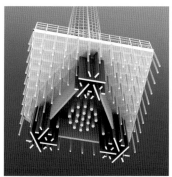

引抜に抵抗する壁杭

東京スカイツリーに求められたデザインと架構計画

　首都圏における新しいデジタル放送用電波塔として，高さ634mの東京スカイツリーは計画された。多くの候補地の中より下町の雰囲気が残る東京の押上が敷地に選定され，最新技術で日本の文化や伝統を表現するタワーデザインが求められた。

　高くなるにつれ平面が三角から円へ移りかわる特徴的なそのシルエットは，日本刀や寺社の柱にある「そり」「むくり」と呼ばれる柔らかな曲線により構成されているが，見る方向によって表情が変わることも塔のもつ緊張感とともに「日本らしさ」を表現している。

　足元の三角形平面は3本の脚から構成され，裾に広がる商業施設に人の流れを生み出す50mの立体架構を成している。一方，二つの展望台は円を成し，すべての方向を見渡すことができる。高さ350mの天望デッキはオーバーハングしたテーパー状の立面により地上を見やすくし，高さ450mの天望回廊ではチューブ状のスロープにより天上を歩いているような感覚を味わえる。

　外周架構を構成する，空に溶け込むような網目状架構は江戸切子をモチーフとしており，LEDによる多彩なライトアップにより「力強さ」「奥ゆかしさ」「にぎやかさ」といった江戸文化のテーマなども映し出すが，風が通り抜けることから塔としての空気抵抗を下げる効果があり，高い構造合理性を合わせ持つ。

引き抜きに強い壁杭

　地震に強い軽い鉄骨造のタワーとしたことにより，地震や台風の際には自分の重さを超えて大きく「引き抜く力」が基礎に加わることになる。対策として，基礎をビルのようなコンクリート塊の重石とする案も検討の遡上にあったが，最終的には鉄骨を内蔵した節付きの壁状の杭を支持層に打ち込み，支持層周囲の固い土の重さを利用する「摩擦壁杭」による地業を採用した。

　杭を壁状にすることで広い表面積をもたせ，摩擦力を強化するアイディアであり，建設前に敷地内に実物大の壁杭を構築し，実際に引き抜く試験を行うことでその性能を実証している。また，杭の中に鉄骨を入れることで，タワーから加わる「引き抜く力」

円形鋼管を用いた網目状架構

避難階段を用いた心柱のレイアウト

建設中の心柱シャフト内観（コンクリートの心柱はこの中で構築された）

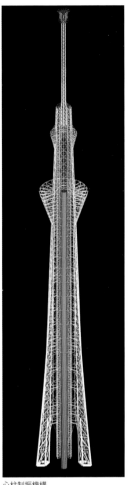
心柱制振機構

をスムーズに伝えている。

鉄骨造による軽量化と耐久性向上を目指して

　鉄骨による架構はコンクリート系の構造に比べ軽く，高層化に有利である。ただし，タワー足元の主たる柱は直径2,300 mm，板厚100 mm，長さあたりの重さは5.6 t/mにもなるため，外観を形作る曲線はよく見ると，この巨大な円形鋼管を溶接した折れ線で構成されている。円形鋼管には方向性がなく，さまざまな方向から部材を取り付けられることで自由な曲線によるシルエットの実現に貢献する。また，部材の接続部には，縦の太く厚い柱材を通しつつ，細く薄い支管を貫かずに溶接する構造方法を採用して加工数を少なくし，精度よく積み上げられる工夫を行っている。

　この方法は洋上構造物などに採用例が多く，ボルトによる接続ではなく溶接を主な接合方法に採用することで，防錆上の弱点となる塗装の膜厚の管理を平易として耐久性を向上させる狙いがある。塗装には，日本で海上橋梁向けに開発されたものを何重にも重ねて耐久性を持たせている。

世界初，独自の心柱制振機構

　日本は大きな地震が発生する確率の高い国であるとともに，台風が毎年上陸する厳しい風環境にあり，構造物を建設するうえでは世界でも厳しい風土にある。また，このタワーの構造計画には，首都圏における情報発信の拠点である電波塔としての性能だけでなく，大災害時にも主要機能を維持するための高い性能が求められた。

　そこで，タワー中央部に配置された避難階段を高さ375 m，直径8 mのコンクリートシャフトとして計画し，鉄骨造のタワーと切離することで，別の挙動を生み出し地震や強風の揺れを相殺させる「心柱制振機構」を新たに開発して採用した。心柱のコンクリートは，高層の煙突と同じスリップフォーム工法によりシャフト内で製作された。この機構により，地震時のタワーの揺れは最大約50%，強風時の揺れは最大30%低減される。

所在地・竣工年：東京都墨田区／2012年
建築設計：日建設計
構造設計：日建設計
構造形式：鉄骨造（立体鋼管トラス）

新豊洲 Brillia ランニングスタジアム
Shin-Toyosu Brillia Running Stadium

クッション方式 ETFE のふくらみ

接合金物模型
左：当初案，右：最終案

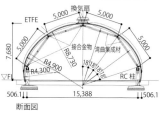

接合金物写真

断面図

湾曲集成材と鉄骨アーチのハイブリッド構造に支持されるクッション方式 ETFE 屋根

夜間には内部の光が建物を浮かび上がらせている外観

ハイブリッド架構の建方状況

誰もがスポーツやアートを楽しめる施設

60 m トラックと義足調整室を併設するパラリンピアのトレーニング施設である。障がい者アートパフォーマンス練習拠点，かけっこスクール，「ギソクの図書館」など地域に根差した活動で，年齢・国籍・性別・障がいの有無に関係なく誰もが楽しめる場である。

湾曲集成材とアーチ鉄骨のハイブリッド屋根架構

主として屋根を支持する架構はカラマツ湾曲集成材である。特殊な治具を使わずに曲げられた集成材は，長さ 5 m の 4 パーツに分かれている（断面図参照）。接合部はピンだと安定しないため，モーメントを伝える接合金物を使用したが，木と接合金物だけでは強度と剛性不足で，当初下に方杖が必要と考えられていた。しかし美しい架構にするために，通常は母屋として使用する ETFE を支持するアーチ鉄骨を構造体に取り込み，ハイブリッド架構とすることで，方杖不要の架構が実現した。建方時は集成材 8 本とアーチ 2 本を地組し，吊り上げて施工を行った。

デザインと解体を考慮した接合金物

接合金物は，当初集成材を外から挟むような形状

で計画していたが，デザイン性を考慮し，違う形状の金物を議論して考案した。スリットを入れた木に差し込むような羽プレートがついた接合金物である。この金物は 400 個以上あるすべてのジョイントに使用されている。また，本施設は移転する可能性もあったため，当初から解体・再構築を意識していた。

日本初 ETFE 透明膜の大空間

建設当時，法的整備も含め海外に遅れをとっていた日本で，初めて大空間の屋根として ETFE を使用し，ETFE 告示化のきっかけともなった施設である。ETFE は通常の膜と違い，繊維が入っておらず，温度で伸縮しやすいため，二重加工したフィルムの中に送風をして内圧を保つことで張力を保つクッション方式の事例が多く，本施設でもこれを採用した。軽快感かつ躍動感のある空間を実現した本施設は，2019 年日本建築学会賞（作品）を受賞し，選考評では「近年類まれに見る必然の美しさ」と紹介された。

所在地・竣工年：東京都江東区／2016 年
建築設計：武松幸治＋E．P．A 環境変換装置建築研究所
構造設計：KAP，太陽工業
構造形式：鉄骨造，RC 造，木造，膜構造

有明体操競技場
Ariake Gymnastic Centre

競技場内部　円弧アーチによる「木のドーム空間」はあるが，「アーチ構造」は存在しない

東雲運河越しの外観

リフトアップの様子

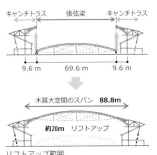

リフトアップ範囲

木の器──二つのイメージからの木質空間

　ここでの建築と空間のイメージは，二つから構成されている。一つは極めて偏平な屋根曲面と深い木製の軒が作り出す軽快かつシャープな外観であり，いま一つはアスリートと観客を包み込むようなドーム空間である。スパン90mは，単一の大断面集成材によって構築されている。

アーチ形状を世界最大級の複合式木質張弦梁で実現

　いうまでもなく偏平で大スパンのアーチ形状には，これを「アーチ構造」として実現するためには三つの課題がある。第一に自重による軸圧縮力がきわめて大きくなり，当然全体座屈に対する安全性の担保が困難になる。したがって，第二に大きな水平反力の適切な処理が求められる。第三に，偏在的外乱（積雪・吊り物・地震）による過大な応力・変形の発生である。特に木構造にとって曲げ変形はクリープにより，致命的に増大することが容易に想定される。この三つの課題を解決するために，アーチ構造を捨て，軒部の設備スペースを構造化する。天秤式キャンチトラス（軒部）と張弦梁（中央部）を

組み合わせて屋根全体を構築する「複合的な軸力抵抗型システム」である。自碇式構造（自己釣合系）の張弦梁を，キャンチトラスの先端から吊り上げて接合することで，下部構造へのスラスト力を排除した「屋根全体が自碇式構造」となる。中央部の張弦梁に小径のサブストリングを組み込むことで，従来のBSS（張弦梁構造）では得られない高い曲げ剛性が付与され，全体座屈荷重が格段に向上しただけでなく，地震力や積雪，吊り荷重といった非対称・偏在荷重に対する安全性を獲得した。中央部の張弦梁は，5分割の合わせ梁（2-220×1,150）とし，束やケーブル端部をこの隙間に納めた。ケーブルのディテールを美しくミニマムにするように，束下金物としてくさびプレートを用いた「支圧方式」を考案・採用。張力導入は，ダイアゴナルケーブルを利用した前例のないステップ施工法により行った。

所在地・竣工年：東京都江東区／2019年
基本設計・実施設計監修・監理：日建設計
実施設計：清水建設
技術指導：斎藤公男
構造形式：RC造＋複合式木質張弦梁構造

91

東京工業大学百年記念館
Tokyo Tech Centennial Hall

正門より見上げたハーフシリンダー

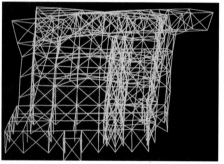

架構解析用の 3D モデル

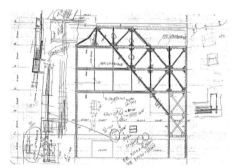

木村俊彦による構造スケッチ

東工大正門前のシンボル

　東京工業大学百年記念館は，大学の百周年を記念し，当時同大学建築学科の教員でもあった建築家・篠原一男の設計のもと，正門前に建設された記念館である。エントランス階には展示ホール，地下および2階には大学博物館が設けられ，フェライトやセラミクス，ロボティクスの研究の歴史，建築関係では谷口吉郎や清家清，篠原一男自身の図面・模型，谷口忠が戦前に制作した世界最初期の振動台実験装置などが展示されている。博物館は平日10時30分〜16時30分に見学することができる。

　上部の屈曲したハーフシリンダーは，本館および大岡山駅（一説には旧キャンパスのあった蔵前）を向いているとされ，当初職員食堂が設けられたが，現在は会議室となっている。3階にはフェライトホールが設けられ，ホワイエ天井には上部のシリンダーが貫入している。その特異な形状から建設時には大きな話題となったが，正門前広場には2011年に附属図書館，2020年に Taki Plaza が竣工し，本館前のプロムナードと併せて同大学の顔が形成されている。

3D 構造解析の先駆け

　本建物の南面は大きく三角形状に壁面が切り取られ，ガラスファサードが上部のシリンダーを支えるようなデザインとなっている。この構造を成立させるためには，開口部のない逆三角形状の壁面を立体的に使って上部を支持する必要があった。上に示す木村俊彦のスケッチでは，RC 壁面に鉄骨トラスを内蔵させ，先端を柱で支えて鉛直力，水平力に抵抗する計画が示されている。さらに，これを設計するためには当時2次元モデルが主流であった構造解析に，3次元立体解析を導入する必要があった。和田章らは当時の大学のコンピュータの能力を駆使してこれを解析し，個々の部材の設計を行っていった。なお，確認申請上の設計ルートは壁率計算（ルート1）による強度型設計となっており，創造的な構造デザインが法的基準と必ずしも整合しない事例の一つとして興味深い。

所在地・竣工年：東京都目黒区／1987年
建築設計：篠原一男研究室
構造設計：木村俊彦構造設計事務所＋和田章研究室
構造形式：SRC 構造＋鉄骨造（シリンダー部）

東京工業大学附属図書館
Tokyo Tech Library

空中に浮かぶチーズケーキの夜景

地下の図書館空間

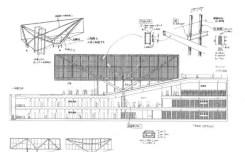

エスキース時のスケッチと施設構成

キャンパス主軸線のターニングポイント

　東京工業大学附属図書館は，大岡山キャンパスの本館から延びる主軸線の延長線上に位置する。大岡山駅から向かう正門はこの軸線より斜めに外れており，キャンパスに入った学生はまずこの図書館に向かい，その前で左に向きを変えて本館に向かう。この主動線を乱さぬよう，図書館の主機能は地下に埋め込まれ，開放的な地上広場を提供している。地下空間は，RC架構がそのまま表現され，周囲のドライエリアから光を取り入れ，圧迫感のない閲覧室を実現している。梁を内蔵した波型PC天井は間接照明板として機能し，長円形の柱は本棚の幅および間隔に一致するよう設計されている。こういった開放的な地下空間のイメージは，基本設計時に建築家と構造設計者が訪れたブラジリア国会議事堂の内部空間に触発されたものである。2020年竣工のTaki Plazaの建設に伴い，正門前より地下ドライエリアに直接降りていくスロープが新設された。

空中に浮かぶチーズケーキ

　本館から延びる主軸線を避けた残りの敷地の形状は長辺約40m，短辺約20mの直角三角形状となっており，この形状のまま地上の自習棟が設けられた。自習棟は地下図書館へのエントランスのキャノピーとしての機能を兼ねており，出入りを阻害しないよう約20mの張り出しを持つ無柱空間となっている。自習棟は両側面のV字状の斜め柱で支持されており，各層の床・屋根スラブは斜め柱より幅100mmの極細柱で支えられ，吊られている。V字柱で支えられた架構は一見不安定のように見えるが，人工丘に接する短辺にはY字状の柱が隠されており，3点の支持点は建物の重心を取り込み安定した構造となっている。外周の斜め柱および梁は，せい500〜1,000mm，間隔500mmの2枚の鉛直鋼板とそれをつなぐ薄板の座屈拘束材より構成された変則箱型断面であり，鉛直鋼板のみを現場溶接で組み立てていくことにより，ダイヤフラムのない自由な形態を複雑なディテールなしに実現している。

所在地・竣工年：東京都目黒区／2011年
建築設計：安田幸一研究室＋佐藤総合計画
構造設計：竹内徹研究室＋佐藤総合計画
構造形式：地下／RC構造，地上／鉄骨造

第3章　東京

東京工業大学緑が丘１号館レトロフィット
Tokyo Tech Midorigaoka-1st Building Retrofit

制振部材が配された南面のファサードデザイン

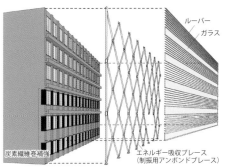

統合ファサードによる耐震改修

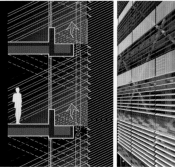

光熱環境のコントロールと外観デザイン

既存不適格校舎の制振改修

　東京工業大学緑が丘１号館は1968年に本館から独立した建築学科，土木工学科の拠点として，キャンパス中央部から離れた緑が丘地区に建設された教育・研究棟である。1971年の建築基準法改正前の設計であったことから，柱のフープ筋はφ9が250mm間隔でしか入っておらず，特に耐震壁の入っていない桁行（東西）方向で靭性が不足し，雑壁のない製図室のある2階の耐震指標（I_s値）は要求値0.7に対し，0.26しかないことが2003年の耐震診断で明らかになった。同年，民間より大学に戻った安田と竹内は研究対象として同棟の耐震改修設計の検討を始め，地震エネルギー吸収ブレース（低降伏点鋼座屈拘束ブレース）とハーフダブルスキンファサードを組み合わせた耐震改修案を取りまとめ，大学側に提出。同年に新潟県中越地震が起こったこともあり，補正予算が付き，実施設計および改修工事の入札が実施され，ほぼ提案通りの耐震改修が実施された。

統合ファサードエンジニアリング

　本建物の改修コンセプトは，建物の①外観デザイン，②耐震性能，③環境性能すべてをファサード部分で改善する「統合ファサードエンジニアリング」とされた。②の耐震性能に関しては，低層部の柱を炭素繊維巻き補強して変形性能を高め，地震エネルギー吸収ブレースを全層に付加し小さい層間変形角で降伏させることで，主構造をレベル2地震に対し弾性限内に留める設計を実現している。③の環境性能に関しては，夏期は外ルーバーで日射を遮蔽し，冬期は日射を室内に導き入れるとともに，下部のガラス部分を通して日射を受けた庇からの輻射熱により，窓際の温度を上げる効果を狙っている。これらの効果は，時刻歴応答解析およびCFD解析により確認されている。

　2011年の東北地方太平洋沖地震において，本建物は地下部で最大地動加速度150 cm/s²の地震入力を受け，屋上部応答は250 cm/s²に達したが，ブレースは弾性範囲にとどまり無被害であった。

所在地・竣工年：東京都目黒区／2005年
建築設計：安田幸一研究室＋アール・アイ・エー
構造設計：竹内徹研究室＋アール・アイ・エー
構造形式：RC構造＋鋼材制振ブレース

IRON HOUSE
IRON HOUSE

2階ダイニングスペース内観

外観

足場のない建方時の様子

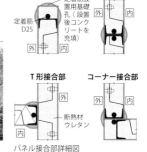

パネル接合部詳細図

端部
定着筋設置用基礎孔（設置後コンクリートを充填）
定着筋 D25
外　内

接合部
外　内

T形接合部
内　外

コーナー接合部
外　内

断熱材
ウレタン

構造家による長寿命住宅

　構造家・梅沢良三の自邸で，同じ構造形式を採用したアトリエIRONY SPACEに次ぐ，鋼板サンドイッチパネルによるモノコック構造である。

　この構造形式は，IRONY SPACEの建築家・アーキテクトファイブがダンボール板で製作したスタディ模型の軽快さから着想を得たものだといい，IRON HOUSEでは，建築家・椎名英三を迎えている。

　パネル自身に断熱／防水／仕上げ機能を持たせることで，構造体そのものが建築表現となっている。

　冗長性の高い鋼板構造に建物としての耐久性も担わせる，「構造家による長寿命住宅」である。

強度と機能を同時に担うサンドイッチパネル

　壁・屋根に採用されているのは，既製のデッキプレート（せい75mm，板厚1.6mm）を4.5mmの耐候性鋼板で両側から挟み，溶接により一体化したサンドイッチパネルである。パネル内には，断熱材が吹き入れられている。屋外側は，ヒートブリッジを最小限にするためにデッキと鋼板の間をボルトで隙かせているが，このディテールはIRONY SPACEで

は採用されておらず，IRON HOUSEで改良されたものである。床面は，IRONY SPACEではアトリエの大空間を架け渡すため壁と同じパネルが使われているが，IRON HOUSEでは住宅に多い配管類を隠蔽しつつフローリングを敷くために上面を鋼板から角パイプに置き換えており，必要強度を確保しながら用途に応じた機能を持たせる工夫がされている。

造船技術により一体化されたモノコック構造

　パネルは運搬可能な2m幅で分割製作され，小口を溝形鋼で閉じ，ここに基礎への定着筋が取り付けられている。パネル同士は，溝形鋼を裏当金として，造船技術を持つ施工者により現場止水溶接・研磨処理され，構造的にも防水的にも一体化されている。パネルの剛性が高いため，単管の控え材のみで建方可能で仮設足場は不要だといい，施工法にも梅沢による配慮がされている。

所在地・竣工年：東京都世田谷区／2007年
建築設計：椎名英三建築設計事務所＋梅沢建築構造研究所
構造設計：梅沢建築構造研究所
構造形式：耐候性鋼板サンドイッチパネルによるモノコック構造

駒沢オリンピック公園総合運動場体育館
Komazawa Gymnasium

地下に埋めることで高さを低く抑えられた外観　跳ね上がったHPシェルと，地上から真直ぐに伸びる登り梁が特徴的である

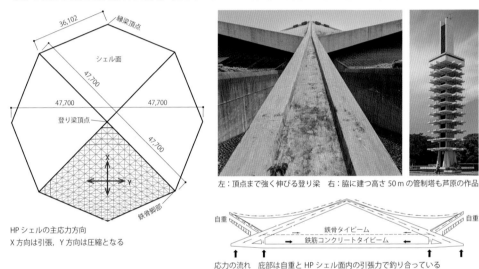

HPシェルの主応力方向
X方向は引張，Y方向は圧縮となる

左：頂点まで強く伸びる登り梁　右：脇に建つ高さ50mの管制塔も芦原の作品

応力の流れ　底部は自重とHPシェル面内の引張力で釣り合っている

HPシェルを組み合わせた体育館

　この体育館の屋根は，4本の巨大な登り梁と4枚のHPシェルを組み合わせた独特の外観を有する。建築家・芦原義信はアリーナを含む直径108mの円形平面を地下に沈めることで，中央広場から観客席に直接アプローチ可能な動線計画を実現した。外周は当初はサンクンガーデンであったが，91年の改修によりガラス屋根が架けられて，現在はカフェやウォーミングアップ場として利用されている。

登り梁と縁梁

　象徴的な屋根は，登り梁，縁梁，HPシェルの三つで構成される。対角線上を走り頂点で集まる4本の登り梁はスパン約100mにも及び，自重およびシェルから受ける膜応力により極めて大きな応力が生じることから鉄骨鉄筋コンクリート造で構成された。

　八角形平面の屋根外周には縁梁が配され，この外部に飛び出した梁が自重により外側に倒れこもうとする力と，シェルから受ける引張力をバランスさせることで，柱のない開放的な庇下空間を実現している。

　巨大屋根の荷重がすべて集約する登り梁のスラス

ト力を如何に抑えるかが課題であったが，外壁面上部に配置された鉄骨タイバーと梁脚部をつないだRCタイバーの二段のタイバーにより処理している。

HPシェルの構成

　4枚のHPシェルは，面外曲げに対する剛性確保と軽量化のために鉄骨ラチスで構成された。膜応力分布は図のX方向では下に凸の引張力，Y方向では上に凸の圧縮力となる。これら主応力方向に沿って主構造となる梁せい700〜750mmのラチス梁を配置し，その上に仕上げと防水のための厚さ100mmの軽量コンクリートを打設している。

もう一つのレガシー

　1960年代には，代々木を始め香川県立体育館，市村記念体育館，岩手県営体育館など体育館の秀作が多い。代々木の存在感が圧倒的だが，HPシェルによる造形に果敢にチャレンジしたこの体育館もまた，次世代に受け継ぐべき重要なレガシーの一つである。

所在地・竣工年：東京都世田谷区／1964年
建築設計：芦原義信建築設計研究所
構造設計：織本匠構造設計研究所
構造形式：下部／SRC造，屋根／鉄骨HPシェル

東京体育館
Tokyo Gymnasium

都市景観への配慮から高さが抑えられた大アリーナ　2枚の木の葉形状の屋根が鉛直に立ち上がった大柱に支えられる

屋根は2種類のアーチにより構成される

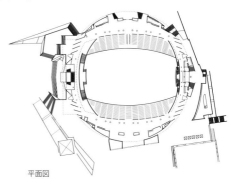

平面図

断面図　四つのアーチの間は短手方向にトラスが配される

都市景観に配慮されたアリーナのデザイン

　千駄ヶ谷駅前に位置する総合体育施設で、大アリーナ、小アリーナ、屋内室内プールを含んでおり、立地条件から建物の高さが制限された。大アリーナは直径約100mの円形の平面を、2枚の木の葉状の屋根で覆ったものである。キールアーチのアリーナとしては藤沢市秋葉台文化体育館（64頁）と類似の設計コンセプトであるが、低ライズのアリーナへの挑戦であり、アーチのスラスト処理への工夫が特徴である。

　中央部にもたれかかるようにせり上がった2本のキールアーチ、木の葉の主脈に相当する部分に設けられたライズの低い2本のアーチ、さらに外周部の円弧梁によってメインの骨組みが形成され、それらを直交方向で繋いでいるトラス構造によって屋根が作られている。水平の円弧梁は下部構造の客席部分で支えられている。

　中央部のアーチのライズは約15mで、ライズスパン比は1/6.7となっている。アーチを含んだトラス構造は、H形鋼が用いられており、H形鋼のフランジを鉛直面とすることで弦材とラチス材のフランジ面が一体として接合できるディテールが採用された。

アーチのスラスト処理

　アーチを基礎まで連続させ、テンション材によってスラストを拘束することは効果的であり、藤沢ではこの手法が用いられていた。この建物では4本のアーチは、建物の両側のそれぞれ2か所で1階床より立ち上がったSRC造の巨大な片持ち柱によって支持された。柱のサイズには限界があり、スラストを完全に拘束させることは現実的ではなく、スタンド外周部の円弧状の梁がタイビームとして利用された。さらに、施工方法によってスラストの調整が行われた。全荷重の45%分に相当する重量分は、支点部の水平方向の拘束を行わずに建方・ジャッキダウンが行われ、アーチ効果は期待せずにトラス構造として機能させ、その後にアーチ脚部を下部構造と一体化させることで、それ以後の荷重に対してはアーチ効果をフルに発揮させるという仕組みである。

所在地・竣工年：東京都渋谷区／1990年
建築設計：槇総合計画事務所
構造設計：木村俊彦構造設計事務所
構造形式：鉄骨キールアーチ構造

国立代々木競技場
Yoyogi National Stadium

上空より第一体育館を見ると，若戸大橋にヒントを得たという「吊り橋」のシルエットがはっきりと理解できる（斎藤公男撮影：1989年）

バックステイの直線ケーブルは直角方向の吊り材によってわずかに内側に湾曲させられる。メインケーブルに取り付くユニヴァーサル・ジョイントが提案された

ケーブル・ネットでは実現し得ないシャープな屋根形態が半剛性吊り屋根で実現された

中央の2本のメインケーブルの間を開くことによって，空間の豊かさと快適さが飛躍的に高まった

基本構造における建築家と構造家の協働

　戦火とともに消えた「幻の五輪」（1940年）から19年，前回の東京オリ・パラ（1964年）の招致が正式に決定したのは1959年であった。敗戦から14年，オリンピック開催という国家的事業を成功させることにより，再び国際社会に復帰できるという希望に日本人一人ひとりが胸躍らせていたこの頃，「世界に誇れる建築をつくろう」という建築界の思いは熱くたぎっていた。敷地と予算の目途がついた1961年の暮れ間近か，竣工すべき日まで，あと2年8か月余。巨大にして画期的な，前代未聞の空間を設計し，建設するのに残された時間は信じ難く短かった。

　「シェルやスペースフレームではなく，今度はテンションでいこう」。そうした空気が溢れていた。まず，建築（丹下研究室）と構造（坪井研究室）の2チームによる基本構想のイメージづくりがスタートする。各自が持ち寄る数十の小模型が，大机に並べられた風景は学生のワークショップさながらのにぎわい。ここから"生き残り"をかけた激しくも熱心なディベートが展開されていく。次第に，建築的な

姿を見せはじめたのは渦巻状のサスペンション案であった。都市と建築に対して「開かれてはいるが閉じた空間」「室内の興奮を包みながら閉鎖的とならないスタジアム」といったコンセプトが，「代々木」の第一の奇跡，"ずらし巴"を生み，それを成立させるための構造システムが次第に見えてくる。

設計と施工を考えたホリスティックな構造デザイン

　当時のサスペンション構造（吊り屋根）は，構造設計の手法も施工法もあまり蓄積がなく，手探りの状況であった。模型実験と先を読みながら進める構造計画的な洞察が構造設計の原動力となった。建築・構造の二つのチームに，設備の井上宇市研究室が加わり，実施設計が本格化する。平・立・断面は微妙に影響し合い，大小さまざまな「しくみとしかけ」が累積された構造芸術が追求された。その主要な構造テーマを要約すると，第一体育館では，

①圧縮と引張による三つの系（屋根・中央・外周）の自己釣合的組合せ

②レンズ状かつ主塔で屈曲したメインケーブル

③ケーブルネットとは異なる半剛性吊り屋根

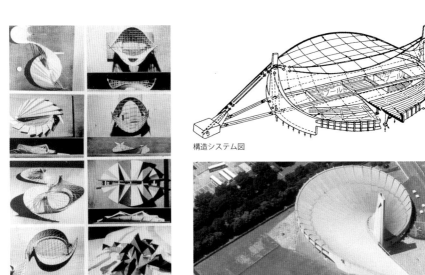

基本構想の最終段階で絞られたいくつかの案
左下の案が具体的に展開されていく

構造システム図

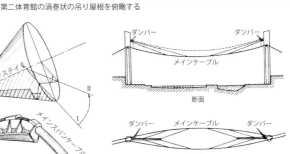

第二体育館の渦巻状の吊り屋根を俯瞰する

サドル
126,000m
1,738m
10,473m
サドル
I
1,776m
II
III
1,968m
1,968m

建方中に発生するメインケーブルと吊り鉄骨の"動き"

バックステイ
バックステイ
メインスパンケーブル
II
I

主塔頂部のメインケーブルの定着金物
回転、移動を可能とする

ダンパー
ダンパー
メインケーブル
断面

ダンパー
メインケーブル
ダンパー
平面

メインケーブルに設置されたオイルダンパー　世界初
の制振システムを持った空間構造と言われる

④施工中のメインケーブルの動きを吸収するさまざまなディテール

⑤風の揺れを抑える制振ダンパー

　いずれのデザインも，世界初ともいえる革新的技術として今日も評価されている。この内①と②は実施設計で解決されていたが，③と④は未解決問題として，現場で施工を進める中で考察・開発されたといわれる。確かに，④の例えば吊り鉄骨の中間ヒンジや押えケーブルとの交点金物，主塔上の回転・移動サドル，メインケーブルと吊り鉄骨の結節点のユニバーサル・ジョイントなどは，③の方針が定まってはじめて生まれる発想である。そう考えると，いかに「半剛性吊り屋根」の決定が「代々木」の成否を握っていたかが理解されよう。

　基本設計時のゆるんだケーブルネットでは，構造的な安定性が得られておらず，造形的シャープさを欠くものとして建築家も納得していなかったという。「吊りケーブルについている補剛材（スチフナー）」を吊り鉄骨にしたらどうか」。当時設計担当であった川口衞のこの閃きが，土壇場で窮地を救っ

た。第二の「代々木」の奇跡である。

構造空間の主役

　第一体育館の内部空間の特徴は，「上昇する光天井」であろう。その主役は2本のメインケーブル。平行なケーブルをレンズ状に開くことにより，設備空間が作られ，音響に最適な曲面天井が生まれた。

　第二体育館も構造原理は第一体育館とよく似ており，一本の主塔の頭上から，アンカーブロックめがけてメインパイプ（M.P）がらせん状に走っている。M.Pが描く3次元曲線は，それに支えられた吊りトラスの自重時・材端張力による立体的連力図。外乱による対応変動は，M.Pと主柱をつなぐ方杖（パイプトラス）で吸収され，吊り屋根面の剛性は押えケーブルではなく吊りトラス間に繋ぎ材を配することで，シェル効果が期待されている。渦巻くトップライトからの光を受けた曲面天井の魅力は圧倒的である。

所在地・竣工年：東京都／1964年
建築設計：丹下健三＋URTEC
構造設計：坪井善勝＋坪井善勝研究室
構造形式：RC造＋吊り屋根構造

Column E | 鋳鋼を用いたジョイント
| Joints using cast steel

図1　古代エジプトでの鋳造の様子

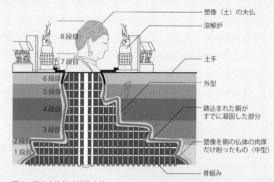

塑像（土）の大仏
溶解炉
土手
外型
鋳込まれた銅が
すでに凝固した部分
塑像を銅の仏体の肉厚
だけ削ったもの（中型）
骨組み

8段目
7段目
6段目
5段目
4段目
3段目
2段目
1段目

図2　東大寺大仏の鋳造方法

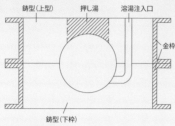

鋳型（上型）　押し湯　溶湯注入口
金枠
鋳型（下枠）

図3　鋳型の構成

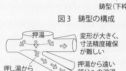

押湯
変形が大きく、
寸法精度確保
が難しい
押し湯から
の溶湯の流れ
押湯から遠い
部分への溶湯
の供給ができない
押湯
1.各部材同士がつながる領域を増やす　2.突出量を短くする

図4　形状に制約が生じる場合

図5　国立代々木競技場の接合金物

図6　大阪万博お祭り広場のメカニカル・ジョイント

	材質	材料の基準強度	溶接部の基準強度	注
鋳鋼品	SC480	235N/mm²	—	JIS G 5101炭素鋼鋳鋼品
	SCW410	235N/mm²	235N/mm²	JIS G 5102溶接構造用鋳鋼品
	SCW480	275N/mm²	275N/mm²	〃
鋳鉄品		150N/mm²	—	材質の指定なし　圧縮のみ

表1　鋳鋼品の種類と強度

鋳物技術の伝来と発展

高温で融解した金属を砂や粘土などで作った型に流し込み，冷やして固めた製品である鋳物（いもの）は，紀元前3000年頃にメソポタミアで発祥しエジプトなどへ伝わっていったと言われる（図1）。それが日本に伝来したのは弥生時代と推測され，銅鐸や銅鏡，銅剣などが出土している。8世紀中頃には，世界最大の鋳造物である東大寺大仏が完成した（図2）。

鉄鋳物で言えば，当初は鎌，鍬などの農工具や刀，槍，冑といった武具は鍛造品が中心だったが，古墳時代に朝鮮半島から「たたら吹き製鉄」の技術が入ると，純度の高い粘り強い鉄が手に入るようになり，鉄製品は鍛造品から鋳造品へと大きく舵が切られた。梵鐘などの仏具や鍋や窯と言った日用品が鉄鋳物でつくられるようになり，各地の名産品として発展していった。江戸時代末期ともなると，国防のため大砲の鋳造が盛んに研究された。当初は鋳鉄製であったが，19世紀末には技術開発が進み，より強い鋳鋼が利用可能となった。1903年，大阪砲兵工廠で，初の国産鋳鋼製大砲が生産された。

鋳鋼の設計と注意点

炭素の含有量が2％以上のものを鋳鉄（ちゅうてつ，Cast Iron），2％以下を鋳鋼（ちゅうこう，Cast Steel）と呼ぶ。鋳鉄は比較的融点が低く，溶湯（ようとう：溶けた金属のこと）の粘性も低いため，細かな造形に向いているが，靭性・溶接性ともに低いために構造材としての利用には注意を要する。

一方，鋳鋼は強度・靭性ともに高く構造材としての資質十分であるが（表1），融点が高く溶湯の粘性が高いため，薄肉形状や複雑な構成を苦手とし，鋳型の設計にはその点に十分な配慮が求められる。

面的な板で構成される形鋼などと違い，塊でつくる鋳鋼は，冷却するときに最初に凝固する表面部と，熱の逃げにくい内部で大きな温度差が生じ，凝固収縮の際，中心部に「引け巣」と呼ばれる空洞欠陥が生じやすい。それを防ぐために，必ず「押し湯」と呼ばれる，収縮に応じて内部に溶湯を補給し続けるための湯だまりが必要となる（図3，4）。この押し湯をどこにどの大きさで作るかが，鋳造品の鋳型を設計する際に最も重要になる。

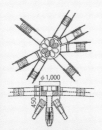

図7 水戸芸術館展望塔の接合部

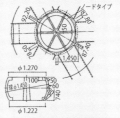

福岡ドーム　　　　大阪ドーム　　　　ナゴヤドーム
図8　大規模ドームで用いられたさまざまな鋳鋼ジョイント

図9　逆ボルトを利用したファラデー・ホールのテンションリング　　図10　角丸ジョイントの例

鋳鋼製品の建築構造への利用

　鋳鋼を世界で初めて本格的に建築構造に利用したのは，国立代々木競技場（図5，98頁）だと言われる。川口衞は，メインケーブルと吊り鉄骨の接合部に，鋳鋼によるボールのまわりの輪が回転自由な金物を設計した。大阪万博お祭り広場（156頁）でもメカニカルに接合可能な鋳鋼ジョイントを考案し（図6），ピーター・ライスがそれを見学したことが，ガーブレットと呼ばれるポンピドゥー・センターを象徴する巨大鋳鋼金物の実現に繋がったことはよく知られている。川口はその後も，サンドーム福井（118頁）で鋳鋼ジョイントを用いるなど，鋳鋼を自身の構造デザインに積極的に利用している。

　以前は溶接性に難があると言われていたが，近年は性能向上が進み，溶接構造用鋳鋼品を使えば支障なく鉄骨部材と溶接接合可能である。むしろ最も溶接線の集中する接合部を鋳鋼で一体的に造ることで，非常にすっきりとした接合部が実現可能となる。

　鋳鋼ジョイントが最も威力を発揮するのは，トラスの接合部である。多数の部材がさまざまな角度から集まり，応力も大きいが，鋳鋼であれば厚みに制約がなく，シームレスにさまざまな造形が可能である。水戸芸術館展望塔（36頁）では，立体トラスの6本の部材が集まる接合部に鋳鋼が用いられた（図7）。1990年代に完成した大規模ドーム（134頁，153頁）では，プロジェクトごとにさまざまな鋳鋼ジョイントが開発されている（図8）。

　テンション材端部のフォークエンドなど，張力構造では大きな引張力を伝達しつつ，完全ピンを実現するために鋳鋼金物が使われる場面も多い。1978年完成のファラデー・ホール（56頁）では，下弦材が集まるテンションリングにおいて，逆ボルトにより相互に連結された小さな鋳鋼エレメントが特別に開発された（図9）。静岡エコパスタジアム（127頁）では，共通化された1フレーム当り四つの鋳鋼金物が利用されている。上下階で円形と角形の鋼管が切り替わる柱梁接合部などでは，鋳物で作った角丸ジョイント（図10）を用いることで，上下階の応力をスムーズに伝達させることができる。

　接合金物以外でも，三角港キャノピーでは，上に行くほど緩やかに細くなる変断面の柱に鋳鋼を用いており，上下に分かれた下側ではあえて鋳肌をそのまま残した表現となっている。

鋳鋼を用いた接合部のデザイン

　型枠さえ製作できれば，どんな形態でも造れるRC造と違い，鉄骨造では一般的に規格化された形鋼や鋼板を組み合わせて構造体を構成するため，RC造に比べれば部材造形の自由度が低いと言われる。そのような鉄骨造の中で，設計者が自由に形を決められる鋳物ジョイントは特異な存在であり，いかに美しい"魅せる"ジョイントをデザインするか，構造家や建築家の腕の見せ所である。と同時に，これら鋳造品の製造は，鋳造技術者との密接な協働が求められる。

TOD'S 表参道
TOD'S Omotesando Building

表参道のケヤキ並木に面する外観

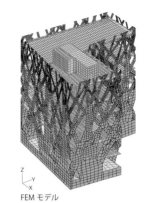

FEM モデル

ファサードの配筋展開図

複雑な配筋と型枠

ケヤキ並木の構造体

建築家・伊東豊雄は，Arup の構造家のセシル・バルモントと協働したサーペンタイン・ギャラリー・パビリオン 2002 で四角いボックス表面上にスチールフラットバーによる斜材を複雑に交差配置した，鉛直部材のない構造体を実現している。その発展形といえるこの作品は，新谷眞人が構造設計を行っている。ファサードを兼ねる構造体のデザインとして，表参道のケヤキ並木のシルエットが採用され，幹から枝が広がるように伸びていく鉄筋コンクリート造の斜材が L 型平面の外壁全体を覆っている。

樹形を生かした多層建築

光を受けるために先端ほど細い枝葉が広がり，根元にいくにつれ枝を支える太い幹となる樹木の形状は，ディスプレイ用の壁面が多い下層の店舗，明るく開放的な上層のオフィスというように各階の空間構成に活かされており，下階ほど負担荷重が大きい多層建築の構造体としても力学的に合理的である。

壁面全体を並木のように覆うことで，さまざまな方向から「枝」が交差してトラスの斜材のような架構となり，十分な剛性と強度を生んでいる。

免震構造の採用とさまざまな工夫

ファサードの構造体は厚み 300 mm で，細い「枝」のデザインを実現するために，基礎免震が採用されている。床板は軽量化のためボイドスラブとし，ファサードとの接続部の厚みを 250 mm に絞って，固定度を小さくすることでファサードに生じる応力を抑えている。この納まりにより，内部では天井とファサードの縁が切れているように見え，壁面の美しさが一層引き立つ。

「枝」の交差位置は鉄筋の多段交差を避けるよう設計されているが，複雑な配筋を納め，密実に打設されたコンクリートや，サッシなしで躯体と同一面に納められた約 270 枚のガラスとアルミパネルによる仕上げは高い施工技術によるものである。

本建物は 2020 年に売却され，現在の名称は「ケリングビル」。

所在地・竣工年：東京都渋谷区／2004 年
建築設計：伊東豊雄建築設計事務所
構造設計：オーク構造設計
構造形式：RC 樹状ファサードによる斜材トラス構造（基礎免震）

光が丘ドーム
Hikarigaoka Dome

ドーム内観　外周部の単層トラス交点にストラット（束材）があり，フープ状に円周ケーブル，外周境界リングに向かって V 字状に放射ロッドが配置される

建物外観　ドームを支える V 字形の鉄骨柱間は開口となっている

ストラット，円周ケーブル，放射ロッドの接合部

第 3 章｜東京

サスペンドーム

　フットサルコートや空手場として利用される体育館で，屋根はライズ／スパン比が 0.15 という低いライズのドーム。このドームに，世界ではじめて「サスペンドーム」という構造システムが適用された。

　サスペンドームとは，薄肉の単層トラスドームをケーブルドームのテンセグリック・システムにより補剛する構造システムで，組み合わせることで三つの効果が得られる。まず，座屈耐力を大幅に向上させることができる。そして，境界構造に作用する力として単層ドームではテンションリング（引張力）となるが，補剛することでケーブルドームのコンプレッションリングの作用が加わり，力が相殺して外周リングに生ずる応力を軽減できる。最後に，ケーブルドームの課題であった過度なフレキシビリティが単層ドームの剛性によって解決される。

構造概要

　光が丘ドームは，直径 35 m の円形平面を持ち，最高高さが地上 14 m である。円周を 16 等分にした等分点をラチス状に結んでできるパターンの単層トラ

スドームで，トラス主材は 150×150 の H 形鋼，外周境界リングは 250×250 の H 形鋼で構成される。屋根の規模が小さいので，テンセグリック・システムは 1 段のみとし，サスペンドームの効果が大きい外周部に設置された。ドームは，下部構造である 16 本の鉄筋コンクリート柱の上に連続して配置された V 字形の鉄骨柱（放射方向に上下ピン）で支持される。ケーブルへの張力の導入方法も面白い。一般的な，張力の導入方法はケーブル端部でケーブルを引き込むことによって行われるが，ここではストラットを伸長させることによりケーブルに張力を導入できる機構（弓引き方式）を用いた。サスペンドームの最初の適用例であったため，構造体が完成した時点で静的載荷実験，振動実験，そして竣工後 1 年 3 か月にわたってケーブル張力の計測が実施され，解析結果の検証，構造システムの有効性が確認された。

所在地・竣工年：東京都練馬区／1994 年
建築設計：前田建設工業
構造設計：前田建設工業／技術開発：川口衛
構造形式：サスペンドーム

工学院大学弓道場
Kogakuin University Archery Ground

繊細な木格子が宙に浮かんだような内観

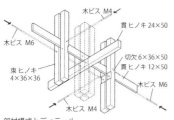

部材構成とディテール

束と貫の接合部カットモデル

山形トラスの地組

繊細な木格子が浮かぶ内観

　工学院大学の125周年記念事業の一環として，近接するボクシング場とともに建設された木造平屋の弓道場である。外形は，7.28×14.56 mの矩形平面と7寸9分勾配の切妻屋根で構成された山形の箱である。南側面は行射のために，10.92 m幅の大開口が設けられている。内部は，極小断面木材が格子状に細かく組まれた繊細な屋根架構が，あたかも宙に浮かぶ空間となっている。

極小断面木材によるフレーム構成

　山形の外形を活かしながら，女性ひとりでも簡単に運搬・組立可能なヒューマンスケールの繊細な木構造が目指された。切妻屋根勾配なりに配された登り梁と，タイバーの役割を持つ最下段の貫（材長7 m超）による山形トラスを外枠とし，束と貫による格子フレームを内包させることで，鉛直・水平力に対する登り梁の応力負担を減らしている。レベルをずらしながら二方向に配した貫（梁間：幅24×せい50 mm，桁行：幅12×せい50 mm）を4本の束（36 mm角）で挟み込み，更に束を2本の登り梁（幅36×せい120 mm）で挟み込む構成になっている。束に6 mmの欠き込みを設けて，貫を通すことで嵌合部を作り，モーメント抵抗を期待している。大開口部分は垂れ壁部分に平鋼を木材で挟んだハイブリッド部材による平行弦トラスを設け，クリープ変形にも配慮している。繊細な架構でありながら，建方中に職人が屋根に人が乗っても，問題ないほど剛性が高い。地組と部分足場の施工によって工期短縮が図られた。

あかね材の活用と武道空間としての精神性

　木材は木材供給者からの提案で和歌山県産ヒノキの「あかね材」（スギノアカネトラカミキリの食害痕を持つ木材）を，安全性を確認しながら用いており，使い道のなかったあかね材の有効活用とコストダウンを実現している。極小断面木材による繊細な格子と精緻なディテールによって，日本古来の武道における精神性が見事に表現されている。

所在地・竣工年：東京都八王子市／2013年
建築設計：福島加津也+富永祥子建築設計事務所
構造設計：多田脩二構造設計事務所
構造形式：木造山形トラス+通し貫による木格子

多摩美術大学付属図書館
Tama Art University Library

厚さ200mmのSCアーチが創り出す静謐な空間

緩やかにカーブするアーチとガラス壁

アーチ内部の鋼板

繊細なアーチが創る静謐な空間

　緩やかにカーブしながら交差した不定形なグリッド上に，最大スパン14.5m，最小で1.8mのさまざまなアーチが展開する連続的な構造体空間。それがそのままコンクリート打放し仕上げとなり，洞窟のような連なりを持った建築空間として表出している。大小さまざまなスパンに対し，すべて僅か200mm厚で作られたこのアーチの脚部は200×400mmまで絞られ二方向に交差する。天井から舞い降りたピンヒールのようなその佇まいは，見慣れたはずのコンクリートの重量感を消失させるとともに，静謐で品位のある空間体験を与えてくれる。

鋼板とコンクリートによる極薄のアーチ

　このアーチは，鋼板をコンクリートで包んだもので，SC（鉄骨＋コンクリート）構造に属する。連続するアーチ列に囲まれた床は，その大きさに応じて厚みの異なるボイドスラブにより構成され，フラットな打放し天井面を作るとともに，緩やかに曲がるアーチの捩じれを抑え込む。華奢な柱脚に剛性は期待できないが，柱頭は十分に大きく，多方向に連続

する多数のアーチ列は，柱脚ピンのラーメン架構のようにふるまい，そのまま水平抵抗要素となっている。アーチの総厚は200mmしかなく，アーチ内部の鋼板のみで長期や水平力作用時の応力を取り切るように設計されているが，鋼板の弱点でもある座屈の防止や耐火被覆としての機能，さらには剛性の増大といった役割をコンクリートが担っている。耐力のみに着目すれば，内包された鋼板の厚みを変化させることによって耐震性能を向上させることもできたが，大きな地震動に遭遇した場合でも，アーチ打放し面と揃った薄く曲げられたガラスによる繊細な表現を確実なものにしようとする意図や，書架からの図書類の落下防止（応答加速度の抑制）のために免震構造を採用している。免震を導入することにより鉄骨量は大幅に低減しており，意匠性や構造性能，コストも含めたトータルバランスから導かれた解となっている。

所在地・竣工年：東京都八王子市／2007年
建築設計：伊東豊雄建築設計事務所／設計協力：鹿島建設
構造設計：佐々木睦朗構造計画研究所／設計協力：鹿島建設
構造形式：鉄骨コンクリートによるアーチ架構

第3章｜東京

Column 3 | アートと構造
Structural excellent ideas behind superior artworks

図1 アトリウム空間を漂う巨大な四角いふうせん

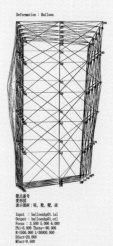

図2 四角いふうせん内部のアルミトラスフレーム

図3 内圧作用時のフレームの変形図

構造家ならではの優れた解決方法

　構造家たちが挑戦を続けることにより研ぎ澄まされていく構造的才覚は，時に建築物以外のデザインにおいても如何なく発揮され，私たちに大きな驚きや感動を与えてくれる。このコラムでは，建築家（アーティスト）と構造家の優れたコラボレーションにより生み出された構造家なしには語ることのできない建築物以外の作品について触れてみたい。

四角いふうせん（意匠：石上純也，構造：佐藤淳）

　大きさ約 12×6.5×14 m のアルミ板で覆われた総重量 10 kN 弱におよぶ巨大な箱状の塊を東京都現代美術館アトリウム内に浮かせた作品である（図1）。内部にヘリウムガスを充満させ，空気との気体密度差によって浮力を得ている。ガスによる内圧は物体を内側から外側に押し広げようとするため，通常の風船のように曲面上に張力が生じ曲率を伴った釣合状態を作るのが最も合理的な形態となるわけだが，丸い風船が展示室に浮いていても感動は生まれない。張力に対し理に適っていない四角い物体が浮いていることで，重力作用下に生きる人間の感性に対

し訴求力をもつ。だが，内圧が作用した状態で四角い状態を保とうとすると，曲げ剛性のあるラーメン構造フレームが必要となる（図3）。剛さを求めて部材断面を大きくすると全体重量が増え，それが浮力を上回ると浮かせることができなくなる。ここでは，軽量かつ高剛性を目的に主部材にアルミトラスが用いられている（図2）。4階建相当の大きさのフレームは4台のクレーンでまず上枠を吊り，床付近で下部を付け足しては上昇させることを繰り返し組み上げられた。ガスが入った完成状態では上向きの浮力は主に上面に作用し，上枠を介して下向きに作用する側面や底面の重量と釣り合うが，その実状に則した施工方法が選択されている。ふうせん，という優しい響きからは，想像もつかない高度な検討の集積と言える。高さ19 m のアトリウム空間内を鏡面アルミ仕上げの巨大な箱がゆらゆらと漂うさまは，来館者を大いに感嘆させたことは言うまでもない。

テーブル（意匠：石上純也，構造：小西泰孝）

　キリンアートプロジェクト2005への出展作品で，長さ 9.6×幅 2.6×高さ 1.1 m の大きなテーブルであ

図4　厚さ 6 mm スパン 9.6 m のテーブルの上にさまざまなものが並ぶ

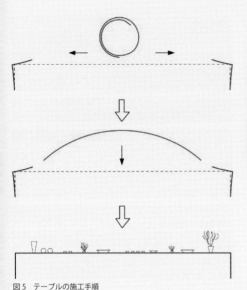

図5 テーブルの施工手順

図6 あらかじめ曲げて加工された天板

図7 天板と脚の接続ディテール

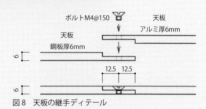

図8 天板の継手ディテール

る（図4）。天板は厚さわずか6mmながら，スパン9.6mの途中で一切支持されることはない。軽量化と剛性獲得のため，天板は鋼板およびアルミ板で構成される。自重や設置物重量によるたわみ分をむくって製作しておき，展示状態において丁度フラットになるという仕組だ（図5）。言葉に記すと簡単に見えるが，展示会場までエレベータに載せて運べるサイズに分割する必要があるうえ，ジョイントの美しさにも配慮が必要となる。ここでは，全長7.6mの薄いアルミ板を弾性範囲で筒状に曲げて作製しておき，現地で延ばして設置するというアイディアを利用している（図5，6）。曲げ加工した無応力の状態と曲げを与えて生じる曲率との関係を導き，絶妙な釣合時のフラットな状態と，無理なく運搬できる状態の双方をコントロールするなど，さまざまな問題を繊細に解決している。脚と天板との接続はス

ロット溶接を行い，最後にグラインダーで磨き（図7），天板同士は端部を3mm厚に減じて乗せ合う（図8）など，アート作品として見え方に拘ったディテールとしている。スパン9.6mに対し厚さ6mmという超極薄のプロポーションのテーブル上にさまざまなものが置かれている姿には，四角いふうせんとは真逆の，静寂が導く張り詰めた緊張感がもつ特有の美しさがある。

tomarigi（意匠：福屋粧子，構造：満田衛資）

　大阪梅田ツインタワーズ・ノースのスカイロビーにあるベンチである（図9）。最大長さは12.6mで緩やかにカーブを描きながら高さも変化する。座面本体は曲げ加工された集成材（280×250mm）で，全体重量は最大で400kgに及ぶ。脚はステンレス鋼φ25mmで約2.5mピッチに1本ずつ立てられ，全体でバランスしている。床面にはアンカーを含め一

図9 緩やかにカーブを描きながら高さの変わるベンチ

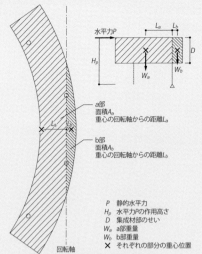

P　静的水平力
H_p　水平力の作用高さ
D　集成材部のせい
W_a　a部重量
W_b　b部重量
×　それぞれの部分の重心位置

図10　転倒に繋がる回転に対し自重で抵抗する

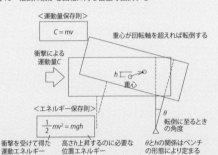

<運動量保存則>

$$C = mv$$

衝撃による運動量C

重心が回転軸を超えれば転倒する

<エネルギー保存則>

$$\frac{1}{2}mv^2 = mgh$$

衝撃を受けて得た運動エネルギー

高さh上昇するのに必要な位置エネルギー

θ　転倒に至るときの角度

θとhの関係はベンチの形態により定まる

図11　獲得する運動エネルギーと転倒に必要な位置エネルギーを比較

切の施工をしておらず「置いているだけ」のベンチである。利用する人数は常に変動し，座り方や使い方もさまざまで，転倒を伴った事故が起きぬよう細心の工夫がなされている。

転倒現象は，隣り合う2本の脚を結ぶ直線を軸にした回転と捉えた場合（図10），全体重心が回転軸を超えることにより生じる。人間のアンバランスな座り方によるモーメントは，定量評価が容易でベンチ自体を重くすることで十分抵抗できる。問題は衝突などのトラブルによる転倒だ。重心位置は回転軸周りの円軌道を描くため，回転軸を超える際の重心はベンチ形状に応じた高さh_0だけ上昇する。つま

図12　工場で仮組された1.5m幅での三連状態の土管

り，ベンチは転倒する直前に，その高さ分の位置エネルギーmgh_0を獲得しておく必要がある（図11）。人や物とベンチとの衝突による運動量（ガラスメーカーなどが公表する実験結果）によって，ベンチに生じる運動エネルギーが転倒に必要な位置エネルギーを上回らないようにすれば，転倒は生じないというのがこのベンチの構造原理である。mやh_0が大きいほどこの不等式を満たしやすく，h_0はベンチの曲がりが急なほど大きくなる。さまざまな高さを有することがこのベンチの魅力でもあるが，背の高いベンチほど安定性を高めるために曲がり具合を大きくするなど，構造原理に基づきながら巧みにデザインされている。

ぼよよん土管（意匠：青木淳，構造：大野博史）

岡山にて開催されたアートイベントのインフォメーションブースを遊具として利用したもの（図13）で，スパン6.66m（一部3.7m）・奥行4.5m・高さ約3mの鉄板造チューブ3体からなり，計画当初より「ぼよよん」と揺れることが求められた。

計画敷地は住宅地に近く，短い設営時間が求められ，現場での作業を省力化するための形態や素材，接合方法が検討された。一般的には軽量である方が製作・運搬・設営への効果が高いため，当初は2.3mmの薄鋼板にリブを付け，剛性を与えることが考えられたが，大きな薄板は自重でも変形が大きく工場内での扱いづらさもあり，溶接に対する施工性にも配慮し9mm以上の鉄板を用いることとなった。

「ぼよよん」と揺れるには，ゆったりと大きく変形することが必要だが，その大変形時にも簡単に塑性

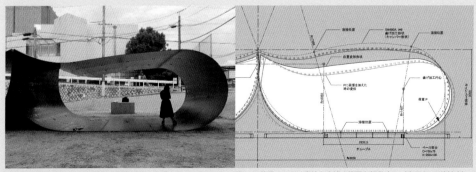

図13　9mm鋼板による水滴型の土管（チューブ）　　　　図14　荷重Pにより青線と赤線の範囲を振動する（変形を20倍拡大）

図15 ゆるぎ石の全景

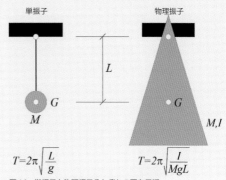

$$T=2\pi\sqrt{\frac{L}{g}} \qquad T=2\pi\sqrt{\frac{I}{MgL}}$$

図16 単振子と物理振子それぞれの固有周期

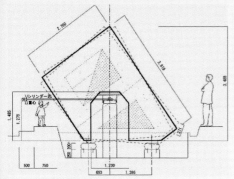

図17 ゆるぎ石の断面図

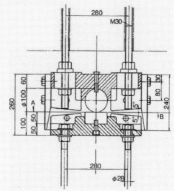

図18 支点ディテール

化しないこと（低剛性かつ高強度）も求められた。6.66 m スパンの単独のチューブは，自重のみでもスラストによって沈み込むように大きく変形してしまう。しかし，チューブ同士をその接点で連結すればスラストに対する抵抗力が増し応力も変形量も小さくできることに着目し，単独のチューブを成立させるために 16 mm の厚みが必要だったものを三連とすることで9mm厚にまで減らすことに成功している。

最終的には，奥行 4.5 m の各チューブは 1.5 m ずつに 3 分割され（図12），工場にて自重変形量を考慮したキャンバー（むくり）を含めた状態で製作された後，トラックで 1 体ずつ現場に運び込まれた後ボルト接合されている。キャンバーを付けた形状のままでは運搬できないため，低剛性の特徴を活かして運搬時には荷重を与えて背を低くして現場に運び込み，運搬後に荷重を開放し元の状態に戻している。完成したチューブは固有周期 1.4 秒程度で，中で遊ぶ子供たちの動きに合わせ確かに「ぼよよん」と揺れる不思議な土管となった（図14）。

ゆるぎ石（彫刻：半田富久，構造：川口衛）

「科学万博−つくば'85」の展示物として作られたもので，現在もつくばエキスポセンターにて屋外展示されている重さ約 350 kN の巨大な石の彫刻である（図15）。ゆるぎ石とは本来，自然界の中にある巨岩が一点支持的に絶妙なバランスで釣合を保っている（中には人が触れると実際に動くとされている

ものもある）もので，人間はそうした不思議な感覚を与えてくれる自然の営みに大いに関心を寄せる。その自然界のゆるぎ石に見立てた巨大な石の彫刻を，人の手で動かす不思議な体験を可能にすることが求められた。ここでは，「物理振子の原理」が用いられている。物理振子は釣合状態からの回転移動に対し，自重を復元力として周期運動するものだが，いわゆる単振子が振子の長さ L によりその固有周期が定まるのに対し，物理振子は回転中心と重心までの距離 L，質量 M および慣性モーメント I によりその固有周期が定まる（図16）。

とてもゆっくりと動くためには，重心と回転中心の距離 L が小さくあればよい。回転中心に向かって押さない限り回転運動は生じるため，回転軸周りの摩擦抵抗力を上回るモーメントを与えられさえすれば，子供の力であっても物体を動かすことができる。それらを総合的に考え，重心直上にピン支点を設けるディテールが考案されている（図17，18）。この作品では，L を 30 mm と短く設定し，13 秒という非常に長い周期が与えられている。ピンディテールには，地震時にずれ落ちないよう，回転は許すがストッパーが設けられており，また，共振などによる振幅の増大に対し，水面下にゴムタイヤを設置し，ショックアブソーザーとして機能させる（図17）など，常設の屋外展示物としての安全性にも細やかな配慮がなされている。

第4章
中部

● 071,072,073
● 074
● 075
077 ● ● 079
078 ●
● 086
● 088
● 087
089 ●

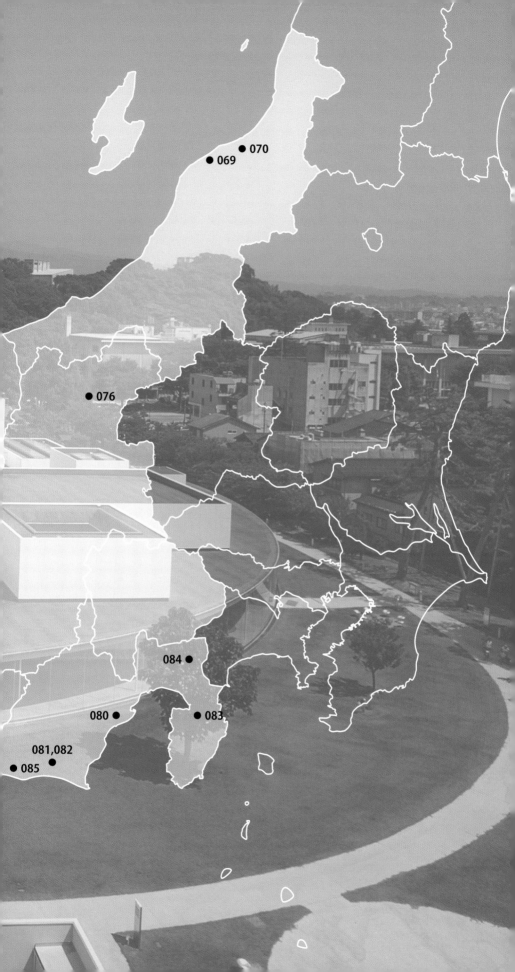
● 070
● 069
● 076
● 084
● 080
● 083
081,082
● 085

潟博物館・遊水館
Lagoon Museum・Yusuikan

らせんの通路が特徴となっている潟博物館の外観

円筒形の室内プールの中に通路が貫通された遊水館

潟博物館の 1 階から 3 階の内観

遊水館の室内プールに貫通した通路

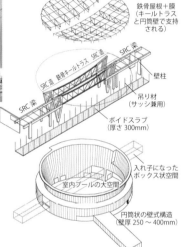

鉄骨屋根＋膜（キールトラスと円筒壁で支持される）

壁柱

SRC 梁

吊り材（サッシ兼用）

ボイドスラブ（厚さ 300mm）

入れ子になったボックス状空間

室内プールの大空間

円筒状の壁式構造（壁厚 250～400mm）

適材適所の構造による遊水館の構造システム

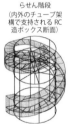

らせん階段（内外のチューブ架構で支持される RC 造ボックス断面）

6F 5F 4F 3F 2F 1F B1

内側チューブ架構　外側チューブ架構　らせんスロープ

耐震壁と斜め柱が積層された潟博物館の構造システム

二つの円筒形の建築

　ともに潟を保存した自然公園内の建築で，潟博物館は重層建築，遊水館は大空間建築である。構造システムと材料のハイブリッド化が共通点である。

潟博物館におけるハイブリッド

　主体構造は，内周チューブ，外周チューブと呼ばれる二重の円筒状の柱・梁フレームがあり，内側には展示室が設けられ，内外のフレームの間にらせん階段が設けられ，外周チューブから外側にスロープが持ち出されている。チューブの直径は，内径が11.2 m，外径が 16 m である。

　各階の構成は大きく異なり，1・2 階は外周チューブの多くは壁で構成され，3 階は外周が開放され，4・5 階は展示室の外周に壁が設けられ，6 階は外周スロープが内部と一体化されている。

　閉鎖された壁を RC 造の耐震壁として用い，開放的な階では SRC 造の斜め柱とすることで，耐震壁とブレースとを積層した構造として剛性の急変を避け，デザインと構造の融合が図られている。この結果，外周チューブは 1・2 階は 6 本の柱で，4 階から 6 階は 12 本の柱，3 階と 6 階はそれぞれ斜め柱となる。

　スロープは，SRC 柱と取り合う鉄骨の片持ち梁の上部に RC スラブが設けられた。4 階から 6 階までは柱本数が増え，片持ち梁を多く配置することで，梁せいを減らして薄いスロープを作っている。

遊水館におけるハイブリッド

　遊水館は直径 34 m の室内プールであり，プールの空間に自由に歩行できる通路が貫入された。通路はプールの上空 3 m の高さに位置し，RC 造のボイドスラブが用いられて，上部の鉄骨キールトラスより吊り下げられている。一方で，プールの外周は RC 造の壁式構造とされ，キールトラスと壁式構造の取合い部分は SRC 造となり，外部の通路を支える梁も SRC 造となる。屋根は外周の RC 壁とキールトラスで支えられた二つの半円形の構造で，短手方向に鉄骨トラスを架け渡し，上部に膜屋根が配された。

所在地・竣工年：新潟県新潟市／1997 年
建築設計：青木淳建築計画事務所
構造設計：金箱構造設計事務所
構造形式：潟博物館：SRC 造ラーメン構造
　　　　　遊水館：鉄骨トラス構造，RC 造壁式構造

カトリック新発田教会
Catholic Shibata Church

日本大工の高い技術で，丸太を光付で組んだ架構

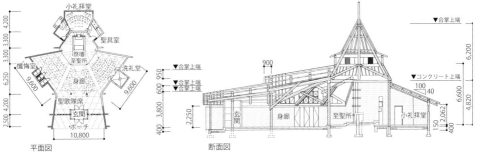

平面図　　　　　　　　　　断面図

レーモンドの木造建築

　アントニン・レーモンドは，初期の軽井沢聖パウロカトリック教会（1935年）や後期の聖ミカエル教会（1960年）など，丸太の架構を化粧現しにし，近代において，伝統木造とも近代木造とも異なる新しい木構造を生み出した。時代によって様式が少しずつ変化していくのも，レーモンドの木造建築において興味深い点である。カトリック新発田教会は，レーモンドにとって木造の集大成といえる作品である。

カトリック新発田教会の構成

　六角形の祭壇を中心にして，大小の諸室が扇状に取り付く異形プランである。建物外周は，レンガを型枠にして中空部に鉄筋コンクリートを構築した壁が軒レベルまで立ち上がり，丸太の屋根架構を支持している。台形平面の身廊上部は，三つの切妻屋根が中心の祭壇に向かって登るとともに，祭壇上部は六角錐形の尖塔が立ち上がり，高窓から降り注ぐ光によって静謐な礼拝空間を創出している。

徹底的に丸太を用いた架構

　垂木を除いて，あらゆる部材にスギ丸太が使われ

ている。主架構は，2本の谷木φ40cmと祭壇隅部の2本の独立柱をφ30cm方杖で固めたフレームである。この主架構は，屋根の支持のみならず，レンガ壁とともに水平力も負担する。谷木は一端では尖塔脚部を対角方向に固める放射状の梁となり，もう一端は外壁に支持される。切妻屋根の棟木に相当する材は存在せず，2本の谷木間に設けた梁φ40cmを支点にし，直交方向の跳ね出し梁φ22〜24cmで棟を支えている。尖塔は，急勾配の隅木と対角方向の梁でトラスとして安定させており，六角形のリング効果は期待していないようにみえる。

　丸太同士の接合部は，自然の丸味に合わせて隙間なく密着させる「光付（ひかりつけ）」を多用し，ボルトも併用している。レーモンドは不揃いの丸太を精度よく加工・組立を行う，日本の大工技術を非常に高く評価していたという。

所在地・竣工年：新潟県新発田市／1965年
設計：アントニン・レーモンド
構造形式：木造方杖構造

金沢21世紀美術館
21st Century Museum of Contemporary Art, Kanazawa

外観全景　円盤のような街の交流スポット

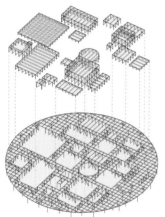

構造アクソメ

施工時全景

円盤のような形の街の交流スポット

　この建物は古い歴史を持つ金沢市内の中心部に建ち，アートと建築，さらに街と美術館の理想的な関係を示した新しい21世紀型の美術館として国際的にも高く評価されている。軽やかで透明な鉄とガラスの建築を特徴とするSANAAの代表作であり，ミース流のモダニズム建築を継承し超越する現代建築として評価され，ヴェネツィア・ビエンナーレ金獅子賞やプリッカー賞などの受賞理由の一つとなっている。

　コンペの時点から，気軽に立ち寄れる市民や地域に開かれた美術館を目指して，360°どこからでもアクセスできるように直径113mのガラスの外観を持つ円盤のような形を提案。誰でもアプローチできる四つのエントランスと無料の交流ゾーン，明るい光庭，円の端から端までを見通せる廊下，円形内に分散配置され自由に回遊できるさまざまな大きさの展示室ゾーン。平面の全体が有機的につながり，訪問者は公園にいるような開放的でリラックスした空間体験が楽しめる。

軽くて透明な建築表現と構造デザイン

　SANAA建築の特徴である無重力感や軽さと透明感を端的に現すのが，極限まで薄い屋根と細い柱で構成された鉄とガラスの建物である。円盤状の屋根は1.8mの積雪荷重に対応するために200mmせいのH型鋼，6mm厚の鋼板，100mmのコンクリートからなるミニマルな合成梁の格子梁構造とし，その屋根を支えるために直径85〜110mmの無垢の鉄骨柱が最大スパン9mとしてランダムに配置されている。一方，展示室を構成する壁の内部には鉄骨ブレースがバランスよく組み込まれ，見えない部分で地震荷重を負担している。かくして細い柱以外の構造体は視覚から消失し，開放的な交流ゾーンは細い柱とガラスによる自由で透明感のあふれる建築空間になっている。また，薄い屋根構造とすることによって，円盤状の建物外観もシャープで軽やかな印象となっている。

所在地・竣工年：石川県金沢市／2004年
建築設計：妹島和世＋西沢立衛／SANAA
構造設計：佐々木睦朗構造計画研究所
構造形式：鉄骨構造

もてなしドーム
Motenashi Dome

400年建築を目指しながら実現した金沢を訪れた人々を出迎える透明なアトリウム空間

球形をT形に切り取った形状

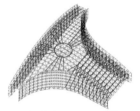
放射型張弦梁とスケルション構造

鼓門

第
4
章
─
中
部

駅前に差し出されたもてなしの心

　金沢を訪れる多くの人々は，ハブ機能をもつ金沢駅を拠点にそれぞれの目的地に向かって出発する。北陸地方特有の変わりやすい天候は，時に訪問者に厳しい表情を見せることも少なくない。金沢駅東口に降り立つと，半屋外の温かい光に包まれたガラスドームに迎え入れられる。急な雨風や降り積もる雪もしのぐことができるこの大きな傘は，訪問者に差し出された金沢の「もてなしの心」である。

「もてなしドーム」の設計条件

　もてなしドームの設計条件は，「いつまでも変わらない美しい屋根と明るく開放的な空間を実現すること」である。この与条件に対して，長期的な美観と高い耐久性の確保を可能とする，アルミ合金を主材とした立体トラスを採用している。目指したのは「400年建築」である。しかし，最大積雪量1.8mであるこの地において，半径90mの球より切り取った形状をもつ巨大な傘を，規格化した部材断面による立体トラスのみで実現することは，経済性と視覚的なバランスを欠いた架構となる。合理的な架構を

実現させるための，何らかの工夫が必要であった。

採用されたハイブリッド構造

　もてなしドームでは，まずトラス屋根の合理化と積雪荷重に対する剛性と耐力の確保を目的に，立体トラスに放射型張弦梁を組み合わせたハイブリッド構造としている。

　次に，水平荷重に対しては，壁面の立体トラスを耐力壁とした壁構造で抵抗する。ただし，T形平面の縦軸先端には大きな開口部があり，他の構面と比較して水平剛性が小さい。そのため，この部分は水平剛性の補剛を目的に，ハの字形のブレースと張弦梁を組み込んだスケルション構造とした。

地域に愛され続ける建築を目指して

　世界の美しい駅10選にも選出された「もてなしドームと鼓門」は，いまや金沢を代表する名所の一つである。その印象的な姿は，訪問者に金沢の伝統と技術の記憶を呼び戻してくれる。

所在地・竣工年：石川県金沢市／2004年
建築設計：トデック・釣谷共同体＋白江龍三
構造設計：斎藤公男＋構造計画プラス・ワン
構造形式：立体トラス（アルミ）構造＋放射型張弦梁＋スケルション構造

金沢海みらい図書館
Kanazawa Umimirai Library

外観　パンチングウォールと呼ばれる GRC 製の外壁には 6,000 個のガラスブロックがはめ込まれている

四方の壁面から柔らかい光が入る 2 階開架室

建方時の 2 階開架室の内観

細柱柱頭部の十字梁の吊り込み　竹トンボを差込むようなディテールで柱頭をピン接合にしている

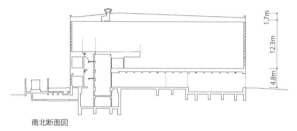

南北断面図

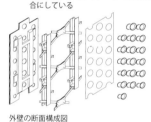

外壁の断面構成図

建物概要

　本建物は金沢市の公立図書館で，一辺が 46 m，高さ 19 m の大きな白い箱のような外観と，高さ 12 m の大きな気積をもった開架閲覧室のワンルーム空間が特徴的である。内外壁は丸孔をあけた GRC パネルに 6,000 個のガラスブロックがはめ込まれ，四方の壁面全体から光が柔らかく入るように設計されている。

架構計画

　架構は，鉄骨造の純ラーメン骨組と外殻のブレースで構成される。10.2 m 間隔の直交グリッド上に配置されたラーメン架構を，ケーキの箱のような外殻ブレースフレームが覆う入れ子状の構造である。地上部の 1 層半の床の鉛直荷重と水平力は，過半を内部の純ラーメン架構が負担し，大屋根に覆われた 2 階以上の開架閲覧室では基本的に内部の細柱が屋根の鉛直荷重を，外殻ブレース構面がほぼすべての水平力を負担する。開架閲覧室内の柱は φ298.5 mm，厚 40 mm のシームレス鋼管で水平力からほぼ解放されているため，積雪時の荷重に対する座屈耐力を確保したうえで必要最小の断面寸法となっている。

25 本の柱は，まるで天井から垂下した丸い棒のようにも見える。外壁の丸窓は壁面全体に均質に散開するため，最も丸窓の配置の自由度が得られるように，業平格子のような浅く寝た斜め格子のパターンが選択された。外殻は建物の外周に約 2 m 間隔で均等に並べた H 形鋼の柱（H-300×300×10×15 mm）を縦糸として，フラットバー（28〜32 mm 厚，125 mm 幅）の斜め格子ブレースが編み込まれている。縦に通した H 形鋼の柱は，ガラスブロックがはめ込まれた GRC の外装パネルを支持すると同時に，地震時の慣性力によって壁が面外に大きくはらむのを防いでいる。大屋根はゆるやかな勾配をもつ陸屋根で，タータンチェック模様に似たダブルラインの直交格子状に梁を配置し，交差部で細柱の柱頭部に設けられた十字梁がその梁を受けている。複線の格子梁にすることで，材 1 本当たりの曲げ応力が分散され，梁せいが抑えられている。

所在地・竣工年：石川県金沢市／2011 年
建築設計：堀場弘＋工藤和美／シーラカンス K＆H
構造設計：オーク構造設計
構造形式：鉄骨造

こまつドーム
Komatsu Dome

外観（屋根が閉じた状態）

外観（屋根が開いた状態）

内観（屋根が閉じた状態）

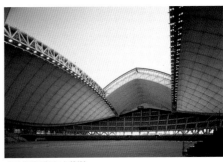

内観（屋根が開いた状態）

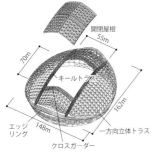

架構の構成

膜屋根の断面
テンションロッドを引き込んで張力導入している

施工中の膜屋根

第4章　中部

開閉屋根と架構の構成

　この開閉式ドームのコンペに挑んだ設計チームは，開閉屋根はシンプルで可能な限り大きいこと，積雪地方に建つドームとして雪対策を行うことを目指した。シンプルな可動屋根を実現するため，頂部から両側へ振り分けて開閉する上下移動方式とした。また，可動部の位置エネルギーを最小にするように，可動屋根の走行曲線を緩いカーブとした。これにより屋根面積が増え，大きな開口部（70×55 m）が確保された。雪に関しては，自然落下させることを基本とし，そのために屋根を二つ折りにした結果，祭りのときに女性がかぶる伝統的な編笠を彷彿させる形態が出来上がり，妻側の雪止めの形態と併せて古くからの良き伝統をもつ北陸地方固有の表情が表現された。コンクリート打放しによる外壁は約68°の角度で外側に倒れている。屋根架構は，開閉のレールを受ける2本のキールと，直交したクロスガーダーとで井桁状に組んだ構造になっており，大屋根の外周と外壁との境界部には，剛性の高いPC構造のエッジングを配し，キール端に生じるスラストを処理している。

自然滑雪する膜屋根

　膜屋根は，開閉屋根部分が一重膜，固定屋根部分が二重膜となっている。一重膜部分は透光率13％のPTFE膜，二重膜部分は内膜を透光率30％のPTFE多孔性膜，外膜を透光率16.5％のPTFE膜とし，一重膜と二重膜の輝度対比を抑えている。膜屋根の形状は滑雪性を考慮し，屋根勾配を25°以上とするとともに，V字溝形断面としている。膜の張力導入は，下弦材に取り付けたテンションロッドを内側へ引き込むことで行っている。これにより，屋根外表面から滑雪の妨げとなる押えケーブルを排除している。屋根はすべての部位で25°以上の勾配を確保しており，十分な雪対策を行えば，25 cm程度の積雪量で自然滑雪が発生し，膜面に多大な積雪が生じることはない。これらにより，多雪区域の膜構造でありながら，膜のスパンを6 mとすることができた。

所在地・竣工年：石川県小松市／1997年
設計：山下設計・大成建設
構造形式：開閉式膜構造

サンドーム福井
Sun Dome Fukui

建物外観　存在感のある屋根が特徴

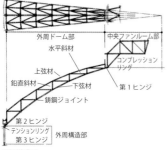
骨組構成図

外周ドーム部
中央ファンルーム部
水平斜材
上弦材
コンプレッション
リング
鉛直斜材
下弦材
第1ヒンジ
鋳鋼ジョイント
第2ヒンジ
テンションリング
第3ヒンジ
外周構造部

ストレスト・スキン構造のポケット

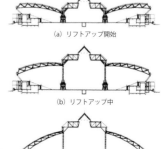
(a) リフトアップ開始

(b) リフトアップ中

(c) リフトアップ完了
パンタドーム構法によるリフトアップ計画

スペースフレームの交点には鋳鋼ジョイントが
使われている。スペースフレームの上弦材と斜
材はH形鋼とし、下弦材はスレンダーに見える
鋼管としている

建物内観　ドーム頂部の天窓から光が差し込む

鋳鋼ジョイントとガラス繊維膜の天井

はじめに

　サンドーム福井は地場産業振興を主目的とする多目的ホールである。コンサートなどのイベントにも利用され、今も市民に親しまれている。建築家は福井大学で当時教鞭をとっていた岡崎甚幸、構造は福井市出身の川口衞が担当し、地元の協同組合と協働して福井にゆかりの深い設計メンバーが構成された。

構造概要

　この建物は、最高高さがGL＋54.8m、直径116.1mの円形プランで、中央に直径85.6mのアリーナをもつ。壁収納型の電動可動席が設置され、6,000名の観客を収容できる。下部構造は鉄筋コンクリート造、屋根は複層グリッドのスペースフレームを用いた鉄骨造である。福井県や丹南地域のシンボルとなるこの建物の屋根が、周辺の広い地域にそびえ立つことを意識し、屋根の形はドームとなった。

堆雪型のドーム

　福井県は日本有数の多雪区域である。この大きな屋根で雪を地上に落とすとなると、雪の高さが10mにもなる。そこで、雪は屋根の上にすべて溜めて

おく設計方針がとられた。ドームそのままの形では、雪が滑り落ちてしまう。そこで、力学的合理性を保ちながら、雪を効果的に溜めることのできる3次元パターンが案出された。上下弦材をつなぐ斜材が水平面と鉛直面内となるように配置され、これらを稜線とする凹ピラミッド状の雪溜めポケットを作ったのである。ポケットはそれ自身が、積雪の荷重をスペースフレームの節点に伝達できるよう、リブ付きのストレスト・スキン構造とされた。

パンタドーム構法の適用

　施工においては、国内で2例目となるパンタドーム構法が採用された。屋根を折りたたんだ状態で低い位置に構造体を組み、油圧ジャッキでリフトアップするのである。リフトアップ期間中は、「サンライズフェスティバル」と銘打って現場見学会が催され、1万人を超える人々が見学に訪れた。

所在地・竣工年：福井県越前市および鯖江市／1995年
建築設計：岡崎甚幸、協同組合福井県建築設計監理協会
構造設計：屋根／川口衞構造設計事務所
　　　　　下部構造／協同組合福井県建築設計監理協会
構造形式：スペースフレームのドーム構造、パンタドーム構法

長野市オリンピック記念アリーナ エムウェーブ
Nagano Olympic Memorial Arena

軽快な木質ハイブリッドの半剛性吊り屋根が連なる圧倒的な内観

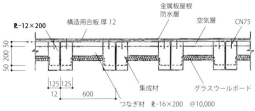

ハイブリッド吊り屋根の構成

力の流れ

第4章｜中部

大空間で気積を抑える構造形態「エムウェーブ」

通称「エムウェーブ」と呼ばれる本建物は，1998年に開催された長野冬季オリンピックの屋内スピードスケート場として建設された。スパン80 m，サグ5 m，幅18 mの円弧形吊り屋根（円弧半径 R=162.5 m）とそれを支える二重斜壁とでできる「M（エム）」字形が，「ウェーブ」するように高さ43.35 m，中央部から両裾野へ向かって段差3 mをもって段々と下りてくる。大空間となる屋内競技場では力学的合理性からドーム案となることがほとんどだが，巨大な製氷室である屋内スピードスケート場は気積を最小限に抑えるために，この特異な形態になったという。ポストとステイの役割をする二重斜壁は，構造的な見地からは考えられないほど内側へ深く傾斜している。

軽量なハイブリッド吊り屋根と支持構造

この形態にはただ一点，屋根反力によって二重斜壁の根元部に，大きな転倒モーメントを生ずるという力学的問題を孕んでいた。この問題を巧みに解決しているのが，吊り床版からヒントを得て考案されたハイブリッド吊り屋根の軽さである。

ハイブリッド吊り屋根は，主に引張軸力を負担する電炉製平鋼12×200 mmと，これを挟んでボルト接合により一体化する二材の長野県産カラマツ集成材125×300 mmで構成される。この吊り材を600 mmピッチに並べ，直張りした12 mm厚構造用合板で水平構面をつくっている。この構成によって一定の曲げ剛性を持たせた半剛性吊り構造により，押えケーブルも付加質量も要らないわずか厚み300 mmの極めてシンプルな軽量吊り屋根が出来上がっている。

支持構造は，吊り屋根が直接ジョイントされる鉄骨のポストとステイ，更に下部ではコンコースや客席をかたちづくるRC造の二重斜壁へと滑らかに素材が変化していき，重心を低く下げてスラストに抵抗する。また，鉄骨ステイから大きな引張力を受ける外側RC斜壁には常時荷重に見合うプレストレスが導入されている。

所在地・竣工年：長野県長野市／1996年
建築設計：久米設計，KAJIMA DESIGN
構造設計：久米設計，KAJIMA DESIGN
構造形式：半剛性ハイブリッド吊り屋根構造

Column F｜国内吊り構造作品にみるスラスト処理方法
Methods of resisting horizontal reaction force in suspended structures in Japan

a. バックステイ

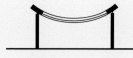

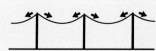
③軸力系構造を反復させてスラストを相殺する

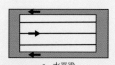
b. キャンチレバー
①剛強な下部構造にアンカーする

c. 水平梁
②境界に沿って閉じた水平梁，リングを設ける

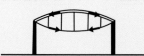
④横架材自体を張弦梁などの自己釣合型とする

図1　主なスラスト処理の手法

図2　市村記念体育館の圧縮リング

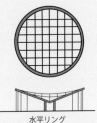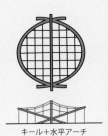
水平リング　　　　　　　キール＋水平アーチ
図3　二方向吊り屋根のスラスト処理

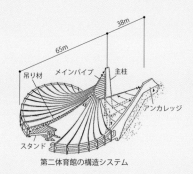
第一体育館の構造システム
第二体育館の構造システム
図4　国立代々木競技場のスラスト処理

軸力系構造に生じる水平反力（スラスト）の処理

　大スパンを構成する空間構造では，曲げ系構造の梁では必要な断面が大きくなりすぎ，構造体の自重が過大となって設計が難しくなる場合があり，軸力系構造がしばしば採用される。一方で，軸力系構造ではスパン端部の支持部材に軸力水平成分に相当する大きな水平反力（スラスト）が生じ，これをいかに処理するかも構造デザインの大きな要素になる。

　スラスト処理には，主に以下のような手法がある（図1）。
①剛強な下部構造にアンカーする。
②境界に沿って閉じた水平梁，リングを設ける。
③軸力系構造を反復させてスラストを相殺する。
④横架材自身を張弦梁などの自己釣合型とし，スラストが生じないようにする。

　ここでは，国内の吊り構造作品を時系列に沿って例示しながら，④以外のスラスト処理手法を紹介する。

水平梁，リングによる処理

　国内吊り構造の草分けであるブリヂストン横浜工場体育館（1960年，1985年に解体）では，一方向吊り屋

根のスラストを鉄骨水平梁により直交壁に伝達した。市村記念体育館（1963年，図2）では，二方向吊り屋根の境界に1対の傾斜アーチを繋ぎ合わせたリングを設け，スラストをリングの圧縮力として処理している。二つのアーチの繋ぎ目には，相殺しきれない反力を処理するための柱とバットレスが設けられている。パナソニックアリーナ（1965年）にも，同様のリングがみられる。

国立代々木競技場の複合的なスラスト処理

　国立代々木競技場・第一体育館（1964年，図4左）では，①②③の合わせ技によってスラストが処理されている。キール材となるメインケーブルのスラスト処理では，柱に鉛直反力を，斜めに設けたバックステイ材に水平反力を負担させ，バックステイに作用する張力の鉛直成分はアンカレッジ，水平成分は圧縮ストラットにより処理され，自己釣合系を構成している。メインケーブルから吊られた，半剛性吊り材と押えケーブルによる二方向吊り屋根のスラストは，メインケーブル側では相殺され，外壁側ではスタンド部分のスラブにより処理されている。

　第二体育館（1964年，図4右）にはメインケーブ

120

図5　群馬県立農業技術センターの下部構造（バックステイ方式）

図7　知立の寺子屋（下部鉄骨耐震コア）

図6　長野市オリンピック記念アリーナ　エムウェーブ（内側に傾斜したバックステイ方式）

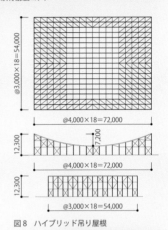

図8　ハイブリッド吊り屋根

図10　神奈川工科KAIT広場の下部構造（片持ち鋼板サンドイッチパネル壁）

図9　すさみ町大型共同作業場

ルがなく，吊り材張力は「メインパイプ」に集約され，主柱の片持ち構造で処理されている。

　第一体育館以降，キール材を持つ二方向吊り構造が複数作られており，岩手県営体育館（1967年）では，RC キールアーチ＋水平アーチ，笠松運動公園体育館（1974年）では，S 造の吊り構造によるキール＋PC 構造の山形水平梁，白竜ドーム（1992年）では，木造キールアーチ＋桁梁をアーチ状に湾曲させた水平梁により，スラストを処理している。

下部構造による処理

　高松国際スポーツパレス（1967年，1997年に解体）は国内一方向吊り構造の初期作品で，バックステイ方式が採用された。この下部構造によるシンプルなスラスト処理方法は，中だるみ形式の二方向吊り構造である大崎市民会館（1966年）でも採用されている。2000年前後には小径木材などを吊り材に用いた一方向吊り構造が多く作られ，幕張メッセ国際展示場 北ホール（1997年），中国木材名古屋事業所（2004年），群馬県農業技術センター（2013年，図5）でもバックステイが採用されている。この方式では，敷地に余裕がないとバックステイ材を配置できないことが問題となる。長野

市オリンピック記念アリーナエムウェーブ（1996年，図6）では，内側に傾斜したバックステイが採用されており，バックステイ部分が室内化され，敷地を圧迫していない。内倒れの支持材に生じる軸力は，上部を S 造，下部をPC 構造とした剛強な二重壁が負担している。知立の寺子屋（2017年，図7）では，吊り構造を反復させてスラストを相殺した上，室内の両端に S 造の耐震コアを設けることで，バックステイ材をなくしている。那須塩原市まちなか交流センターくるる（2019年）では，吊り構造の反復＋S 造片持ち柱の曲げによって処理されている。

下部構造＋屋根面の水平剛性による処理

　川口衞が考案した「ハイブリッド吊り屋根構造」（図8）では，屋根面を水平ブレースで補強しスラストを直交壁に伝達することでバックステイを不要としており，すさみ町大型共同作業場（旧称，1984年，図9）等の作品がある。

　神奈川工科大学 KAIT 広場（2020年，図10）は，基本的には鋼板サンドイッチパネル壁の片持ちでスラストを処理しているが，鋼板屋根四周に施されたリブ補強部分が水平梁のように壁を拘束し，壁の曲げを低減している。

みんなの森 ぎふメディアコスモス
'MINNA NO MORI' Gifu Media Cosmos

湾曲した屋根の断面形状が表現された外観

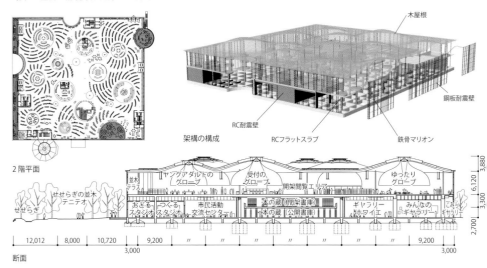

木屋根

鋼板耐震壁

RC耐震壁

鉄骨マリオン

架構の構成

RCフラットスラブ

2階平面

断面

建物の概要

　岐阜市の中心市街地に建つ図書館を中心とした複合施設で，1階は2層式の書庫，展示ギャラリー，多目的ホール，市民活動交流センター，2階は開架閲覧エリアになっており，約80×90 mの方形平面を緩やかな起伏を持つ木造の大屋根が覆っている。マウンドのように高くなった2階の天井からはファブリックによる「グローブ」が吊られ，壁のない天井高6 mのワンルーム空間に，多様な閲覧コーナーや受付カウンターなどの領域が作られている。

建物全体の構造計画

　1階は9.2 mグリッドに直径700 mmのRC円柱を配し，柱頂部に直径4 m，厚さ700 mmのキャピタルを用いたRC造のフラットスラブ構造である。2階床は厚さ450 mmの球体ボイドスラブで書架エリアを支持し，多目的ホールや展示室の広い空間の上部は，鉄骨梁を設けてロングスパンに対応している。2階はRCキャピタルから立つφ190.7の鉄骨柱が平面計画や屋根の形状に合わせて配置され，外周部は1.2～2.4 mピッチに設置されたT型の鋼製マリオン

柱によって，木屋根全体を支持している。

建物全体の耐震計画

　1階は地震力など建物に作用する水平力に対して，その約95%を建物内部に設けた厚さ200～500 mmのRC耐震壁が負担する。2階は外周部に位置する厚さ9 mmの鋼板耐震壁によって，作用する水平力を負担する。鋼板耐震壁は頂部で木屋根を支持し，脚部は基礎梁に接続されて，鉛直力および水平力を伝達する。鋼板耐震壁と2階RCスラブとの接合は面内方向のルーズジョイントを設けて，面外方向のみの拘束としている。これにより2階床の鉛直荷重，および地震力が作用した際に鋼板耐震壁の面内方向に水平力が作用しないよう計画している。

木屋根の構造計画

　屋根は，最大スパン約19 mの木造三角形グリッドシェル構造である。木屋根は幅120 mm×厚さ20 mmのラミナ材（ヒノキ）を，約920 mmピッチで三方向に現場にて積層させていく。さらに，このラミナ材の間には飼木ブロック材を挿入し，これらをビスおよび接着材により一体化させ，強度および剛

2階は緩やかな起伏をもった木造グリッドシェルによる天井高6mのワンルーム空間となっている

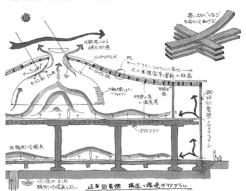

構造設計者の金田充弘氏によるスケッチ

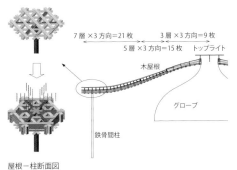

屋根ー柱断面図

性を発現している。さらに，最下層1層分は約460mmピッチでラミナ材を配置して，面外および面内剛性を高めている。屋根全体の約50％程度の面積が平坦部分を，それ以外はマウンド部分を構成しており，この平坦部分に鉄骨柱を設置し，木屋根を支持している。鉄骨柱近傍は，鉛直荷重による曲げモーメントが最大になるため，木材の積層数はラミナ材を21枚（7層）配置する。マウンド頂部に向かって，面外方向から面内方向へ応力が変化し，軸力が支配的になるため，応力に応じて段階的に積層数を15枚（5層），9枚（3層）へと変化させる。

木屋根の施工時応力の検討

　ラミナには，屋根の固定荷重や地震・風・雪などによる応力のほか，施工時の強制曲げによる初期応力が生じる。この初期応力は，屋根の平坦部とマウンド部の境界部分に最も集中する。そこで，施工時のラミナに作用する初期応力や変形について，いくつかのパターンで解析検討を行い，曲面の法線ベクトルに直交するラミナの配置が，強軸方向の初期曲げを最小限にする構成として選定された。

グローブの構造

　グローブは，ポリエステル製の三軸織物を裁断して作成したパーツを面ファスナーまたは縫製により接合し，φ10～20のGFRPロッド材を水平リング状に配置している。直径8～14m，合計11個のグローブは漏斗を逆さにした形状で，可動トップライトからの光を柔らかく拡散し，春・秋は自然換気による風の流れを生み出し，冬は床の輻射暖房で暖められた空気をため込むなど，室内環境を向上させる役割も担っている。

　本作品では，地元の豊富な森林資源を活かし，意匠・構造・環境の諸条件を調和させた空間が実現している。木屋根は小径短材のしなりを利用した集積方法で，大勢の地元の職人さんの参加によって作られている。工業化・自動化のグローバルな流れとは対極な，ここでしかできないローカルなモノづくりによる木屋根は，「みんなの森」の名前に相応しい。

所在地・竣工年：岐阜県岐阜市／2015年
建築設計：伊東豊雄建築設計事務所
構造設計：Arup
構造形式：RC造＋鉄骨造＋木造グリッドシェル

大垣市総合体育館
Ogaki City Gymnasium

外観　地域の代表的な施設の表情を RC シェル屋根のエッジで見せ，機能性をあわせ持つ

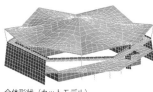

全体形状（カットモデル）

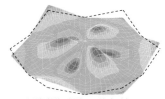

シェル屋根部分の振動モード（1 次）

内観　夜間も間接照明が美しく機能的

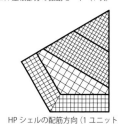

HP シェルの配筋方向（1 ユニット）

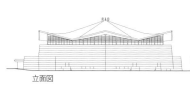

立面図

断面図（単位：m）

平面図（単位：m）

地域に親しまれる RC シェル屋根のアリーナ

　岐阜県大垣市にある総合体育館施設内の第一体育館で，地域企業の創業者による寄付を発端として建設された。本館ではバレーボール 3 面・バドミントン 10 面・テニス 2 面が可能で固定 1,200 席を有し，近隣のスポーツの中核施設として親しまれている。松岡理がシェル部分の構造設計を担当し，1981 年に中部建築賞を受賞している。

六角形のプランを基本とする組合せ HP シェル

　六角形のプランを基本とした RC シェル屋根を有する構造である。屋根は，放射方向に 6 本の梁の間を四辺形のプランを有する HP 曲面が覆う構造となっている。屋根面の周辺は縁梁で補剛され，梁位置では鉛直力とシェル屋根からの水平スラストが剛性の高い柱で支持され，HP シェルの各スパン中央の上端位置では主に鉛直方向が支柱で支持されている（縁梁の 6 頂点）。なお，一般部のシェル厚は 7 cm でシングル配筋である。

　六角形で交代する直線のエッジが特徴的な外観を有し，同時に RC シェル面の室内側をそのまま天井として利用することで，連続曲面に対する間接照明による美しい室内空間を醸し出しており，現在でも地域に親しまれて活用されている。

長期使用のための検討

　構造技術的には，通常の耐震診断に加えて詳細な振動特性の分析・評価が実施されている。具体的には，加振と微動測定および数値解析による振動特性評価に加え，地震応答の定量的な評価が試みられ，実機の大型の RC シェル構造物に対する定性的・定量的な評価が行われた数少ない実例でもある。

　実測による 1 次固有周期は 0.36 秒，全体 3 次元解析モデルによる数値解では 0.34 秒であり，その差は約 6％であることが確認され，1 次固有振動モードは，測定された位相と固有値解析結果から明確に同定された。振動測定結果から，減衰定数は約 2.0％と推定されている。このように，長期使用や保存の技術資料の先導にも有益な情報を与える事例である。

所在地・竣工年：岐阜県大垣市／1979 年
建築設計：岬建築事務所
構造設計：岬建築事務所，松岡理
構造形式：RC 組合せ HP シェル屋根を有する地上 2 階建

瞑想の森 市営斎場
Meisou no Mori Municipal Funeral Hall

自由曲面シェル外観全景

型枠および配筋状況

特殊型枠工法

第4章｜中部

自然に溶け込む曲面屋根

　岐阜県各務原市の公園墓地整備の一環として建てられた葬儀場である。浮遊感のある大らかな曲面屋根が人々を迎え入れ，葬儀の参列者はゆっくりと定められた動線に従って移動する。大らかな屋根形状は必要な天井高さを確保しつつ，そうした人の動きを包み込む一体的な空間として計画された。山並に調和する屋根は池に映り込み，建築が自然に溶け込む。安らぎや静けさの感じられる瞑想的な空間を作ることで建築を単なる幾何学ではなく，自然のシステムや有機的な物質の持つ原理に近づけようと試みているようである。

RC 自由曲面シェルの屋根

　この建物は大小四つの建屋のブロックの RC 耐力壁を主体構造とし，外周には鉛直荷重を支持する漏斗状の鋼管支柱（φ216，樋を併用）が約 20 m 間隔でランダムに配置され，その上部を一枚の連続した薄い布のような RC 造の自由曲面シェル（長辺約 80 m，短辺約 60 m，厚さ 200 mm）の屋根が覆っている。

　このシェルの形態デザインは同じ建築家と構造家のコラボレーションでたびたび採用されているもので，まず建築計画的な観点から設定された初期形状に対して，感度解析手法を用いてひずみエネルギーが極小になるような力学的に合理的な形態抵抗型の曲面形状を求め，そのフィードバックを繰り返すことで視覚的にも洗練された自由曲面シェルを実現するというものだ。

　この複雑な 3 次元曲面を滑らかに実現するために，ここでは 3 次元デジタルデータを駆使した特殊型枠工法が採用されている。それは 1 m グリッドに高さを定め，その高さを守る定規として工場で曲線加工した大引きを 1 m ピッチに配し，その上に 250 mm ピッチに根太を配して曲線群を作り，最後に幅 150 mm の型枠用合板を根太に張り付けるという 3 段構成の型枠技術である。高度な日本の加工技術に支えられて，このように滑らかな曲面が実現しているのである。

所在地・竣工年：岐阜県各務原市／2006 年
建築設計：伊東豊雄建築設計事務所
構造設計：佐々木睦朗構造計画研究所
構造形式：RC シェル構造

静岡県草薙総合運動場体育館
Kusanagi Sports Complex Gymnasium

外周の柱は内部に露出し，天井面の木材と合わせて木質空間が生み出されている

外周柱の傾斜の変化によって外部の形態が決められている

断面的には斜め柱と屋根トラスによって構成され，平面構造としては成立しないが，外壁面の鉄骨ブレースにより安定を保つ

木造柱と鉄骨ブレースによるハイブリッド構造

　地元の木材を用いたアリーナをつくることが求められたプロジェクトであり，強度・剛性の低いスギ材を無理なく使うことが考慮された。86×46 mのアリーナと観客席を有し，屋根は長径約95 m，短径約55 mの楕円状の平面である。木材を軸力材として使用するため，外周の柱に用いられ，同じ長さの木造柱を45°〜70°に傾斜を緩やかに変えて配列させ，そこに鉄骨造のトラス架構を載せている。

　構成は断面図に示すように単純であるが，3次元的に壁面が変化することや，木材のクリープや接合部のめり込みの影響など，構造的な課題を克服する必要があった。壁面は集成材の柱に加えて鉄骨ブレースを全面に配して，全体の安定性や必要な剛性が確保されている。

　柱は地域産材の天竜杉の集成材が用いられ 180×600 mmの二丁合わせで，長さはすべて14.3 mの部材であり，高さ約4 mごとに水平方向に100 mm角の角形鋼管を二丁合わせとした繋ぎ材が設けられている。鉄骨ブレースは L-100×100 のアングルの二丁合わせの材が用いられ，水平方向の繋ぎ材とともにブレース構面を形成して木造柱の外側に配置されている。

　屋根は短手方向に架け渡した単純梁としての鉄骨トラス構造であり，屋根と壁との接続部は円孤上に配された鋼管が用いられている。

RC造の水平リングと免震構造

　柱が傾斜していることにより鉛直荷重によりスラストが生じ，下部構造でテンションリングを形成するために RC造の水平リングが設けられた。平面形状が楕円形であるため，水平梁にはリング状の引張力に加えて曲げモーメントが生じる。水平梁は幅約9 m，厚さ60 cmの RC造とされ，PC鋼線を配置してプレストレスが導入され，スラストによる応力に対してフルプレストレス状態が保たれている。

　水平リングは，観客席の火災源から集成材への燃え広がりを防ぐガードの役割や，免震層での基壇としての役割も有している。

所在地・竣工年：静岡県静岡市／2015年
建築設計：内藤廣建築設計事務所
構造設計：KAP
構造形式：木造＋鉄骨，免震構造

静岡エコパスタジアム
Shizuoka ECOPA Stadium

上空よりスタジアムとアリーナを見下ろす

構造システム図

森と丘に囲まれた有機的なシルエット

一本吊り工法による鉄骨建方

第4章｜中部

木をつくり，森をつくる―集積の構造デザイン

　豊かな自然環境と調和するようにイメージされた有機的な形態を，自然に構造化するために採用されたのが独立した天秤式キャンチレバー架構である。この独立した剛な平面トラス架構（56本）の跳ね出し長さを変化させながら，それらの間を柔な要素（ストリング，膜，アーチ）で埋めていくことで，有機的な屋根のウェーブを合理的に実現している。この波打つ形態は，メイン，バックとサイドスタンドが要求する建築計画とも一致している。1本の木が集まって森から丘をつくる「集積のイメージ」である。

天秤式テンセグリック構造

　ピン支承で支持された独立したトラス架構を，6種類のストリング（ケーブルとロッド）で安定化させることにより，自重とあらゆる外乱に対して抵抗させている。構造システムのポイントとして，第1に耐風ロッド（フロントスティ）を垂直に近い角度で設置して，その効率を高め，僅かな初期張力でテンション材を非抵抗圧化している。耐風ロッドの下部端末には，ばね＋粘弾性ダンパーも設置されている。

　第2のポイントは，鋳鋼ジョイントの均一化である。トラス架構の応力と部材が集中する4か所の部位に用いられた鋳鋼のそれぞれの鋳型を，56本すべてのトラスで共通して利用するために，跳ね出し長さの異なるトラスの形状を相似形としている。さらに，膜上面に配置される耐風押えケーブルは連続的に配置する，メンブレン（張力膜）は最大50×11mの1枚膜をアーチ上の中間部では無拘束で展張する，三角形トラスの上弦面の斜材を鋼板に置き換えて雨樋や施工時の足場を兼ねる，など細部に至るまでさまざまな工夫が施されている。また，軽量なトラス架構をピンが不要の回転支承とバックステイを利用して，トラス先端の形状（たわみ）制御を行いながら，無足場によるクレーン建方（1本吊り工法）を実現させるなど，システム，材料，ディテール，工法，維持，表現に至るまで，ホリスティックな構造デザインが行われている。

所在地・竣工年：静岡県袋井市／2001年
建築設計：佐藤総合計画，斎藤公男
構造設計：斎藤公男＋構造計画プラス・ワン
構造形式：RC造＋天秤式テンセグリック構造

静岡エコパアリーナ
Shizuoka ECOPA Arena

周囲の山並みと隣接するスタジアムとの調和を意識したアリーナの外観

バックステイがつくる軒下空間

キャンチトラスから明かりを取り入れるアリーナの内観

共鳴しあう構造デザイン

　広場を挟んでスタジアムと向き合うアリーナは，天秤式キャンチトラス，バックステイとともに，スタジアムと共通なデザインコードが貫かれ，それらをユニットとして構成し，全体デザインに繋げるなど，建築群として構造表現の統一感を持たせている。周囲の山並みの稜線と馴染む緩やかな曲面屋根の軒先は低く抑えられ，ロビーに面するガラスカーテンウォールで水平ラインを分節し，巨大感を和らげるヒューマンスケールに配慮した工夫がされている。構造形式としてはスタジアムと同様の天秤式キャンチトラス＋バックステイを両端に配置して，この中央に 72 m の張弦梁を組み合わせてスパン約 94 m を実現している。通常，長期荷重の変形制御から梁せいはスパンの 1/20 程度となるが，スパンに対し上弦材の梁せいが 1/94 に抑えられ軽量化が図られている。下弦材のケーブル張力にて変形抑制と応力低減も制御可能なのも，空間構造のシステムとして合致し有効である。

　変幻自在なレイアウトを可能として，多彩な室内競技からイベントまで対応する音環境の充実のため，上弦材は天井材に隠されているが，いかにスレンダーであるかの想像力が掻き立てられる。張弦梁の施工は，バックステイで姿勢制御された両端の天秤式キャンチトラス先端をガイドに，地組した自碇式の張弦梁をリフトアップして行われた。仕上工事には移動構台が採用され，仮設足場の省力などホリスティックな構造デザインが継承されている。

広場との一体化

　自然の地形と高低差を利用し，広場レベルの 2 階を入口とした。客席部へダイレクトに移動できるロビー空間は，ガラスカーテンウォールマリオンの三角形断面鋼管組柱と取り合う 2 本の上弦材によるシンプルな張弦梁が連続する。軽快で開放的な透明感の高い空間が，広場との一体感とスタジアムとの視覚的連携を高めている。

所在地・竣工年：静岡県袋井市／2001 年
建築設計：佐藤総合計画，斎藤公男
構造設計：斎藤公男＋構造計画プラス・ワン
構造形式：RC 造＋複合式張弦梁構造

天城ドーム
Amagi Dome

深い緑の山間に舞いおりた白い雲をイメージした外観

浮遊するストラットが印象的な内観

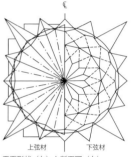

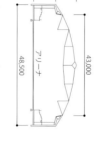

平面形状（左）と断面図（右）

第4章｜中部

深い緑の山間に舞いおりた白い雲

　打放しコンクリートの重厚な折板の上にのった白い膜屋根は，深い緑を背にして"舞いおりた白い雲"をイメージして計画された。初期の発想は，放射型フープ式張弦ドームであった。天井高さを確保するため，中央部の車輪型・張弦梁をその外側のリング状のテンション・トラスの上に載せる，シンプルで新規性のある構造であった。しかし，コンペの時のいきさつから，ビームをケーブルに置き換えることになり，張弦梁はケーブル・ガーダーとなるが，「二つの系の統合」のコンセプトは変わらなかった。浮遊するストラットが主役であることから，テンション・ストラット・ドーム（TSD）と名付けられた。

プレストレス導入とリフトアップ

　ケーブルと膜で構成された屋根部分は，スパン42m，ライズ6mの偏平なドーム形状である。上弦材，下弦材，テンションリング，束材，上弦材間に張られた膜材，膜面の谷部に配置された押えケーブルから構成され，上弦材と押えケーブルには構造用スパイラルロープ，下弦材とテンションリングにはPC鋼棒，束材には鉄骨が採用された。本構造は導入される初期張力のレベルにより，架構全体の応力・変形挙動や系の安定性が大きく左右される。このため，幾何学的非線形性を考慮した有限要素法を用いて，初期張力導入による釣合形状を求めるための形状解析，付加荷重に対する応力変形解析が行われている。さらに，新しい試みとして，「逆工程施工時解析」が行われた。

　TSDへのプレストレスの導入は，最外周の上弦ケーブル16本をバックステイ・ロッドを介してジャッキで引き込むだけで，すべてのテンション材に所定の設計張力が導入される方法が採用されている。この結果，テンション材はすっきりしたデザインが実現されている。また，テンション材の微妙な長さ調整や，膜の取付け作業をすべて地上で行った後で，仮設の外周リングを付けたTSDを一気に吊り上げるリフトアップ工法が採用されている。

所在地・竣工年：静岡県天城湯ヶ島町／1991年
建築設計：橋本文隆設計室
構造設計：斎藤公男＋構造設計集団〈SDG〉＋構造空間設計室
構造形式：RC造＋テンション・ストラット・ドーム（TSD）

Column G | 膜材料の特性を活かす構造方法
Structural method that takes advantage of the characteristics of the membrane material

図1　骨組膜構造インテックスプラザ（1985年）

図2　天城ドーム（1991年）

図3　先端ケーブル方式事例 東急江田駅ホーム上家（2009年撮影）

図4　押えケーブル方式事例

図5　ホルン型事例　BDS柏の杜（2006年）

図6　海外の軽量構造によるサッカースタジアム Wanda Metropolitano（2017年スペイン）

日本における膜構造建築物の法体系の変遷

　日本の膜構造の発端は空気膜構造である。1970年大阪万博で数多くの仮設空気膜構造が実現し，1988年に東京ドームができるまで，産官学が一体となって，膜構造の研究がなされ実現した。膜構造は当時の建築基準法第38条の特殊な材料・構法という取り扱いであったにもかかわらず，多くの建築家や構造家の興味を引き，多数の膜構造が建設された。1985年に施工されたインテックスプラザ（図1）は骨組膜構造だが，施工後38年以上経過した今も恒久建築物として現存している。地方にも多くの膜構造のドームができ（例えば図2），2002年の日韓ワールドカップでは，半分以上のスタジアムが膜構造であり，大空間の屋根は膜構造が当たり前のような風潮すらあった。しかしながら，同じ2002年の法改正で膜構造が告示化され一般化されたが，そこから膜構造を取り巻く環境は一変する。空気膜が告示範疇外，サスペンション膜と骨組膜は1,000 m²以下の規模制限が課せられた。ただし，支点間距離4 m以内など一定の要件がある屋根葺き材のような扱いができるものについては，規模が無制限になっ

た。これにより，1,000 m²を超える膜構造はほとんどが屋根葺き材のような構成になった。2006年以降では，10,000 m²を超える大規模膜構造はわずか3件程度で，いずれも告示に準じており，告示を超えて大臣認定を受けた膜構造も1〜2件程度しかない。そのため，本書に出てくる膜構造も2005年以前が21件ある一方で，2006年以降は4件しかない。法律が変わり膜構造が一般化し，身近になったメリットもある一方で，膜構造は屋根葺き材のように使用するものとされてしまい，本来の膜構造らしさが失われてしまうデメリットもあった。今後の告示改正を期待し，あるべき膜構造の姿を取り戻したい。

曲面膜の構成

　一方骨組膜においても，工夫をすれば膜らしい曲面も可能である。片持ち屋根の先端のみケーブルにした方式（図3）は，軽快で開放的，駅ホーム上家でもよく使用されている（ホーム上家は建築物でないため，支点間距離の制限は不要）。捩じれ面にも対応可能だ。押えケーブル方式（図4）も吹上荷重が支配的な日本における膜の曲面を構成する膜面形状として一般的であり，出雲ドームもこの形式であ

図7　海の中道海洋生態科学館（1989 年）

図8　横浜博覧会ゲート（1990 年）

図9　大阪プール（1996 年）

図10　ユニバーサルスタジオシティ駅（1998 年）

図11　新潟競馬場（1999 年）

る。膜面を点で突き上げるホルン型も，本書にも数件掲載しているが，BDS 柏の杜ではホルン型曲面膜が数万 m²に広がっている様子は壮観である（図5）。

膜材料の特性

膜材料は，軽い，明るい，やわらかい曲面が作れる，開放的，軽快，変形追従性が高い，軽いので地震に強い，落下に対して安全，引張材である，小さく運び大きく広げられる運搬性，施工性，低炭素，錆びない，仮設性，半屋外で快適，照明演出が可能，などの特性が挙げられる。

軽量構造としての膜構造

空気膜構造は特殊なので除外するとして，告示の支点間距離の制限をなくして考えれば，曲率や荷重に応じて 10〜25 mm 程度の大スパンを膜だけで飛ばすことも可能になる。それ以上のスパンや外周には，支持構造が必要になる。ここにケーブルを用いて，単にケーブル構造の仕上材としてではなく，積極的にケーブルと膜の張力バランスで膜面形態を作り上げ，そのケーブル特性をも活かすように骨組を配置できれば，それが軽量構造としての膜構造の特徴を最大限活かす構造になる。海外ではサッカースタジアムなどで，このような軽量構造の膜構造がワールドカップなどのたびに次々に完成している。非常に軽快で，開放的な膜構造ならではの空間を形成している（図6）。まだ，日本にこのような軽量構造の膜構造スタジアムは 1 件も実現されていない。しかし，1990 年代には本書に掲載されていないものでも，中規模ではあるが，より膜構造らしい軽量構造が実現されているので，その一部を写真で紹介したい（図7〜11）。告示化前の設計者たちの情熱は今見ても素晴らしく，現状トーンダウンが否めない。今後の告示改正も含め，もう一度原点に戻って膜材料の特性を活かしたダイナミックな膜構造が，より多く日本で実現されることを望んでやまない。純粋なサスペンション膜構造は，風荷重が大きい日本でやや難しい面もあるが，一方で骨組膜の設計は優れているとも言える。骨組とサスペンションを組み合わせたハイブリッド形式が，日本ならではの構造形式にあっているのかもしれない。屋根葺き材から脱却した日本式軽量膜構造が実現する日を期待したい。

倫理研究所　富士高原研修所
RINRI Institute of Ethics Fuji Education Center

L 字型平面に沿った外周の壁面とエントランスの外観

サロンと屋根架構

かませ材

ギャラリー架構ジョイント詳細図

PC による陸屋根と中庭側のガラスマリオン

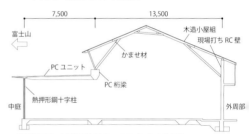

基準断面図　PC 桁梁は 22.5 m のスパンを支持する

建築と架構の概要

　富士山の麓に位置する研修施設である。エントランスホール，講堂，食堂などで構成される L 型平面の部分は，外周側は高さ 6 m の RC 壁が立つのに対して，内周側は中庭と一体感のある開放的なファサードとなっており，ヒノキ林と富士山を眺望できる。中庭側には 7.5 m 幅の陸屋根のギャラリーがあるため，13.5 m スパンの切妻屋根の架構は軒桁上で折れ曲がった非対称形になっている。棟には挟み繋ぎ材（陸梁），軒先は方杖を入れることで登り梁に生じる曲げを軽減している。トラス・アーチ（軸力系）と梁（曲げせん断系）が混在し，外周側は方杖による剛支持，中庭側はピン支持となるなど，支持条件・屋根形状の非対称性があるため，各部材の繋ぎ方によって応力状態と変形が大きく変化する。そのため，1 構面のフレームの節点位置をさまざまに組合せ，荷重条件下で解析を重ねることで，最適解となるフレーム形状が決定されている。

木造の架構と仕口

　宿泊施設を有する施設の一部に内装制限が適用さ

れ，木造の小屋組と野地板を難燃材料とする必要があったが，難燃処理の関係から材の長さは最大で 8 m が限界であった。そのため，一本の長い材を作るのではなく分割し，材の側面で接合する方式で接合面積を増やして力学的な応力伝達性能を向上している。また，材と材の上下の隙間にかませ材を入れ，くさびを打ち込むことで，接合部の固定度を高め，曲げ応力を伝達している。斜めの角度で接合する仕口の加工は，通常のプレカットとは異なる NC マシン（当時はまだ一般的でなかった）で行われた。

PC 陸屋根

　中庭に面する陸屋根面は，1.3×7.5 m のリブ付き PC 版ユニットを桁行方向に並べている。切妻屋根の支点である桁梁には，約 9,800 kN のプレストレスが導入されている。PC 版を支持する鉄骨柱は熱押形鋼による十字型で鉛直荷重を受けるとともに，木製サッシのマリオンとしての役目も果たしている。

所在地・竣工年：静岡県御殿場市／2001 年
建築設計：内藤廣建築設計事務所
構造設計：空間工学研究所
構造形式：鉄筋コンクリート（小屋組木造）構造

ROKI グローバルイノベーションセンター
ROKI Global Innovation Center

浮遊する大屋根の下のワンルーム空間　木構造とフィルターにより柔らかな光が降り注ぐ

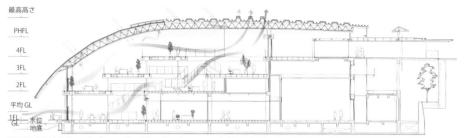

棚田状に配置されたワークプレースが，環境のグラデーショナルな変化を生み出す

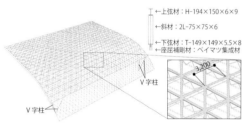

木と鉄によるハイブリッドトラス

低く抑えられた屋根は池側にせり出し，水辺を内部に取り込む

イノベーションを創出する空間

　自動車エンジンのフィルターを製造する国際的企業の研究施設である。施主も建築家も，革新を生み出すためには，研究環境自体が革新性のある場となる必要がある，との考え方で一致していた。バブル期に宅地造成されたまま打ち捨てられたひな壇状の本敷地を見たときに，池を俯瞰し大地と一体となったワンルーム空間がインスパイアされ，結果的にそれがそのままの形で実現することとなった。

浮遊するヴォールト屋根

　ふわりと宙に浮遊するヴォールト屋根を構成するのは，3.2ｍ間隔で斜格子状に配置されたハイブリッドトラスであり，上弦材はＨ形鋼，下弦材はＴ形鋼に，座屈補剛として木材を組み合わせて用いている。下弦レベルではさらに木＋鉄による補剛材が各グリッド中間に入るので，結果的に下から見たときには1.6ｍピッチの木格子が表れる。格子内天井面には自社製品であるフィルターが張られ，障子のように刻一刻と変化する柔らかな光が内部に降り注ぐため，年間の3割は昼間の人工照明が不要になるという。

　両端に向かってわずかに絞りこまれた3次元曲面のヴォールト上をトラスは斜行するため，随所に捩じれを吸収するためのきめ細かな操作が必要となる。木材は，職人が1本1本の表面を手作業で削り出すことで，わずかなひねりと曲げを加え，伝統工芸品のような細やかな精度を実現している。

　この屋根の下に，池に向かって棚田状にワークプレースを配置することで，光や温度，人と人との距離感がグラデーショナルに変化する半屋外のような内部空間を生み出すことに成功した。

イノベーションを生むもの

　伏せた屋根と浮遊する天井，鉄と木，伝統と革新。さまざまな二面性を巧みな操作で融合させている点が，この建物の最大の特徴なのかも知れない。一つ一つは“枯れた”技術でも，それらを絶妙に掛け合わせることで，新たなイノベーションを創出することは可能である。この建物はそのことを示唆している。

所在地・竣工年：静岡県浜松市／2013年
建築設計：小堀哲夫建築設計事務所
構造設計：Arup
構造形式：鉄骨＋木ラチスヴォールト構造

第4章｜中部

ナゴヤドーム
Nagoya Dome

多様な設計制約から導かれた薄く扁平な単層ラチスドームの外観

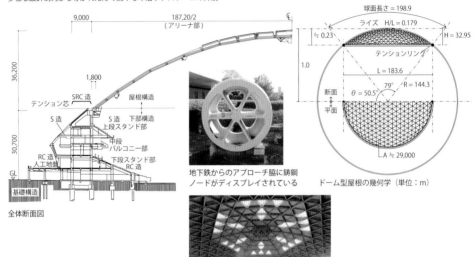

全体断面図

地下鉄からのアプローチ脇に鋳鋼
ノードがディスプレイされている

ドーム型屋根の幾何学（単位：m）

グリッドパターンを活かした内観とトップライト

鋼管による単層ラチスシェル構造

　ナゴヤドームは東海地方のシンボルドームとなるべく，野球の公式戦が行える収容人員約 40,000 人の屋根付き多目的会場として計画された。日影制限による高さ制限と，野球に必要な内部空間高さ 60 m を確保しつつ，地下の掘削を極力減らし，さらに部材数も減らす施工上のメリットも勘案し，梁せいの非常に小さい鋼管鉄骨単層ラチス屋根構造を採用している。

　無柱スパン直径 187.2 m の屋根には，イベントなどのための吊り荷重約 3,500 kN を支えるための剛性も要求されている。屋根ラチスは，全体が三方向グリッド分割で一つの節点に 6 本の部材が集まる。最小グリッドは一辺約 10 m の正三角形に近い二等辺三角形で，部材は φ650 mm の鋼管，板厚は中央部から外周エリアに向かって 19〜28 mm と厚くなっている。6 本の鋼管が出会う交点は，球形鋳鋼ノード（φ1,450 mm，高さ 749 mm）を介して溶接による剛接合で接続している。

　下部の主構造は，SRC 構造で，耐震壁を含むラーメン構造である。屋根施工をリフトアップ工法で行っ

たため，大梁を柱芯から 1.8 m 内側に跳ね出し，屋根架構のテンションリング（φ900×50 mm の鋼管）を支えている。基礎は杭基礎で，GL-30 m 以深の砂礫層を支持層とする場所打ちコンクリート拡底杭である。

昼光のコントロール

　内部空間は，建築面積 48,257 m² に対し屋根中央部の 5,000 m² には二重ガラスによるトップライトを配置しており，ロールスクリーンにより昼光の遮光・透光をコントロールすることができる。

非線形構造計算による安全性の確認

　梁せいの小さな単層ラチスシェルのドームは，座屈に対する安全性が重要になる。設計時には幾何学的非線形計算を用い，形状不整と座屈耐力・施工・温度変化・溶接の影響，固定荷重 3.15 kN/m²，最大積雪 0.5 m を偏載荷重を含めて検討している。地震用設計荷重は下部構造の R 階の応答を入力し，3 次元応答計算の結果を用いている。

所在地・竣工年：愛知県名古屋市／1997 年
設計・監理：竹中工務店，監修／三菱地所
構造形式：鉄骨造単層ラチスドーム構造

豊田スタジアム
Toyota Stadium

全景　４本のマストより吊られた屋根架構がよくわかる

鳥瞰写真

内観　膜を折りたたんだ可動屋根が見える

マストに用いられた鋳鋼接合部

第４章│中部

45,000 人収容のサッカースタジアム

　豊田スタジアムは 2002FIFA ワールドカップの試合会場とすることを念頭に建設されたサッカースタジアムであり，ラグビーの公式試合にも使用される。45,000 人の収容人数は，サッカー専用スタジアムとしては埼玉スタジアムに続き国内 2 番目の規模を誇る。4 隅に建てられた巨大なマストよりメインスタンド，バックスタンドの屋根架構が吊られ，宙に浮く特徴的な構造形式をもち，さらに両屋根間に開閉できる可動屋根が設けられるなど，難易度の高い構造形式となっている。

吊られた屋根構造と制振部材を有する支持構造

　屋根を懸垂する 4 本のマストはテーパー付き鋼管で製作され，吊りケーブルの取り付く接合部には巨大な鋳鋼部材が用いられている。マストの脚部には球座が設けられ，スタンドや屋根架構が水平変形を生じた際にも追従できるように固定されている。マストは少し外側に開くように建てられており，屋根先端のキールトラスをケーブルで吊り下げるとともに，その水平反力をスタンド架構背面に定着してい

る。屋根の水平移動はスタンド背面の V 字架構で固定されており，キールトラスとスタンド背面を弓型の鉄骨トラス梁でつなぐことにより，屋根架構が支持されている。メイン・バックスタンド屋根は金属で仕上げられており，その間に PVC 膜を張った蛇腹式の可動屋根が設置されている。メイン・バックスタンド屋根はケーブルの温度変化に伴う伸縮のために常に上下に変位しており，その間を移動する可動屋根はこれらの変位に追従できるよう設計を行う必要があった。

　スタンドを支える下部構造は一見，RC 造に見えるが鉄骨造であり，押出セメント板で鉄骨架構を仕上げたものである。正面に配された V 字型のブレースは座屈拘束ブレースであり，靱性の高い支持構架を実現している。放射方向には，スタンド内に X 字型に組み合わされた特殊な座屈拘束ブレースが用いられている。

所在地・竣工年：愛知県豊田市／2001 年
建築設計：黒川紀章建築都市設計事務所
構造設計：Arup
構造形式：鉄骨造

中国木材名古屋事業所
Chugoku Lumber Nagoya Office

木材が集積された下凸の吊り屋根が化粧現しになる事務室の圧倒的な内観

スパン 16 m をわずか 150 mm の厚みで
軽快に実現している

プレストレスで一体化された幅 3×長さ 16.5 m
のユニット 11 個を敷き並べる

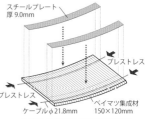

集積型木質吊り屋根構造の概念図

（概念図中ラベル）
スチールプレート
厚 9.0mm
プレストレス
プレストレス
ケーブル φ21.8mm
ベイマツ集成材
150×120mm

短工期の中での前例のない構造の実現

　日本最大の木材会社の名古屋事業所で，同社の主力製品である住宅用ベイマツ材（集成材，製材）を使った新しい木構造の提案が求められたプロジェクトである。設計 3 か月，工事 6 か月という極めて短工期の中，事務・展示スペースの 16×33 m の無柱空間を「集積型木質吊り屋根構造」という新しい仕組みによって厚さ 150 mm の薄さで実現している。

適度な柔らかさを持つ半剛性吊り屋根

　木質吊り屋根は 2 階屋根レベルを頂点とし，逆勾配にならない程度のサグで 1 階屋根まで架け渡されている。この吊り屋根は幅 120×せい 150 mm×長さ 3 m のベイマツ中断面集成材を隙間なくスパン方向に並べ，5 本の PC 鋼より線 φ21.8 で約 200 kN のプレストレスで圧着することで，幅 3×長さ 16 m のユニットを現場で地組製作している。このユニットを吊り上げて 11 体を並べ，スパン両端の支持構造に置くことで吊り構造が完成する。支持構造はポストに集成材，バックステイに鋼棒や平鋼を用いている。

　本構造で特に秀逸な点は二つある。一つは，木材の繊維直交方向の小さいヤング率と PC 鋼の剛性を使うことで，適度なサグ寸法を自重たわみによって作り出している点である。これにより，台形断面ではなく矩形断面の木材で湾曲形状をつくることができる。もう一つは，支持構造に連結されて吊り構造が成立した後は，一定の曲げ剛性を持つ半剛性吊り屋根として機能し，風の吹上げ時にも安定する点である。

　面外の曲げ剛性とユニット間の面内せん断性能を高める目的で，木材の天端の要所に張った 9 mm 厚の鋼板と内蔵の PC 鋼とで木材を挟んだサンドイッチ版として吹上げに抵抗するという，きめの細かい設計がなされている。吊り屋根と支持構造のジョイントは最終的にはピンとなるが，誤差吸収のために水平方向のルーズホールとし，形状決定後に溶接で固定している。

所在地・竣工年：愛知県海部郡弥富町／2004 年
建築設計：福島加津也＋冨永祥子建築設計事務所
構造設計：多田脩二構造設計事務所
構造形式：集積型木質吊り屋根構造

海の博物館
Toba Sea-folk Museum

博物館全景　伊勢志摩国立公園内の豊かな海と緑に囲まれた風景の中に，複数の建物が点在する

展示棟の内観

収蔵庫の内観

展示棟のトップライト

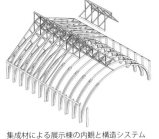

集成材による展示棟の内観と構造システム

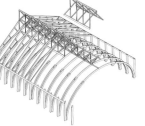

PCによる収蔵庫の内観と構造システム

収蔵庫の外壁軒下には，PC部材の定着の跡が見える

建築家・内藤廣の出世作

　建築家・内藤廣の出世作であり，設計を依頼された当時は若干35歳の若手建築家だった。提示された予算はバブル経済の真只中に始まった仕事でありながら，坪単価で40〜50万円。この極めて厳しい予算の中で，文化財の保存に耐える長寿命な建築を実現することが至上命題であった。

最先端の技術

　塩害が強い地域でローコストなため，屋根は5寸勾配の瓦葺きとすること，これが最初に決定された。一方，内部は収蔵庫や展示室という性格上，無柱のフレキシブルな空間としたい。構造を担った渡辺邦夫と議論しながら，収蔵庫はPC，展示棟は集成材を使い，日本的な外装とは裏腹に骨格部分は最新のテクノロジーを駆使した構造とすることが決定された。

　収蔵庫屋根は，屋根スラブと山形フレームを構成するリブが一体となったPCユニットを並べて構成される。山形の開きを抑えるための中央タイビームは，相対するユニット同士の中央部を連結し，リブ下側とともにわずかに曲率を付けることで，アーチ効果

を生じさせている。タイビームと山形フレームは半スパンずらして配置することで，接合部の集中を回避し，ポストテンションの導入を容易にしている。

　一方，展示棟は湾曲集成材によるアーチと山形フレーム，それらと直交する長手方向立体トラスのハイブリッド構造となっている。それまでの集成材建築にありがちな大断面による力任せの構造ではなく，応力と部材断面・ディテールを丁寧にすり合わせることで，ダイナミックなむき出しの骨格でありながら人間的な温かみのある空間となっている。

新しい時代の木造建築

　7年半をかけてこの建物が完成したころ，内藤は42歳，バブル経済はとうに弾けていた。無駄を徹底的にそぎ落とし実現したこの「素形」の建物はにわかに注目を集め，1993年の日本建築学会作品賞を受賞する。小国町民体育館とともに，日本の新しい時代の木造建築の方向性を指し示す金字塔となった。

所在地・竣工年：三重県鳥羽市／1992年
建築設計：内藤廣建築設計事務所
構造設計：構造設計集団〈SDG〉
構造形式：収蔵庫／PCアーチ＋タイビーム，展示棟／集成材アーチ

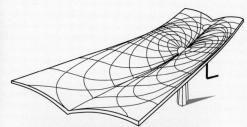

図1　トロハによるサルスエラ競馬場（左）とその主応力線図（右）

図2　HP曲面を用いたキャンデラの作品
上：ソチミルコのレストラン，下：サンタ・モニカ教会

図3　球殻シェルを用いたネルヴィのローマオリンピック小体育館

最適化前夜

　現在のような高性能のコンピュータがなかった時代においても，今の私たちを驚かせる空間構造の数々の名作が作られていた。それらは本書の姉妹書である「世界の構造デザインガイドブックⅠ」にて紹介されておりここでは割愛するが，トロハによる1930年代，キャンデラ，ネルヴィらによる1950〜60年代における作品は主にシェル理論と実験に基づいたものであった（図1〜3）。それらは計算を実行していく上での実用性から，部分円筒シェル，部分球形シェル，HPシェルなど幾何学的に明快な形態である必要があった。

　シェルは柱と梁で構成するラーメン構造よりも，より少ない材料でより大きな空間を覆うことができる。この事実は軸力抵抗系の方が，曲げ抵抗系よりも効率がよいという認識を私たちに与えた。そして，限られた材料（コスト）で最大限の効果を得ようという意味で，構造最適化と思想が近いと言える。

　ガウディの逆さ吊り実験（図4）やイスラーの石膏による吊り模型（図5）は，重力場における純引張状態を反転させることで曲げが発生しない純圧縮状態を得ようとする試みであり，発見的に軸力抵抗系の形状を求めようとしたもので，計算で形状を求めることのできなかった時代の形状最適化と捉えることができる。

構造最適化における形状最適化

　一般に構造最適化問題とは，設定されたコストの上限値に収まる中で構造性能を最大化する，あるいは，許容できる構造性能の下限値を満足する中でコストを最小化する問題として定式化される（図8）。

　機械工学や航空宇宙工学分野における最適化は，例えば平板などの連続体構造の境界の形状を変化させたときのさまざまな力学的性能の変化率と，数理計画法などを用いて最適な形状を求めること（形状最適化）を目的として発展しており，設計変数の変化に対する力学量の変化率を求めるための設計感度解析や形状感度解析に関して，1980〜90年代に多くの研究が発表されている。

設計ツールとしての形状最適化

　一方，建築分野の場合，ひずみエネルギーの最小化を指して最適化と呼んでいる場合が多く，一般工学分野ほどに最適解に対して厳密さを求めていない

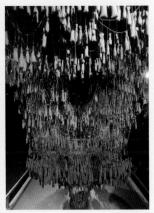

図4 サグラダファミリアにある逆さ吊り実験模型

図5 イスラーによる懸垂面シェル形状決定のための実験

図6 懸垂面 RC シェル屋根をもつイスラーによるダイティンゲンのガソリンスタンド

必要力学シリーズ5

構造形態の解析と創生

日本建築学会

図7 1999年刊行の『構造形態の解析と創生』

Maximize $z = 4x_1 + 6x_2$

subject to $2x_1 + 2x_2 \leqq 4$

$3x_1 + 6x_2 \leqq 9$

$x_1, x_2 \geqq 0$

目的関数 z の等高線

最適解 $(x_1, x_2) = (1,1)$ のとき $z = 10$

実行可能領域

図8 最適化問題の例

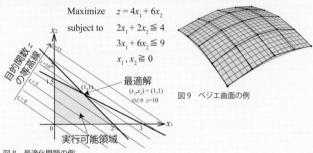

図9 ベジエ曲面の例

傾向がある。その要因として，例えば鉄筋コンクリートシェルにおいては形状最適化の実行だけでは設計を完了したことにはならない点が挙げられる。鉄筋コンクリートという複合材料は，剛性は等方性とみなせても強度は配筋次第で変わるうえに，曲げ強度は軸力に相関するため，方向別の配筋を形状最適化問題の中で考慮していくことは難しく，配筋は形状決定後に別途検討されることになる。また，建築の場合，大地震時の安全性を確保するため塑性変形能力を積極的に認める特徴があるが，弾性変形時のひずみエネルギー最小化で塑性変形能力を評価できるわけもなく，それも最適解形状を得てからの確認となる。建築家も提示された最適解形状を必ずしも受け入れるとは限らず，狙った最適解を得るように初期解の調整をするという恣意性を残した運用をしており，厳密さは重視していない。

曲面の記述──新しい幾何学表現の登場

コンクリートシェルの形状最適化が最初に注目を浴びたのは，Bletzinger and Ramm の論文[1]で，建築分野においてベジエ曲面（図9）でシェルをモデル化した最初の論文とされる。それまでのシェル＝幾何学的に明確なもの，というイメージを覆すものであった。ベジエ曲面やB-スプライン曲面など，滑らかな曲面形状をコントロールし表現する手法はCAGD（Computer Aided Geometric Design）という言葉とともに建築分野にも浸透していった。

形態創生へ

日本では 1995 年に日本建築学会においてシンポジウム『構造形態の解析と創生』が開催されたが，形態解析や形態創生という語は半谷裕彦によって名付けられたものだ。半谷は，形態とは形（かたち・形状）＋態（ありさま・システム）であり，形態解析＝形状解析＋システム解析であると言い，その3要素として，目標・理論・解析技術を挙げ，形態創生とは，形態解析を道具として新しい形態を作り出すことと定義した[2]。膜構造やケーブルネットなどの張力構造の設計では，エネルギー最小化や面積最小化（極小曲面）を目的に最適化手法が用いられるため，建築における最適化の研究は 90 年代中頃からは構造形態創生と関連した研究が多くなった（図7）。2006 年からは『コロキウム構造形態の解析と創生』が継続して開催され，建築構造物の形態創生の

図10 北方町生涯学習センターきらり

図11 工場で仮組されたトラスウォール型枠

図12 アイランドシティ中央公園体験学習施設ぐりんぐりん

図13 節点座標で精度管理したぐりんぐりんの型枠

図15 すばる保育園ホール屋根の進化過程

図14 すばる保育園 屋根の一部分のみに感度解析手法で決定したシェル屋根を有する

理論・技術に関する研究や，実際のデザインへの応用事例などが紹介され活発な議論が展開されている。

実作の登場とその後の発展——感度解析手法

　さまざまな研究を通して理論的に力学的合理性を伴った複雑な形状を導けるようにはなったが，いったいどのように施工するのか？　コストは？　建築として社会に受け入れられるのか？　といった不安が勝っている限りはそれら研究成果も絵空事で，社会に広く認知されるレベルの実作はなかなか登場しなかった。そのブレークスルーを果たしたのが，佐々木睦朗による一連の自由曲面シェル作品群である。最初に手掛けたのが，北方町生涯学習センターきらり（竣工 2005 年，意匠：磯崎新，構造：佐々木睦朗）である。ホールの所要室の高さに応じて意匠設計が求めるおおよその形状を出発点に，ひずみエネルギーに基づく感度解析により形状を最適化したものである（図10）。ここでは，トラスウォール工法を用いた型枠を採用している（図11）。これとほぼ同時期に造られたものが，アイランドシティ中央公園体験学習施設ぐりんぐりん（2005 年，設計：伊東豊雄，構造：佐々木睦朗）である。めくれ上がっ

た大地に見立てたコンクリートシェルが，旋回しながら三つの空間を作る複雑な形状をしている（図12）。ここでも建築家のイメージする初期形状に対し，感度解析手法を用いた形態解析を実施している。壁のように急角度で立ち上がる箇所では家具のような高精度の曲面型枠を用いたが，一般部は有限要素解析の節点座標を施工精度管理に利用した型枠（図13）だったため，必ずしも滑らかではない箇所が見受けられた。これら 2 作品では外周部にパラペットや雨樋が現れ，構造シェル厚に比して厚ぼったい印象となるなど，建築デザインとして若干の課題が残った。この段階は，意匠設計者も施工者もまだ手探りの段階にあったと言える。続く，瞑想の森市営斎場（2006 年，設計：伊東豊雄，構造：佐々木睦朗，125 頁）では，そうした課題を克服すべく，大引きに曲げ加工集成材を利用，根太は薄板を重ねて作らせ，非常に滑らかな曲面型枠が作られた。鉄骨柱の内部に樋を設け外周をフリーエッジとすることで，前 2 作よりはるかに洗練された美しい自由曲面シェルが誕生することとなった。豊島美術館（2010 年，設計：西沢立衛，構造：佐々木睦朗，186

図16　芥川プロジェクト

図18　カタール・ナショナル・コンベンションセンター

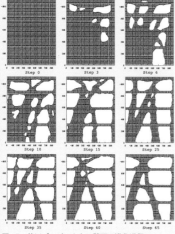

図17　芥川プロジェクト　壁面の進化過程

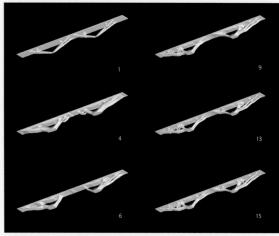

図19　カタール・ナショナル・コンベンションセンターの進化過程

頁）では，盛土を型枠としつつ，コンクリートを24時間連続打設し硬化後に土を排出するなど，徹底したシームレスの美しいシェルを作り上げた。

　感度解析手法は必ずしも屋根全体に適用せずともよく，すばる保育園（2018年，設計：藤村龍至＋林田俊二，構造：満田衛資）のように，一般部が厚さ18 cmの平板屋根でありながら，スパンと天井高さが必要な箇所のみ感度解析による自由曲面シェルを採用し，一体の連続屋根としてデザインするような事例もある（図14，15）。このように感度解析による形態創生という一つの手法に対しても，実作による効果を示すことで，わずか10年ほどの間で建築表現や工法は一気に進化を遂げた。

発見的手法──拡張ESO法のインパクトと停滞

　形態創生に関する手法には，感度解析のような数理計画法の他に発見的手法がある。代表的な手法として，GA（遺伝的アルゴリズム）や拡張ESO法などが挙げられる。それらの研究面では，GAについては1994年に大崎純[3]が，拡張ESO法については2001年に大森博司ら[4]が先鞭をつけた。拡張ESO法は，現在の応力状態を判断材料にして断面の付加や除却を行うことで形を更新し，よりよい形状へ進化させていこうとするものである。

　拡張ESO法の実作としては，国内では芥川プロジェクト（2004年，設計：風袋宏幸，構造：大森博司＋飯島俊比古）において，平面RC壁の形態創生が行われた（図16，17）。海外では大規模な立体的な実作として，上海の証大ヒマラヤセンター（2010年，設計：磯崎新，構造：佐々木睦朗）やカタール国立コンベンションセンター（2011年，設計：磯崎新，構造：佐々木睦朗）があり，ともに大屋根とその支持構造の設計に利用されている（図18，19）。ダイナミックでインパクトのあるデザインは形態創生ならではの形だが，日本国内での事例が続いていない。感度解析による事例は主に屋根や床に特化しており，底面の型枠製作技術を克服したが，拡張ESO法による三次元構造物はまだ施工面での難易度が高く，コスト面から積極的な採用になりにくいものと考えられる。しかし，現代の技術水準における施工性の善し悪しだけで形態創生の手法として劣ると考える必要はなく，建設用3Dプリンタやデジタルファブリケーションの充実など，施工技術の革新が進めば十分に活躍の場が期待される。

第5章
関西

● 093,094,095,096

● 090,091,092

● 105

● 100,101

104　103

● 097,098

● 099

● 106,107

102

MIHO MUSEUM ブリッジ
MIHO MUSEUM Bridge

アーチ形状の主塔からケーブルがハープ状に張られる
新しく開発された床版は透水性のある素材を適用

トンネルを抜けて橋を渡った先に美術館が見える

鋼管同士の接合部（相貫溶接継手）

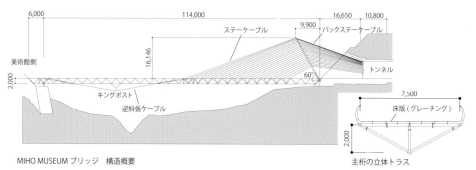

MIHO MUSEUM ブリッジ　構造概要

主桁の立体トラス

桃源郷の入口に位置する橋

　MIHO MUSEUM（建築設計：I. M. Pei）のコンセプトは，中国の古典にある物語から着想を得て仙境の楽園―桃源郷を現代に作ること。美術館へのアプローチは，まさにこの桃源郷の入口であり，トンネルのカーブをぬけて見えてくるこの橋を渡った先に美術館がある。

構造概要

　橋は，幅7.5 m，スパン114 mで，歩行者および電気自動車専用のパイプトラス斜張橋である。橋の主桁は鋼管で構成された逆三角形断面の立体トラスで，ケーブルによる主桁の支え方はスパンの途中で切り替わる。トンネル側では60°に傾いたアーチ形状の主塔からケーブルがハープ状に張られ，美術館側では主桁の下に配置されるキングポストを介して逆斜張ケーブルが張られている。このケーブル配置は，歩行者がトンネルから美術館へ歩みを進める際，視界が徐々にひらけていく効果を絶妙に作り出す。主桁トラスは3本の上弦材と1本の下弦材により構成され，鋼管サイズを細くするために厚肉の高

張力鋼管が使われている。鋼管同士の接合部には相貫溶接継手が採用されており，見え方がシャープになるよう余盛り寸法が厳しく管理された。主塔アーチの形状は，力の流れから決められたわけではなく，橋全体を調和する美しさの観点から任意に決めたとLeslie Earl Robertsonは言う。そして，トンネル抗口の断面形状は，バックステーケーブルの外形に正確に合うよう考えられて設計された。

透水性をもつ床版

　床版上の雨水の処理方法において，橋の下部にある地形の浸食を考えると，雨水をそのまま下へ落とすわけにはいかなかった。一方で，一般的な手法にならって設計した場合，排水パイプのサイズは構造材より大きな断面が必要とされた。そこで，Robertsonはステンレス製のグレーチングに空隙のあるセラミック粒を充填して床版に使用することを考え，新たに透水性のある床版が開発された。

所在地・竣工年：滋賀県甲賀市／1997年
構造設計：Leslie Earl Robertson，清水建設
構造形式：パイプトラス斜張橋

MIHO 美学院中等教育学校チャペル
Chapel in MIHO Institute of Aesthetics

外観　キャンパス中央での象徴性と Pei 氏デザインのフォルム

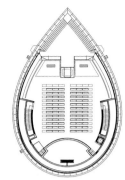

平面図　前面の大開口とトップライト

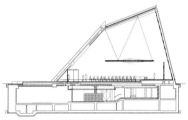

断面図　チャペルと地下部分

内観　チャペルの外部環境を取り込む開口部と木質による空間

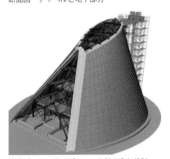

構造パース　施工プロセスを踏まえた検討

第5章｜関西

独特のフォルム

　滋賀県甲賀市に 2012 年建設された MIHO 美学院中等教育学校チャペルは，建築家・I. M. Pei のデザインによる 1 枚の自由曲面の壁状のチャペルである。フォルムは扇の地紙形をくるりと曲げて両端を合わせてできた形状を起点とし，構造体・建築仕上材ともに一枚の衣を纏うような薄いシェル形状を目指して実現された。シェルの外部は 51 枚の長さ 18 m の曲面ステンレスパネルで覆われ，内部は一枚ごとの形状が異なる 8,000 枚を超える吉野杉の曲面小幅板で構成されている。ティア・ドロップ形状の上部開口と正面の三角形状の開口部をガラスのスカイライトとカーテンウォールとすることで，チャペルとして必要な空間性を保つと同時に，美しい自然に囲まれたキャンパスを内部からも感じられる空間となっている。日本の高度な建設技術によって，実現された建築のデザインとディテールである。

RC 連続体構造の採用と構造設計

　構造計画に際しては，求められる静粛性と壁面の総厚さの増加抑止から，RC 曲面の構造体が採用さ

れた。建築基準法上の区分に当てはめられる適当な設計ルートは用意されておらず，大臣認定による時刻歴応答解析ルートで構造設計が実施された。

構造計画段階での検討

　当初，躯体には一枚の鋼板を曲げて構成する案が検討されていたが，音響上の視点から所定の効果を得るのが大変難しいとして除外された。次に，「単層トラス」案が浮上した。モデリング技術の進歩によりデザイン形状からの節点の座標の決定は可能であるものの，各部材の節点への入射角がすべて異なる点と必要製作精度の高さ，前面の切欠き部分近傍での曲げ応力状態が支配的に変化すること，壁面の内外装を取り付ける下地材による壁面の総厚さの増加をきたすことがわかった。最終的には，前述のチャペルに求められる静粛性も併せ「RC シェル案」での実施設計に決着した。建築としては I. M. Pei の遺作と考えられる。

所在地・竣工年：滋賀県甲賀市／2012 年
建築設計：I. M. Pei＋io Architects＋小笠原正豊建築設計事務所
構造設計：中田捷夫，髙見澤孝志／技術協力：武藤厚，加藤史郎
構造形式：自由曲面を有する RC シェル構造

神慈秀明会教祖殿
Shinji Shumeikai Oratory Hall

教祖殿外観

教祖殿内観

鉄骨建方中の状況

繋ぎ梁のジャッキアップ

ミノル・ヤマサキとの交渉

　神慈秀明会教祖殿は同団体の核となる礼拝堂として，米国の日系建築家，ミノル・ヤマサキに設計が委託されたものである。当初この建築はプレキャストコンクリート・シェルで計画されていたが，構造計画上の困難に直面し，坪井善勝に構造設計が依頼された。施主と合意されたデザインは60×90ｍの矩形平面より立ち上がった4本の弓型柱で支えられた繋ぎ梁より簾状の幕が吊り下って富士山状のフォルムを形成し，幕と柱の間はスリットを設けそこから光が差し込むというものであった。しかしながら，この形状は構造上極めて不合理であり，坪井の構造哲学とも相容れない。坪井は隅の弓型柱を2本に分離して，その間をトラスで繋ぎ全体を一体の閉じた箱状のラチスシェルとして構成する代案を携え，デトロイトでの交渉に向かう。しかしながら，ヤマサキは一晩の熟考の上，原案で実施することを改めて依願し，坪井は原案での構造計画に取り組むこととなる。

困難を極めた施工

　坪井の導き出した解決策は弓型柱および繋ぎ梁を鉄骨で構成し，ラチス懸垂面をそこから吊り下げ，弓型柱とのスリット部を通じユニバーサルジョイントを組み込んだ細いトラス材で接続し一体化するというものであった。施工はまず4本の弓型柱を支保

施工現場での坪井善勝

工に寄りかかるように立ち上げ，その間に繋ぎ梁をジャッキアップし，その後にラチス懸垂面を帯状に組んだ後，繋ぎ梁に向かって引き上げていった。屋根仕上げ荷重が加わるまではラチス材の全長が短く下部定着部に届かないため，施工中は水入りタンクを吊り下げることにより張力を導入し，施工の進捗に沿って水を抜き変形を調整していった。4本の弓型柱の足元はスラスト処理のためプレストレス基礎梁で連結し，径8ｍに及ぶRC杭で支持されている。

　デザインをめぐる建築家と構造家のやり取りをめぐる逸話が，興味深い名建築である。

所在地・竣工年：滋賀県甲賀市／1983年
建築設計：ミノル・ヤマサキ
構造設計：坪井善勝
構造形式：鉄骨造

京都駅ビル
Kyoto Station

細かいグリッドで繊細な部材で構成されたアトリウムの内観

東西の2か所に設けられた交差ヴォールト

地上45mの高さに設けられた空中経路

第5章｜関西

駅ビルにおけるアトリウムの位置付け

　京都駅は駅施設，文化施設，商業施設を含んだ巨大コンプレックスであり，中央に幅30×長さ200mのアトリウムが設けられた。アトリウムはコンコースを覆う鉄骨とガラスのシェルターであり，中央部のアトリウムと東西両側のキャノピーとからなり，それぞれ分離した構造となっている。

　中央のアトリウムの形態は，大小二つの円弧と直線の組合せで構成された変形のアーチ形状が東西方向に連続し，両端部では二方向のヴォールトが相貫した「交差ヴォールト」となっている。また，地上45.2mの高さに展望用通路が設けられ，アトリウムより吊り下げられている。

アトリウムの構造

　基本的には短手方向（南北方向）で支えられた鉄骨トラス造であり，駅前広場側では「ヤグラ」と呼ばれる鉄骨フレームで，改札口側ではホテル棟の地上31mのレベルで支持されており，エキスパンションジョイントがなく本体の建物と一体化されたことも特徴である。トラスの厚み，グリッドとも細かいことが特徴であり，小断面の部材をなるべく単純に繋ぎ合わせて繊細なトラスを作ることが目指された。長手方向は正方形グリッドの架構であるが，水平，鉛直方向に最小限の斜め材が配置され，局所的なトラスが形成されている。

　トラスを構成する部材はすべて一辺100mmの角形鋼管を使用し，応力に応じて板厚を4.5〜12mmに変えている。接合部は角形鋼管同士の相貫溶接が用いられた他，形状が複雑な箇所と応力の大きい箇所は鋳鋼が用いられた。

耐震設計

　地震時にはアトリウムと建物との連成の影響が考えられるが，建物の一次固有周期が1.4秒程度であるのに対して，建物を支持点とした場合のアトリウムの固有周期は0.24〜0.44秒と剛性が大きいため，本体の振動による励起はなく，むしろ本体の水平変位による強制変形の影響が大きいものとなった。

所在地・竣工年：京都府京都市／1997年
建築設計：原広司＋アトリエ・ファイ建築研究所
構造設計：木村俊彦構造設計事務所，協力／金箱構造設計事務所
構造形式：鉄骨トラス構造

京都タワー
Kyoto Tower

タワー全景

リング状の展望室

鋼板とリブによるモノコック構造の塔体

8本の斜柱が下部躯体とタワーを繋ぐ

京都市街を一望するランドマーク

　京都駅前のランドマークとして建つこのタワーの展望室からは，数多くの世界遺産や国宝を含む世界有数の観光都市京都の街並み，さらには周囲の美しい山並みを一望することができる。高さ31mのビルの屋上に，高さ100mのタワーが載るというユニークな建築であり，31mの高さ制限のある中で屋上工作物電波塔としてその実現に至っている。

薄肉鋼板シリンダーによる塔体

　このタワーの特徴は，1本のローソクのような白くなめらかなフォルムをした塔体の姿であろう。東京スカイツリーや東京タワー，通天閣のように鉄骨部材をこの塔体に見ることはできないのだが，この塔体は鉄骨部材が仕上げによって隠されているわけでもないし，RC造というわけでもない。この塔体は，リブの付いた厚さ12〜22mmの鋼板を円筒状に溶接で繋ぎ合わせたモノコック構造（応力外皮構造）として，外皮そのもので自立しているのだ。鋼板は，平面的に4分割された高さ2.7mのユニットが計23段積み上げられ構成されている。展望室へとつながる

エレベータを降りたホールでは，フェリー船内のようにリブの付いた鋼板を直接視認することができ，骨組ではなく鋼板によるモノコック構造であることがよくわかる。この構造形式の採用により，高さ100mのタワー部の鉄骨量は800tに抑えられている。

ビルの上に建つタワー

　このタワーのもう一つの特徴は，地下3階地上9階建のSRC造ビルの屋上に建っていることだ。整形な7.2mグリッドによる下部建物との円形のタワーの接続に際しては，円筒の最下部から八方向に緩やかに広がる8本の斜め柱を，ビルのグリッド上の柱に乗せている。このことにより，塔体下の9マスのグリッドの中央4本を抜き，無柱の大宴会場である「八角の間」を実現することができている。ビルの上に外周からセットバックして建つことで，ビル部の高さが周囲の建物と揃い，街並みとしての調和が保たれていることも特徴の一つだ。

所在地・竣工年：京都府京都市／1964年
建築設計：山田守
構造設計：棚橋諒，金多潔
構造形式：鋼板モノコック構造（下部建物はSRCラーメン構造）

京都アクアリーナ
Kyoto Aquarena

張弦屋根が開放的な支持構造で支えられたプール棟内観

施設全景

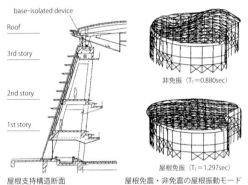

base-isolated device
Roof
3rd story
2nd story
1st story

屋根支持構造断面

非免震（T_1=0.880sec）

屋根免震（T_1=1.297sec）

屋根免震・非免震の屋根振動モード

ソラマメ形の平面を持つプール棟

京都アクアリーナは，京都市右京区西京極にあるスイミングプール／スケートリンク，アーチェリー場他よりなる複合体育施設である。メインプール棟はソラマメ形の平面を有しており，外周に沿って並べられた透明性の高いA字形の立面を有するプレキャストRC支持架構の上に，短辺方向約57mのスパンを架け渡す張弦屋根が載せられている。屋根上には太陽光パネルが敷き詰められ，通常の鉄骨屋根より重量の大きい屋根架構となっている。

初期の屋根免震構造

本建物では，重量の大きな屋根架構から下部構造に伝達される地震応答反力を低減するために，張弦屋根外周部に免震支承が導入されている。現在では，屋根支承部に免震支承を導入した屋根免震構造は多くの適用例があるが，本建物が完成した2002年当時はまだ前例がなくさまざまな課題を解決する必要があった。

まず，屋根免震は通常の重層構造の基礎免震と比較し支持する重量が軽いため，一般的な積層ゴム支承を用いると周期が十分に伸びないという問題が生じる。積層ゴム径を小さくすると周期は伸ばせるが，許容変形量が小さくなってしまい，十分な免震効果を得ることができない。そこで，積層ゴム支承に滑り支承を混在させ，部分的に小型のU形鋼材免震ダンパーを導入して固有周期を1.3秒程度に伸ばすとともに，免震層の最大水平変形量を180mm程度に抑え込んでいる。上図に示すように，屋根を免震化することによって，非免震の従来構造では屋根構面外の鉛直逆対称振動モードが励起されているものが，免震支承の導入によりほぼ解消されていることがわかる。

現在では，積層ゴム支承と滑り支承の組合せや球面滑り支承の導入が軽量の屋根免震に適することが知られている。本建物は，そのような屋根免震構造計画の先鞭をつけた建物といえよう。

所在地・竣工年：京都府京都市／2002年
建築設計：仙田満（環境デザイン研究所）＋團 紀彦
構造設計：斎藤公男＋構造計画プラス・ワン
構造形式：支持構造／RC構造，屋根／鉄骨造

第5章｜関西

Column H｜空間構造における変化する力の流れ
Load resistance mechanism in spatial structure

フロントステイに設置された引張ダンパー
（ばね＋粘弾性）

図1 静岡エコパスタジアム

図2 付加減衰機構

図3 鋳鋼ジョイント

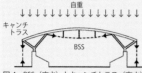

図4 BSS（広さ）とキャンチトラス（高さ）を組み合わせた構造システム（左から自重時，積雪荷重を受ける「酒田」，風の吹上を受ける「穴生」）

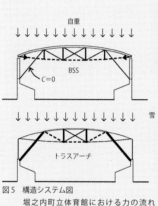

図5 構造システム図
　　堀之内町立体育館における力の流れ
　　（上：自重時，下：積雪荷重時）

図6 酒田市国体記念体育館

図7 北九州穴生ドーム

図8 堀之内町立体育館

図9 共和町生涯学習センター

架構の構造システムを変化させる

　大空間を覆う屋根架構では，施工途中の状態や完成後の長期荷重時，または風や雪などの短期荷重時に，架構の構造システムを変化させる事例がみられる。例えば，張弦梁構造は，単純支持が可能な長期荷重時に，支点に水平反力が生じない自己釣合形式が特徴であるが，張弦梁の施工が完了した後に，ローラー部分の水平移動を拘束して両端ピン支持へと変化させ，その後の付加荷重に対しては両方の支点で水平力に抵抗させる事例もある。なお，この場合，境界条件を変化させた二つのモデルの結果を組み合わせて，構造設計を行う必要がある。

風や雪に対する抵抗メカニズムの変化

　自重に対しての抵抗メカニズムと，同じ鉛直方向の荷重である雪荷重や風荷重に対する抵抗メカニズムについていくつかのケースを紹介する。

　大規模な片持ち屋根となるスタジアム建築では，風の吹上荷重に対して抵抗する耐風ロッドが配置される事例がある。静岡エコパスタジアム（図1, 127頁）では，耐風ロッドの定着部に弾性ばねと粘弾性

体を組み合わせたダンパーも設置され，はね出し部の上下振動のエネルギー吸収や衝撃緩和が意図されている。

　自重に対しては，キャンチトラスと張弦梁の組合せによる同一の構造システムである酒田市国体記念体育館（図6, 29頁）と北九州穴生ドーム（図7, 196頁）の二つの建物を比較してみる。仕上げがALC版＋鉄板で，支配荷重が積雪荷重である「酒田」では，積雪荷重時にキャンチトラスの方杖と張弦梁の上弦材で「圧縮アーチ」が形成される。一方，仕上げが軽量な膜材で，支配荷重が風荷重の「穴生」では，梁間に配置された押えケーブルによって風の吹上げに抵抗する「引張アーチ」が形成される。

　積雪深3.5 m（積雪荷重10.5 kN/m²）の堀之内町立体育館（図8）では，自重は張弦梁のみで支えられているが，積雪荷重時には下から傾斜支柱と斜交ロッドによりトラスアーチが形成される。傾斜支柱には，自重により圧縮力が生じないように施工時の取付けに工夫がされている（図5）。

国立京都国際会館
Kyoto International Conference Center

比叡山を借景にした美しい佇まい

日本の民家や社殿を想起させる造形

台形の架構がそのまま現れたダイナミックな大会議室

ホワイエ空間に力強く現れるV字柱

鉄骨軸組図

第5章｜関西

美しく佇むダイナミックな空間

　京都盆地の北縁，宝ヶ池の畔にこの建物は佇む。「日本にも国連総会議場のような国際会議のための建築を」という構想のもと，1963年，国による公開コンペが行われ，195点の応募作の中から大谷幸夫の案が選ばれた。白川郷の合掌造りや神社の社殿を彷彿とさせるような，日本の伝統様式をモチーフとしたダイナミックな造形は，訪れる人々に強いインパクトを与えるとともに，比叡山や宝ヶ池など周囲の風景にも見事に溶け込み建物に気品と風格を与えている。地球温暖化に対する国際的な取組みのための国際条約である京都議定書は，1997年にここで締結された。

大規模で複雑な構成をシステムの統一で解決する

　建物全体が台形・逆台形の組合せによる断面で貫かれており，大小の各種会議室，ホワイエ，レストラン，事務部門など求められる機能に応じて床や柱の有無を使い分け，異なる大小さまざまな空間が一つの建物に統合されている。構造を担当したのは木村俊彦。構造躯体が先行発注されるという特殊な条件があり，極めて短期間での構造設計が求められる中，木村は室用途に応じスパン・階高・層数がばらばらな中，台形の斜め面に沿って柱を傾けたフレームを用いるという全体共通システムを採用しつつ建物を五つのブロックに分けた。統一したシステムの下，柱や梁の断面形状を部位ごとに箱型・I型などに定めつつ，標準ディテールを与えることで部材サイズに応じた書き換え対応を可能にし，ディテールを7種類に標準化させている。内外観ともにコンクリート素地で美しく仕上げられており，鉄筋コンクリート造を感じさせるが，設計上は鉄骨造であり，それはディテールを含めた構造システムの統一が優先されたためとされている。計算機環境が十分に発達していない中，約30,000 m²弱（竣工時）の複雑な構造設計を半年で完了させた点は驚愕に値するが，思考を停止させず走り抜けるための背景をあらかじめ用意した木村の判断力がそれを可能にしたと言える。

所在地・竣工年：京都府京都市／1966年
建築設計：大谷幸夫
構造設計：横山建築構造設計事務所＋木村俊彦構造設計事務所
構造形式：鉄骨造

梅田スカイビル
Umeda Sky Bulding

外観全景　空中庭園を望む

リフトアップ施工時

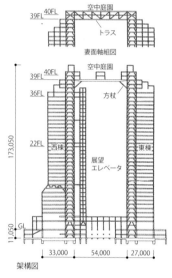

妻面軸組図

架構図

連結超高層と空中庭園

　1993年に竣工した新梅田シティ・プロジェクトのオフィス棟「梅田スカイビル」は，54m隔てた東西2棟の超高層ビルの頂部を空中庭園でつないだ世界初の連結超高層である。建築家の未来都市へのロマンと構造家の連結超高層への夢が結び付き，施工グループの画期的なリフトアップ工法で実現された地上160mに浮く空中庭園，それはレストランやギャラリー，屋上の展望台によって構成され，今や国内ばかりでなく世界中から多くの人々が訪れる大阪屈指の観光名所としても知られている。

空中庭園の構造

　東西二つの超高層棟を連結する空中庭園は，建築的機能だけではなく構造的にも重要な機能をもち，とくに南北妻面に39，40階の2層分のせいをもつメガトラスを東西両棟間に架け渡すことによって，マクロな意味で2棟を柱とし，空中庭園を梁とする巨大な門型ラーメンを形成している。このことで連結方向の水平剛性が増大，地震時や台風時の揺れや変形を減少させることになり，超高層ビルの居住性

の確保に役立っている。54×54m平面の中央に円形の大開口を持つ39階休部の構造は，南北妻面に架けられたメガトラスおよび方杖と一体化したせい1.8mの大梁を基本とする格子梁組構造で構成した人工地盤とし，その人工地盤から適当な間隔で立ち上がる柱によって40階およびR階の床は支持されている。

リフトアップ工法

　空中庭園の施工法については，空中庭園階の主要鉄骨および外装・軒天井材を含み約1,000tの架構を地組し，それをワイヤーロープにより一気に吊り上げるという大規模なリフトアップ工法が採用された。リフトアップ工法のメリットは，超高層本体と並行して地上部で空中庭園の鉄骨の地組と外装の軒天井材の取り付けを行えることによって，高所危険作業の大幅な低減と工期の短縮ができることである。

所在地・竣工年：大阪府大阪市／1993年
建築設計：原広司＋アトリエ・ファイ建築研究所，竹中工務店
構造設計：木村俊彦構造設計事務所，竹中工務店
構造協力：佐々木睦朗構造計画研究所，佐久間建築計画事務所
構造形式：鉄骨構造

大阪ドーム
Osaka Dome

ドーム外観　クラゲのような愛嬌ある独特の外観を持つ

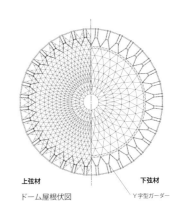

上弦材　　　　　　　　　下弦材

ドーム屋根伏図　　　　　　　Y字型ガーダー

ドーム外周リング
ドームリフトアップまではテンションリング，
完成後はコンプレッションリングとして機能する

Y字型ガーダー

断面図

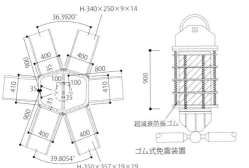

六角形の鋳鋼ノード

超減衰防振ゴム

ゴム式免震装置

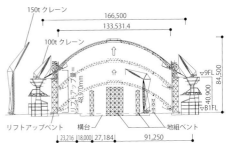

ドーム本体部は地上で組み立てられた後，リフトアップされた

90年代のドームブーム

　1988年に完成した東京ドームを皮切りに，90年代には日本各地に200m級のドーム球場が出現した。関西政財界に待望されて97年春に誕生した大阪ドームは，東京・福岡に次ぐ日本で3番目のドーム球場である。巨大なクラゲのような何とも愛嬌のある外観を有し，大阪西部地区のシンボルとなっている。

ドーム部分の構造

　直径166m，ライズ42mのドーム屋根は，大きくは本体部と脚部で構成され，両者の接続部分で下側に屈曲した独特のドーム断面を有する。

　球形のドーム本体部は，鉄骨平行弦トラスをラメラ状に配置したラメラドームとなっており，上下弦位置の6本のH形鋼が集まる接合部では，六角形の鋳鋼ノードが特別に製作された。外周のリングはリフトアップまではドームから受けるスラストによりテンションリングとして機能するが，完成後は脚部を構成しているY字型ガーダーにより内側に押されて，コンプレッションリングと役割を変える。この屈曲した接合部では大きな曲げモーメントが生じる

ことから，Y字型ガーダーは応力に応じて変化させた断面となっている。

スーパーリング

　この建物の目玉は，何といってもドーム屋根から吊り下げられた六重の可動式スーパーリングであり，イベントに応じてこのリングを上下させることで気積と音響特性，採光を変化させる仕組みであった。合計重量4,000kNの巨大リングは，大地震時にはドーム屋根の上下動により上方に激しく跳ね上がることから，これを抑えるためにリングと吊り下げワイヤーの接合部には超減衰防振ゴムを使用した免震装置が採用された。

　このスーパーリングは，制御装置の部品が入手困難になったことから2004年からは稼働せず，地上60mの位置で固定されたまま利用されている。何とも残念なことであり，可動機構を有する建築の計画と維持管理の難しさを再認識させる。

所在地・竣工年：大阪府大阪市／1997年
建築設計：日建設計
構造設計：日建設計
構造形式：平行弦トラスによる鉄骨ラメラドーム

なにわの海の時空館
Osaka Maritime Museum

ガラスの球体の中に内部の博物館本体が浮かび上がる

ドーム頂部のリングビーム付近

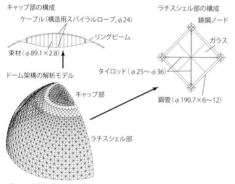

グリッド内のタイロッドにプレストレスを導入している

播磨で完成された鉄骨ドームは海上を運ばれ，クレーンで被せられた

大阪湾南港のランドマーク

　古来から多くの商船が出入りする大阪湾南港の入口付近に，海上にプカリと浮かぶガラスの球体が現れる。本博物館の建築家は，シャルル・ド・ゴール空港の設計者として名高いポール・アンドルー。中国国立大劇院に代表されるような，極めてシンプルで象徴性の高い作品を得意にしている。

ドーム鉄骨の驚きの施工方法

　球体は，φ191の鋼管をラメラ格子状に配置した鉄骨グリッドで構成される。各グリッド内部は対角線方向に配置された高張力鋼タイロッドによりプレストレス（PS）が導入され，これがドームの水平剛性を飛躍的に高めると同時に，外周を覆うシングルスキンのガラスをDPGにより支持する仕組みである。

　本博物館の目玉となるのが，復元された菱垣廻船（江戸時代に大阪と消費地を結んだ貨物船）「浪華丸」である。船は長さ30mと大きいことから，完成後に搬入することは不可能であり，しかも工期は25か月と短かったことから，この船の完成を待ってドーム建設に着手する時間はなかった。

　同じ頃，アラップはロンドン・アイを，ホイール部分をテムズ川上に横たえて組み立て，完成後に一気に引き起こす，という離れ業で完成させた。アラップと建築家，施工者が密な協議・検討を重ねて生み出した本ドームの施工方法もまた，これに負けず劣らずの型破りなものであった。

　ドーム部分の鉄骨は現地から80km離れた工場で完成させ，大部分のガラスまで取り付けた状態で海上をはしけに乗せて移動し，世界最大のフローティングクレーンで吊り下げられ，建物本体に被せられた。

　本建物で駆使されたエンジニアリング手法は高く評価され，2001年英国構造技術者協会から構造特別賞を授与された。一方，来館者数は当初の目論見から大きく外れて伸び悩み，赤字が続いたことから2013年に閉館となった。何とか活用の道を見つけてほしいものである。

所在地・竣工年：大阪府大阪市／2000年
建築設計：ポール・アンドルー・アーキテクト・ジャパン建築事務所，大阪市港湾局
構造設計：鉄骨部分／Arup，RC部分／東畑建築事務所
構造形式：鉄骨ラメラグリッドシェル構造

パナソニックスタジアム吹田
Panasonic Stadium Suita

縦・横・斜め方向に配置された3Dトラスによって屋根が構成されている

直線のみで構成された形態が外観に表現されている

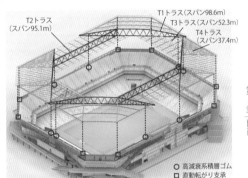

3Dトラス構造を用いた屋根架構と免震装置

T2トラス（スパン95.1m）
T1トラス（スパン98.6m）
T3トラス（スパン52.3m）
T4トラス（スパン37.4m）

○ 高減衰系積層ゴム
□ 直動転がり支承

3Dトラス構造

　収容人数4万人の西日本最大のサッカー専用スタジアムとして，寄付金と助成金のみによってつくられたものである。すべての観客席を覆う23,000 m²の屋根が設置された。機能面・構造設計・施工面での徹底した合理化が図られ，平面的にも断面的にも直線のみで構成されたスタジアムである。

　サッカースタジアムの屋根架構には，さまざまな構造が用いられている。このスタジアムはトラスを用いた曲げ系の構造であるが，トラスを長辺，短辺の45°方向にメイントラス（T1）を架ける「3Dトラス」の採用が特徴となっている。通常のようなトラスの配置ではメイントラスのスパンは200mとなるが，この方法では斜めに架けられたメイントラスのスパンは100mとなり，鉄骨量の低減が可能となった。トラス部材は，上弦材が角型鋼管，下弦材は既成品（角形鋼管，H形鋼）およびビルト材，ラチス材はH形鋼が使われた。

　屋根材は，各辺の中央部ではトラスの下弦材のレベルで，隅角部ではメイントラスの上弦材と外周の水平の桁を繋ぐように設けられ，トラスの配置を利用して屋根面の形態に変化を生み出している。

屋根免震

　屋根はスタンド上部に設置した免震装置により支持され，地震時の屋根の応答を抑え，直射日光による鉄骨部材の温度伸縮を吸収させることで，屋根構造の鉄骨量の削減と下部構造の部材断面の削減に寄与している。免震装置として，メイントラスの支持部の8か所に高減衰積層ゴムを，サブトラス（T4）の支持部の8か所に直動転がり支承が用いられている。

スタンド

　逼迫した労務状況や短工期であることを考慮して，スタンドにPCa工法が多用された。梁は工場製作もしくは現場製作のPCa梁とし，柱部材および梁中間部の接合部分を現場打ちのRC造とした構造である。特に，基礎構造の大部分をプレキャスト化したことも特徴である。

所在地・竣工年：大阪府吹田市／2015年
建築設計：竹中工務店
構造設計：竹中工務店
構造形式：屋根／鉄骨トラス造，スタンド／PCa–RC造

大阪万博お祭り広場大屋根
Expo'70 Osaka Roof over the Festival Plaza

お祭り広場大屋根全景

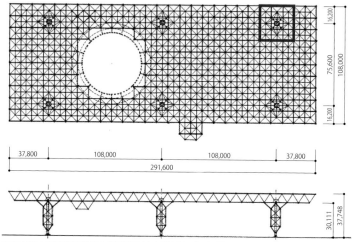

お祭り広場大屋根構造の概要図（部分保存された範囲を四角で示す）

時を超えて見ることのできる大屋根の一部

　Expo'70 として知られる日本万国博覧会は、「人類の進歩と調和」というテーマを掲げて 1970 年 3 月から 9 月にかけて大阪の千里丘陵で開催された。

　お祭り広場の大屋根は、万博会場の中央付近にあたるシンボルゾーンの中核をなし、その大屋根の下では開会式が執り行われ、約 8,000 人もの参加者が感動をともにした。万国博の会期終了後、1977 年、レガシーとしての跡地利用が万博記念公園に決定したことに伴い、大屋根は解体された。ただ、その構造で用いられた知識、技術の伝承のために、構造体の一部を保存する申し入れが設計者から万国博記念協会になされ、賛同を得られたことで、部分保存されることとなる。約 50 年以上の時を経て、現在においてもその構造体を直接見ることができる。大屋根の構造は、世界に先駆けて多くの提案がなされ、特筆すべき点がたくさんあるが、ここでは現存して見られる部分を取り上げて紹介する。

構造概要

　お祭り広場大屋根は約 100×300 m の巨大な平面で、複層グリッドのスペースフレームにより形成され、最高高さ約 38 m のレベルで 6 本の柱により支持されていた。上下弦面の正方形グリッドの大きさは 10.8 m、角錐状に配置された斜材も同じ 10.8 m の部材長で構成するため、スペースフレームのせいは 7.637 m であった。上下弦材は外径 500 mm、斜材は外径 350 mm の鋼管が用いられ、その板厚は作用する応力の大きさに応じて 7.9～30 mm と変化する。柱は中心に外径 1,800 mm の主柱があり、4 本の側柱とこれらを繋ぐ斜材、横材およびブレースによって立体トラス状に架構が組まれていた。柱頭では方杖がハンチのように広がり大屋根と剛接され、柱脚はピンになっていた。現存するのは、柱架構においては主柱 1 本、そしてその柱を中心に上弦面で 3×3 グリッドの範囲で、構造体を間近で見られるよう配慮され、地上に近いレベルにスペースフレームがある。

鋳鋼ジョイント

　屋根を構成するスペースフレームの懐には 2 階建の展示スペースが設けられ、屋根架構のスケールが巨大であるだけでなく、負荷される荷重も通常の屋

お祭り広場大屋根の現存部

主柱と柱頭ジョイント

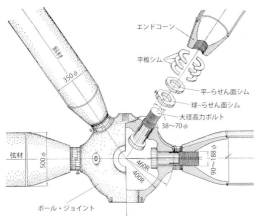
誤差吸収機能をもつ鋳鋼ジョイントの仕組み

エンドコーン
平板シム
斜材
350φ
平-らせん面シム
球-らせん面シム
大径高力ボルト
38～70φ
弦材
500φ
460R
400R
90～188φ
ボール・ジョイント

間近で見られる鋳鋼ジョイント

第5章｜関西

根に比べて格段に大きかった。巨大な力を無理なく流すために，スペースフレームの接合部には独自の鋳鋼ジョイントが開発され，全面的に使用された。外径が 800 mm で，鋳鋼製の中空球形ジョイントである。大屋根を設計する時点においては，万博施設のその後の活用方法がまだ決まっておらず，仮設なのか恒久的に利用するのかが不明で，両方の観点からの設計が求められた。解体することを視野に入れた場合，その目的にかなう最適な接合方法として，完全なメカニカル・ファスナーとされた。緊結作業はすべてジョイント外部で行うことができるよう考案され，接合の逆の作業を行えば容易に解体できる仕組みである。また，大規模スペースフレームにおいて，最も重要で予測が困難なのが建方時の誤差の累積であり，このジョイントでは寸法，角度の両面において誤差を吸収する機能が与えられていた。

柱頭ジョイント

　現存するスペースフレームは，下弦材レベルにある柱頭ジョイントを介して柱で支持されている。当時の建方において，この柱頭ジョイントは特別な役

割を担っていた。お祭り広場大屋根の施工は，設計段階にリフトアップ工法を適用することが提案され，大屋根構造の本格的なリフトアップという点で，世界で初めての実例である。スペースフレームおよび付随する構造骨組すべてが地上で組み立てられ，6 本の主柱に沿って地上 30 m の高さまで揚げられた。その際，使用されたのが米国製の高圧エア・ジャッキで，やや粗い動き方をすることから，揚重力が均等に配分されるようイコライザーが考案され組み込まれた。リフトアップの際，イコライザーを介して吊り上げられたのがまさにこの柱頭ジョイントなのである。接合に用いられた孔のあいたガセットプレートもそのまま残されており，見ることができる。柱頭ジョイントは揚重中のクリアランスの確保に加え，ジョイント内には斜め方向の定着ボルトが内蔵され，リフトアップ終了後，迅速に柱頭を固定するための機能も与えられていた。

所在地・竣工年：大阪府吹田市／1970 年
建築設計：丹下健三＋都市・建築設計研究所
構造設計：坪井善勝研究室，川口衛構造設計事務所
構造形式：スペースフレーム

図1　日本初の本格的博覧会である湯島聖堂博覧会

図2　大阪万博住友童話館　童話に出てきそうな未来的な立体都市が具現化した

図3　記念館として移設されたオーストラリア館

図4　東芝IHI館　鋼製テトラユニットが組み合わされ，500人収容の劇場を覆っている

図5　樹氷状のオブジェが人目を惹くスイス館

図6　つくば中央駅前シェルター　A（右）とB（左）の2種類の張力膜が作られた

日本の博覧会と万国博覧会のはじまり

　博覧会とは，さまざまな物品や資料などを集めて一般公開する催しのことである。江戸時代には日本各地で，珍しい物品を集めた物産会が開催されていた。

　これら物産会は明治時代に入ると，近代化を意識した国家事業として開催されるようになる。1872年には，本格的博覧会が湯島聖堂を会場に開催され（図1），19万人もの来場者を集めた。終了後は会場となった大成殿は文部省博物館として開館することになり，現在の東京国立博物館の創立に繋がった。

　一方，世界最初の万国博覧会はクリスタル・パレスで有名な1951年ロンドン万博である。英国の圧倒的な工業力を世界に知らしめるために開催され，来場者数600万人を集めるなど大成功を収める。以後，1889年パリ万博ではエッフェル塔が完成するなど，万博は開催国の威信を内外に示し，国威を発揚する国際的ビッグイベントとして重要な意味を持った。

博覧会での実験的な試み

　期間限定の仮設建築として建設される博覧会パビリオンは，新技術や新しい建築思想を体現する格好の実験場となった。過去にも1967年モントリオール万博のアメリカ館や西ドイツ館，アビタ67などの歴史に名を遺す名作や，2000年ハノーバー万博の坂茂による日本館等の意欲的な作品が多数実現している。大阪万博は，黒川紀章や菊竹清訓らによるメタボリズム運動を実作として実現する理想的な舞台となった。

　そして歴史的に顧みると，パビリオン建築で試された新技術が，後のより重要な作品の実現に繋がっている場合が多い。先に述べた西ドイツ館と，1972年完成のミュンヘン・オリンピックスタジアムの関係などはそのよい事例である。

国内で開催された万博

　アジアで初めて開催された万博が，1970年の大阪万博である。本書で紹介するお祭り広場大屋根（156頁）や空気膜構造（168頁）以外にも，実験的な作品が多数実現した。

　住友童話館（図2）は，童話に出てきそうな立体的な未来都市の姿を視覚化したもので，これを解くために木村俊彦が開発した立体解析の考え方は，後の解析と設計を密接にリンクさせる木村の設計手法のベースとなった。オーストラリア館（図3）は外側から跳ね出したアームから屋根を吊った特異な形状を持つもので，博覧会終了後は四日市市に移設されて記念館として使用された（2014年に解体）。黒川紀

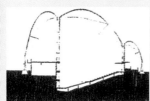

図7 サントリー館 "鳥"のようなユニットを組み合わせて複雑な形状を実現している

図8 モニュメントタワー トライアングルと張力材を組み合わせている

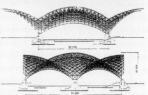

図9 ポートピア '81 国際広場 二方向に曲率を持つメローシステムが実現

図10 芙蓉グループ館

図11 世界蘭会議パビリオン 右はインフレートの様子

図12 木格子が美しいならシルクロード博登大路会場

図13 天王寺博ワールド・バザール 外側の鉄骨ドームから膜屋根が吊られている

章による東芝 IHI 館(図4)は,6 枚の鋼板を溶接で組み合わせた 1,444 個のテトラユニットを鋳鋼製の球ジョイントを介して立体的に組み上げたものである。その他,樹氷のような巨大なオブジェが特徴的なスイス館(図5)や,T 形の巨大な梁を組み合わせてユニバーサルな空間を構成したチェコスロバキア館なども話題をさらった。

1986 年開催のつくば万博でも,個性的なパビリオンが多数誕生した。国内における張力膜の発展に大きく貢献したのが,つくば中央駅前に建てられた 2 種類のシェルター(図6)であり,膜の設計に当たって初めて風洞実験が実施された。サントリー館(図7)はスレンダーな鉄骨アーチと,それを補強する張力材の "鳥" 状のユニットを組み合わせて,立体的かつ複雑な形状を構成したものである。モニュメントタワー(図8)ではテンセグリティを応用したシステムが試され,ここで得られた知見は後のテンセグリック構造へと展開する。

その他の地方博覧会

1981 年神戸ポートアイランド博覧会(ポートピア '81)は,地方博でありながら 1,600 万人超の来場者を集めて大成功を収め,その後約 10 年続く地方博ブームの火付け役となった。国際広場(図9)では,二方向曲率を有するメロー・システム(立体トラス)が国内で初めて実現した。芙蓉グループ館(図10)では,川口衞がメッシュとメンブレンを組み合わせることで,立体裁断なしでドーム型の空気膜を形成している。川口はこの手法をさらに発展させ,1987 年世界蘭会議パビリオン(図11)ではケーブルを組み合わせることで形状と応力をコントロールし,複雑な形状を有する空気膜を立体裁断なしで経済的に実現することに成功した。

1988 年奈良・シルクロード博登大路会場(図12)では,70×40 mm の木格子を二段組にしてドームを作り,その上に膜屋根を掛けたもので,これほど大規模な木格子シェルは国内初の試みであった。

1988 年天王寺博ワールド・バザール(図13)では,膜を外側の単層トラスドームで吊り上げるハンガー式張力膜の可能性が試され,建築会館可動ルーフの実現などに繋がった。

関西国際空港旅客ターミナルビル
Kansai Int. Airport Terminal Building

放物線状トラスで支えられたサイドウォールを通してメインターミナル屋根オープンエアダクトを見る

側面からはウイングの大きな円弧を見ることができる

流れを表現した大空間

　デザインコンペにより選定されたレンゾ・ピアノ＋オブ・アラップチームの関西国際空港旅客ターミナルビルのコンセプトは延床面積 290,000 m²におよぶ施設を「キャニオン」「メインターミナル」「ウイング」により構成し，全体をダイナミックな動きのある「流れ」で表現することであった。メインターミナルの屋根形状をデザインするにあたり，レンゾ・ピアノは構造エンジニアのピーター・ライス，設備エンジニアのトム・バーカーとスケッチのやり取りをしながらアイディアを練っていったという。一般的なチューブ形状の空調ダクトではなく，天井曲面に沿わせて空気を吹出し，徐々に降下させて空間全体の温度をコントロールする「オープンエアダクト」のアイディアを実現するための屋根形状をピアノがバーカーに提案してもらい，その形状に併せてライスが有機的な溶接鋼管トラスキールをデザインしていった。このようにピアノのデザインスタイルは常にエンジニアリングを思考の中に取り入れ，設計初期段階から緊密にエンジニアとディスカッション

しながらコンセプトを固めていくことに特徴がある。
　それまでの日本の鉄骨系空間構造はシステムトラスの全盛期であり，コンクリートシェルの流れを汲む球面，円筒面，HP 面などの幾何形状を鉄骨ラチスに置き換えたラチスシェルおよびその組合せに限られていた。また，トラス梁構造は平面トラスや箱型トラスによる平面屋根が一般的であった。そこに降り立った，この新しい三角断面溶接鋼管トラスによる有機的なフォルムは，その後のわが国の空港ターミナルビルや展示空間の屋根構造デザインに大きな影響を与えた。メインターミナルの屋根トラスは 12 のピースに分割され，ピース内は一定曲率のベント鋼管で構成することにより加工している。屋根を支えるストラットは径の異なる鋼管を短いテーパー管で繋ぎ，全体がテーパー上の耐火 FRP でカバーされている。
　鋼管トラスの間に設けられたオープンエアダクトは膜構造で構成され，エントランス側に設けられたユーモラスな青い吹出し口より噴き出した空気がこの天井曲面状に沿って流れ，野暮ったい空調ダクトを用いることなく出発ロビー全体の空気を調整して

ウイングのテンションド・アーチ

ウイング仕上げ工事中の様子

屋根のジオメトリー

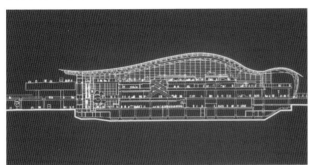

メインターミナル断面

エントランスの吹抜

いる。なお，各チケットカウンターまわりにも補助空調システムが配されている。

ジオメトリーによる流れの表現

　全長1,672mに及ぶウイングは地面に埋め込まれた巨大な円の一部を切り取った形状で，端部に行くほど天井高が低くなる形状を有しており，一般的なターミナルウイングにありがちな単調さを打破した躍動感のある内外部空間を実現している。断面はテンションロッドで座屈補剛された鋼管3ヒンジアーチで構成され，長手方向に網状のブレースで連結されている。このテンションド・アーチは，ピーター・ライスが好んで使用した構造システムであり，当時FABRONと呼ばれていた非線形解析プログラムを用いてテンション材のたわみを考慮した座屈耐力評価が行われた。この部位は英国・ワトソン社で加工された部材を海上輸送してきたものであり，テンションロッドのピンエンドも英規準BS5950に則った西洋梨型の形状である。ウイングは長大な空間であるにもかかわらず見通しがよく，自分がターミナル内のどこにいるのかを瞬時に把握することができる。

ダイナミックなエントランス空間

　出発ターミナルの屋根は三層の到着・サービス階の上に載せられており，全層を連なる吹抜「キャニオン」がメインターミナルの入口に設けられている。本空港に到着した旅客は見通しのよいウイングから一旦，ターミナルビル低層部の入国審査カウンターに入り，荷物を収集し入国ゲートを出たところで，再びこの開放的な空間に迎えられる。使われている色彩も豊富で楽しげであり，縦に延びるサービス動線の色使いにはチーフアーキテクトである岡部憲明の好むパリのポンピドー・センターの影響も感じられる。

　全体を通し本ターミナルビルの構成は，建築デザイン・構造・設備が有機的に融合し緻密に作り込まれた作品となっている。隣接するトラム架構や諸施設との比較がその完成度をさらに際立たせている。

所在地・竣工年：大阪府堺市／1994年
建築設計：レンゾ・ピアノ・ビルディング・ワークショップ（担当：レンゾ・ピアノ，岡部憲明）＋日建設計
構造設計：Arup
構造形式：鉄骨造（鋼管トラス構造）

ワールド記念ホール
World Hall

丸みをおびた建物外観　小判型の平面形状をしている

アリーナ内観　ライブコンサートでは南側にステージを設け，縦長に会場が使われることが多い　スケートなどのイベントにも利用される

リフトアップの様子

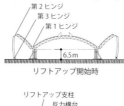

パンタ部　中央部　パンタ部
第2ヒンジ
第3ヒンジ
第1ヒンジ
6.5m
リフトアップ開始時

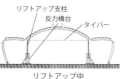

リフトアップ支柱
反力構台　タイバー
リフトアップ中

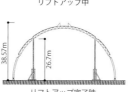

38.57m　26.7m
リフトアップ完了時

建方概要

スペースフレームの接合部

建物の外に位置する第3ヒンジ

現役で活躍中

　神戸市ポートアイランドに建つ多目的ホールで，1985年に開催されたユニバーシアードに合わせて造られた。2020年には，照明・音響設備機器の更新やぶどう棚の耐震補強などを含む大規模改修工事が実施され，関西圏を代表する大規模なホールの一つとして，現在もライブコンサートやイベントなどに多く使われている。ワールド記念ホールは，「パンタドーム構法」が初めて適用された建物であり，構造技術の歴史を語る上でも特別な存在である。

構造概要

　建物の平面形は長径110m，短径70mの小判型で，高さは約38mである。ドームの構成は，半径34mの球を4分の1に切断したものが二つ，両端に配置され，その間を長さ40.8mの円筒でつないだ形をしている。複層グリッドのスペースフレームを用いた鉄骨造のドームである。

パンタドーム構法によるリフトアップ

　パンタドーム構法は，大空間構造物に多いドーム状の形態にもリフトアップ工法を適用し，その恩恵を受けることを可能にした構法である。ドーム構造の強さを生むフープ作用を一時的に断ち切ることによって，ドームを折りたたむことを可能にし，自由度1の不安定構造という特徴をリフトアップに活かす。この構法の詳細については「世界の構造デザインガイドブックI，Column F」を参照されたい。ワールド記念ホールでは，上図（建方概要）に示す位置にヒンジが設けられ，地上6.5mの高さにおいてドームが折りたたまれた状態で組み立てられた。この高さは，作業用トラックが組立中の骨組の下を自由に通れる寸法から決められた。構造体に組み込まれたヒンジは単純な一軸回転のヒンジであり，複雑なディテールを要さないことも利点の一つである。第3ヒンジは建物の外に位置するため，近くで見ることができる。地上に近いレベルで屋根仕上げまで工事が施され，油圧式のセンターホールジャッキを介して高さ26.7mまでリフトアップされた。

所在地・竣工年：兵庫県神戸市／1984年
設計：昭和設計，神戸市住宅局営繕部
構造設計指導：川口衞
構造形式：スペースフレームのドーム構造

積層の家
Stacked House

PCa 板の積層が陰翳を生み豊かな空間を作り出す

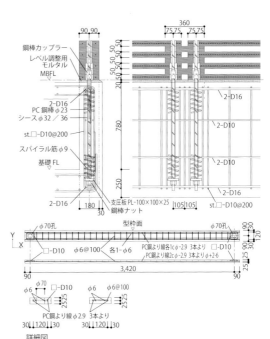

詳細図

鋼棒カップラー
レベル調整用
モルタル
MBFL

2-D16
PC 鋼棒φ23
シースφ32／36
st.□-D10@200
スパイラル筋φ9
基礎 FL
2-D16
支圧板 PL-100×100×25
鋼棒ナット

2-D16
2-D16
2-D10
2-D16
st.□-D10@200

φ70孔
型枠面
φ70孔
□-D10
φ6@100
各1-φ6
PC鋼より線各1c=2.9 3本より
PC鋼より線2c=2.9 3本より+2c
□-D10

φ6
φ70
□-D10
φ6
φ6@100
PC鋼より線φ2.9 3本より

50 mm の隙間に木板を差し込んだ片持ち階段(左)と載荷実験(右)

PC 鋼棒緊張による圧着

現場での積層

極薄 PCa の積層が作る唯一無二の空間

　間口がわずか 2 間しかない都市部の狭小敷地において，最大限の内法を確保するにはどうすればよいか。設計者の出した答えは，人力で運びうるサイズである厚さ 50×幅 180 mm の PCa 板を現地で積み上げ，圧着させるというものであった。PCa 板を交互にずらしながら積層させた壁面は，時間とともに遷ろう陰翳のある豊かな表情を生み，唯一無二の空間を創出している。この 50 mm のずれにより生じる隙間には，木板階段や棚，机，腰掛けなどの生活に必要なさまざまな板，あるいは光を取り入れるガラスが差し込まれ，機能が与えられている。構造体モジュールが，空間を見事に統合しているのだ。

シンプルな原理と積層する課題

　板を積層させてプレストレスを与えるという原理自体は非常にシンプルだが，この繊細な空間を実現させるのは決して容易なことではない。そもそも厚さ 50×幅 180×最大長さ 3,600 mm の PCa 板を作ること自体が困難である。とは言え，コンクリートと隙間とが交互に現れるピッチが 50 mm でなければ

この繊細さは生まれない。PCa メーカーの常識では 100 mm でも十分に薄い部類であるが，ここでは 50 mm の製作にチャレンジしている。ただし，50 mm の PCa 板を作ればそれでよいという単純な話でもない。50 mm の薄さではかえって簡単に曲げひび割れが入ってしまうため，2 本のワイヤー（φ2.9 の PC 鋼 3 本より線）を配しプレストレスを与えることで対処している。この時，PC 鋼より線が正しく配置されていないとストレス導入により 50 mm の板に反りが生じるため，平滑な板となるよう細心の注意が注がれた。総数 1,800 枚に及ぶ PCa 板は，工場にて毎日の打設，PS 導入，脱型が行われ，プレストレス導入時強度 $\sigma_1=35$（N/mm²）を確保するためコンクリート強度は $F_c=50$（N/mm²）が採用された。そのようにしてできた PCa 板を現地で人の手で順に積層し，縦方向に挿入した PC 鋼棒（φ23）を緊張して圧着させることにより一体化させている。

所在地・竣工年：兵庫県神戸市／2003 年
建築設計：大谷弘明
構造設計：陶器浩一＋北條建築構造研究所
構造形式：PCaPC 圧着構造

浄土寺浄土堂
Jodoji Jododo

大仏様の架構が化粧現しとなった迫力のある内観

軒を支える挿肘木が外部にも現れる

矩計図

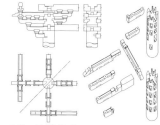

隅柱の部材構成と仕口

大仏様の最高傑作とされる架構

　浄土寺は，大勧進職として東大寺伽藍の再建を任されていた俊乗房重源が全国7か所につくった東大寺の別所の一つで真言宗の寺院である。国宝である浄土堂（阿弥陀堂）は，中世に大仏様によって木構造に革新を起こした重源の最高傑作の一つとされている。竣工は東大寺大仏殿（1190年）と南大門（1203年）の間の1197年で，重源の超人的な活動が窺える。

　大仏様における構造の最大の特徴は，途中の高さで止めた柱に斗と肘木を積層して屋根を支持する和様に対し，柱を屋根まで延ばして何段もの挿肘木や貫を貫通させることで，鉛直力だけでなく水平力に対して強い仕組みにしたことである。柱に何段もの横材を貫通させるため，柱が概して太い。

　浄土堂は，中央に配置された4本の母屋柱（直径60cm），8本の側柱，4本の隅柱という合計16本の柱で構成されている。母屋柱に三段の虹梁が挿し込まれ，虹梁が側柱・隅柱や束と繋がることで，求心性のあるダイナミックは架構を生み出している。虹梁の端部では力を分散させるために，挿肘木と巻斗で支持させるという細かい工夫もみられる。

　一般に寺院建築では，瓦屋根の深い軒を跳ね出すために天井裏にはね木を設けるが，浄土堂では天井裏がなく屋根架構がすべて化粧現しとなるため，まったく別の方法をとっている。即ち，側柱と隅柱位置では三段の挿肘木によって，柱のない中間位置では屋根面に沿って配置した遊離尾垂木によって，室内外の屋根の重さをバランスさせることで約3mもの軒を美しく跳ね出している。

高度な大工技術による複雑な部材構成と仕口

　上述の架構を成立させるため，各接合部は極めて複雑な部材構成と仕口になっている。特に，三方向に跳ね出すために多数の挿肘木が挿し込まれる隅柱は，断面欠損に配慮しながらも美観の統一性を確保するために，段ごとに貫通させる方向を変えるなど，重源と大工の創意工夫と苦慮の跡がみてとれる。

所在地・竣工年：兵庫県小野市／1197年
設計：俊乗坊重源
構造形式：木造（大仏様）

薬師寺東塔
Yakushiji East Pagoda

裳階によって6層に見える外観

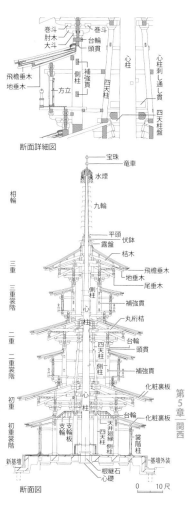

断面詳細図

断面図

0　10尺

創建時から残る唯一の伽藍

　藤原京から平城京に移った薬師寺の伽藍は，火災による焼失，耐風や地震による倒壊や損傷を生じたが，東塔のみが唯一創建時の白鳳時代から残った。裳階が取り付くため6層にみえるが，構造上は3層である。高さは相輪も含めて34.1mあり，高さ31.5mの法隆寺五重塔より高いが，裳階は大きな層高の柱を固める役割もあると考えられている。

　塔身の構法は最も古い形式の積重ね構法で，柱と軒の支持部材が下から順番に交互に積み重なっている。塔身軸部は，外周の12本の側柱と中心部の4本の四天柱を，台輪や頭貫などの横架材で繋いで構成している。軒部は，この軸部から尾垂木や地垂木により跳ね出している。この基本構成に対して，後世に一定の補強がなされている。

これまで施された構造補強

　記録に残る大修理において大きな構造補強は室町，明治，平成〜令和の時代になされている。室町時代の修理時には，重源が鎌倉時代に持ち帰った技術として，貫が設置された。明治時代の修理では，貫の本数を増やすとともに，はね木を新設して軒部を補強している。このような補強により東塔の耐震耐風性能は，2009〜2020年にはじめて実施された全解体修理時の調査，風洞実験や構造解析を通じて，更なる補強が不要であると判断された。軸部の補強や修補が少なく済んだ理由の一つとして，東塔では建設当初から特に力のかかる大斗や一段目の肘木などに欅が使われていることが挙げられる。日本で構造材に強度の高い欅を使うようになったのは，工具が発達した江戸時代からである。

　古代の寺院建築で採用されたように，現代の基礎や地盤改良のような役割も持つ版築により高い基壇を構築し，その上に礎石を置いて柱を立てていたが，直下の地盤が軟弱な湿地のため，最大20cm以上もの不同沈下を生じていた。このため，既存基壇を保護しながら覆うように箱型の基壇を新設し，これを調査用トレンチ位置に打った鋼管杭で支持する補強も行われた。

所在地・竣工年：奈良県奈良市／730年
構造形式：木造（積重ね構法）

東大寺金堂（大仏殿）・東大寺南大門
Todaiji Daibutsu-den・Nandai-mon

軒部組物詳細図

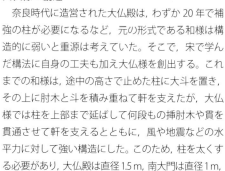

東大寺大仏殿内観

軸部組物

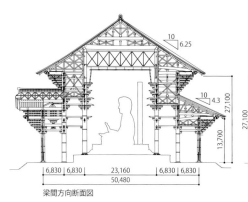

梁間方向断面図

桁行方向断面図

東大寺伽藍の焼失と鎌倉時代再建の課題

　8世紀の天平時代に聖武天皇によって建立された東大寺は，1181年に平氏による南都焼討によって大仏殿（758年竣工）をはじめとするほとんどの伽藍を失った。

　東大寺伽藍の再建を大勧進職（伽藍造営の最高責任者）として託されたのは，当時61歳の僧，俊乗房重源。重源は浄土宗の開祖である法然から浄土教を学んだ後，中国の宋に3度渡って仏教の修行とともに現地の建築様式と技術を学んだ。

　東大寺の再建で重源が苦心したのが，①建設費用工面，②木材調達，③大空間に耐え得る構造の三つである。まず，資金調達のために幅広く勧進活動を行い，後白河法皇や源頼朝からも浄財寄付を得た。木材調達では，東大寺造営料国となった周防国（現在の山口県東部）の国司（知事）も兼任し，周防の険しい山から材長40mの棟木や直径1.5mの柱梁の巨木を遠く奈良まで運んだ。その運搬は困難を極め，勧進職の辞退を申し出るほどだったが，「ろくろ」や「関水」という方法を考案して乗り切った。

大仏様の創造

　奈良時代に造営された大仏殿は，わずか20年で補強の柱が必要になるなど，元の形式である和様は構造的に弱いと重源は考えていた。そこで，宋で学んだ構法に自身の工夫も加え大仏様を創出する。これまでの和様は，途中の高さで止めた柱に大斗を置き，その上に肘木と斗を積み重ねて軒を支えたが，大仏様では柱を上部まで延ばして何段もの挿肘木や貫を貫通させて軒を支えるとともに，風や地震などの水平力に対して強い構造にした。このため，柱を太くする必要があり，大仏殿は直径1.5m，南大門は直径1m，長さ19.2mもの大径長材を用いている。

　重源が主導して1190年に竣工した大仏殿は，戦国時代の戦乱により1597年に焼失したが，現代に残る南大門とそっくりの構造であったという。

江戸時代の再建とその後の修理

　その後，公慶上人の勧進により江戸時代の1709年に大仏様と和様の折衷様式で再建され，これが現代の大仏殿である。創建時の天平と鎌倉時代の規模が桁行11間×梁間7間であったのに対し，資金不足

南大門外観

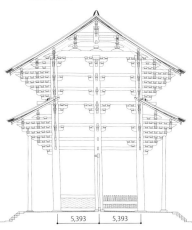
南大門見上げ

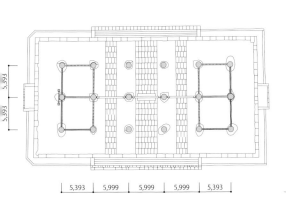
南大門平面図

5,393　5,999　5,999　5,999　5,393

南大門断面図

5,393　5,393

により幕府と造営関係者の間で度々折衝が行われ，ほぼ三分の二の桁行7間×梁間7間に落ち着いた。それでも大仏を囲む無柱空間は桁行方向26.13×梁間方向23.16mもの広さであったが，重い本瓦葺の屋根を支持するのに不十分な小屋梁断面や，小径材を束ねた集成材の柱など，各部で無理がみられる。

このような構造的な問題から，各所にひずみや雨漏りが生じ，竣工から100年ほど経った1806年には軒周りに補強の柱を設けるなど，度々，修理や構造補強が応急処置的に施されたが悪化がおさまらず，1903〜1913年に大修理が行われた。

この修理では，先の小屋梁の下に鉄骨造トラスの新設，集成材柱を利用した山形鋼の挿入など，英国から輸入された鋼材が使用された。補強と同時に約12％の瓦を減らす，熨斗瓦をRC造にするなどの軽量化も行われ，文化財修理として新しい材料と工法を応用する画期的な試みがなされた。昭和に入ると，雨漏りなどによる木材の腐朽や蟻害が問題となり，1973〜1980年に瓦屋根の葺き替えや木部の補修が行われた。

東大寺南大門

南大門は，1203年に再建された日本最大の山門である。五間三戸の二重門（屋根が二重に取り付いた最も格式の高い門）で，梁間約10.8m，桁行約28.8m，最高高さ約25.5mの規模を誇る。2階建に見えるが，18本ある柱は屋根まで延びており，構造上は平屋になっている。軒は柱から5.4mも跳ね出しているが，この深く重い瓦屋根の軒も，肘木と斗を交互に重ね，上部に行くにしたがって延ばしていく持ち送り構造により，細い材で支えている。貫や挿肘木による構成，柱上に組物がないなど，力学的に明解な大仏様の特徴を持っているが，貫，肘木，頭貫，桁，間斗束等のほとんどの材が同断面で作られている。これは木材調達を容易にし，木取りの手間を省くなど，戦乱で物資や労力が不足する時代に大仏殿をはじめとする巨大な建築群の再建を少しでも容易にするための策だったと考えられている。

所在地・竣工年：奈良県奈良市／大仏殿1709年，南大門1203年
設計：大仏殿／中井主水，南大門／俊乗坊重源
構造形式：木造（大仏様）

167

Column 5 | 大阪万博で花開いた多様な空気膜構造
Various air-supported membrane structures blossomed at Expo'70 Osaka

図1 長方形に近い楕円形平面のドームアメリカ館外観

図2 約10000 m^{2}の無柱空間のアメリカ館内観)

図3 外周RCリングに支持されるケーブル端末

図4 ケーブルと膜のディテール

図5 膜の工場製作景

図6 工場内で梱包し荷積みしている様子

図7 現場に搬入された膜材

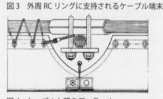
図8 クレーンで膜材を広げ始める様子

図9 人海戦術で膜材を全体に広げる様子

図10 ケーブルで支持された膜面

図11 空気でふくらみ始める膜面

図12 空気でふくらんだ膜面

数々のユニークな空気膜構造

1970年の大阪万博では，数多くの空気膜構造が実現し，膜構造のデザインや構造の可能性を多く示す機会となった。当時はまだPTFE膜が開発されておらず，膜構造といえば仮設的に利用されるものであった。本書では，当時実現したユニークな構造形式である数々の事例と併せ，空気膜構造がその後どのように発展したかについても述べることとする。

事例1：アメリカ館
（低ライズケーブル補強空気膜構造（図1〜12））

長辺142 m，短辺83.5 m，柱なしで約1万m^{2}の大空間を，内圧で支持した一重膜構造形式であり，空気支持型と呼ばれる。これにより，世界に空気膜構造による大空間の可能性が示された。内部は「月の石」など，宇宙関連の展示がされた。

平面的には長方形に近い楕円形状で，外周には7mの高さの土手の上に，幅3.5×高さ1mの鉄筋コンクリートが，コンプレッションリングとして配置され，32本のケーブル端末が支持されている。リングには常時には軸力が，風荷重時にはケーブル張力増加により曲げモーメントも生じる。また，吹き飛び防止のウェイトの役割も果たしている。

補強ケーブルは，直径38〜56 mmのスパイラルロープが60°角度をふって，二方向に約6.1 mピッチで配置されている。中央のライズは約6.1 mと低ライズで，これは風荷重の正圧を発生させないよう考えられた形状である。ライズが低ければ低いほど，風荷重負圧時の発生張力は高くなるので，それらのバランスを考慮し設計されている。

3 μm径のガラス繊維の基布に，塩化ビニルをコーティングした膜材料が使用された。60 N/m^{2}の自重に対し，内圧は常時270 Pa，台風時にもそのまま内圧を上げず，360 N/m^{2}の雪荷重に対しては630 Paの内圧設定であった。

この構造形式はデビッド・ガイガーが提案した方式であり，その後の発展については後述する。

事例2：富士グループパビリオン
（エアービーム構造，図13〜21）

富士グループパビリオンは，外形50 mの円形プ

図13　エアビームが16本並んで連結された富士グループパビリオン外観

図18　順番に塗装しながら建てていく様子

図19　クレーンを使って建てていく様子

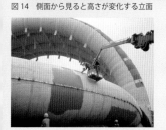

図14　側面から見ると高さが変化する立面

図15　足元が円形に配置された平面

図20　端にいくほど足元が狭くなり高さが上がる

図16　チューブを寝かせた状態で現場塗装する様子

図17　小規模スケールでの実験の様子

図21　妻側から見た立面

ランの周上に連続して立つ，直径4×長さ72mのエアービーム（チューブ）16本で構成されている。中央部の断面で半円アーチ型をしたチューブが，端にいくにしたがって，足元が近づいていき，その分高さが上がり，全体的に有機的な形状を作り出している。この成立するアーチ群は50cmの横ベルトで4mピッチに連結されており，各ベルトは測地線と呼ばれる空間上の二点を結ぶ一番短い線上にのっている。事例1に示した空気支持型については当時でもかなりの知見があったが，事例2の形式は空気膨張型と呼ばれ，前例も技術の集積も皆無に近い状態からのスタートであった。空気膨張型は出入口など内部空間の気密性が必要ないため，パビリオンの自由度が増す利点がある。極めて限られた期間で，材料の開発，空気膨張構造の性質の把握，構造モデルの決定，解析手法の確立，計算，ディテール設計，防火試験など，判断と作業を繰り返しながら開発は進み，実物大のエアチューブの妻側2本の建方実験および防火実験の成功で，一気に実現へと進んだ。材料は既存材料にこだわらず，布，プラスチックフィ

ルム，FRP板，ガラスクロス，金属板が検討された。結果として加工性などから，本体チューブキャンバスはビニロン布（一軸破断強度200kg/cm）2枚をネオプレン系接着剤で貼り合わせ，表面をハイパロン加工，内面に気密用塩ビ（ターポリン）を接着した材料を採用している。厚さはトータル4mm，重さ5kg/m²の皮膜である。これは，現在のPTFE膜の4〜5倍程度の質量，厚さである。

空気膨張型の内圧は，空気支持型に比べ10〜40倍程度高い。このパビリオンでは常時内圧が8kPa，暴風時25kPaである。信号により自動でバルブを開閉し，内圧を保つ。空気膜構造で最も警戒すべきは異常過圧による破裂であるが，本パビリオンでは，周辺の池の水圧（2.5m深さの水圧25kPa）を利用し，25kPaを越えないようになっている。空気支持型より複雑かつ成立が難しい構造である。

建方は中央部のアーチから1本ずつ順に建て，チューブの自立補助ロープで中央をクレーンで吊りながら空気圧を上げていった。1本の重量は約40kNである。白い膜材料に対し現場で塗装が行われた。

図22　お祭り広場透明クッションの大屋根

図25　開時（設計風速 15 m/s）

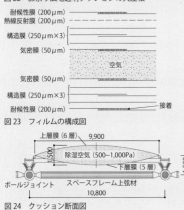

図23　フィルムの構成図

耐候性膜（200μm）
熱線反射膜（200μm）
構造膜（250μm×3）
気密膜（50μm）
空気
気密膜（50μm）
構造膜（250μm×3）
耐候性膜（200μm）　　接着

上層膜（6層）　9,900
除湿空気（500~1,000Pa）
10,500
下層膜（5層）　1,500
ボールジョイント　スペースフレーム上弦材
10,800

図24　クッション断面図

図26　閉時（設計風速 60 m/s）

事例3：お祭り広場の透明エアクッション（図22〜24）

　構造体のスペースフレームについては，別頁に詳しく掲載されているが，ここでは，そこに屋根として設置されたクッション型の透明フィルムによる膜構造について言及する。約 10×10 m の空気膜パネル 243 個で構成されており，世界初の大規模透明膜屋根である。材料は当時入手可能な材料の中で，機械的特性が優れている（破断強度 150 N/mm^2，破断伸び 200%）飽和ポリエステルが選定された。耐候性は 6〜7 年程度と考えられていたが，建設から 8 年後の解体時の性質は，破断強度約 120 N/mm^2，破断伸び 100% で，まだ十分使用に耐える状況であった。

　一辺 9.9 m という大きなグリッドで，断面はレンズ型の上下フィルムで構成されており，中央部の厚みは 1.5 m であった。フィルムの構成は図23に示すが，上下とも構造用フィルムが 250μm×3 枚重ねで構成された。最内層に 50μm の気密フィルム，最外層に 200μm の紫外線抵抗能力の高い耐候性フィルムが用いられ，屋根面側には最外層の内側にアルミニウムを蒸着させた熱線反射フィルムを用いている。上下合わせてトータル 2.2 mm の膜厚である。

　パネル内部は結露防止のため，常に乾燥空気が送

風され，常時 500 Pa，強風時 1,000 Pa の内圧が自動調整されている。膜の応力・変形は非線形解析により求め，さらに実大実験で確認された。

　火災に対しても，膜面が簡単に貫通して排煙口の働きをし，フィルム自身が延焼しにくく，火災が拡大するおそれがないことを，実験で確認している。

事例4：開閉式空気膜マッシュバルーン（図25, 26）

　傘型のバルーンは，3 種類の大きさがあり，開いた状態の直径が 15, 20, 30 m。それぞれ高さが 15, 20, 29 m である。バルーンを突き抜けた柱から，45 本のワイヤーで吊られている。バルーンは上下違う曲率の膜面で張られ，一つの気室になっている。空気を入れることで，外側に開くような力が働き，ワイヤーに張力が入るシステムである。空気膜構造は，強風時に内圧を上げることで膜張力を上げ剛性を確保するやり方と，強風時にはたたんでしまうやり方がある。この構造はその中間で，傘のように折りたたむことで受風面積を小さくし，より強風に耐える設計としている。開時の設計風速が 15 m/s に対し，閉時は 60 m/s（いずれも瞬間風速）としている。内圧は開時 1,500 Pa，閉時 500 Pa である。膜材料は，15 m がポリエステル繊維の塩ビ樹脂膜，25, 30 m がビニロン繊維の塩ビ樹脂膜である。開発当

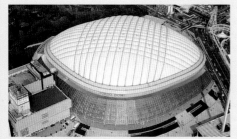

図27 事例1の進化版：東京ドーム（1988年）

図28 事例2の進化版：医療用陰圧テント（緊急用仮設シェルター）

図29 事例3の進化版：新豊洲Brilliaランニングスタジアム（2016年）

図30 事例4の進化版：パークドーム熊本（1997年）

図31 仮設空気膜の可能性：LUCERNE FESTIVAL ARK NOVA 外観（2013年）

図32 仮設空気膜の可能性：LUCERNE FESTIVAL ARK NOVA 内観（2013年）

初はヘリウムで膜面を浮かせる計画もあったが，実験の失敗を経て，3年間の開発でこの形態で実現した。

その後の空気膜構造の発展

まず事例1の構造形式については，1971年にA種膜（PTFE樹脂コーティングガラス繊維布）の開発もあり，その後膜構造が恒久建築物に利用されるようになった。この構造形式もアメリカで，1974年約3,300 m²のミリガン大学体育館から始まり，1975年には39,000 m²のシルバードームが実現，その後も北米中心に大規模ドームが数件立て続けに建設された。日本では遅れること約10年，1984年に約2,000 m²の霊友会弥勒山エアドーム，1988年に約28,000 m²（膜面積）の東京ドーム（図27，84頁）が建設された。しかしながら，北米のドームに積雪時の事故などが相次ぎ，その多くがケーブル構造などに変更された。現在残る本形式の空気膜構造大規模ドームは，世界でも東京ドームのみである。

事例2のエアビーム方式については，大規模なものだと，剛性を保つために大口径にする必要があり，高強度の膜材料が必要になる。そのため，本形式は小さなもので，仮設的に活用されることが多い。例えば，緊急用仮設シェルター（図28）である。災害時にも使用可能で，内部を陰圧にする装置

を備え，コロナ渦の仮設施設などに活用されている。

事例3の透明フィルムクッションについては，50年以上前に実現した後，現在ではETFEクッションとして，当時の技術がそのまま実現されている。素材こそETFE（フッ素樹脂のフィルム）ができ，耐久性は抜群に向上したが，乾燥空気を送り内圧管理をする技術などは，当時のまま活かされている。2000年にイギリスのエデン・プロジェクト，2005年にドイツワールドカップで使用されたアリアンツ・アリーナ，2008年に北京五輪水泳場等でも使用された。ETFEは日本でも2014年に建築材料，2015年に防火規定，2017年に膜構造の告示第666号に追加され，一般化された。海外に遅れること約15年，2016年に実現した約2,000 m²の新豊洲Brilliaランニングスタジアム（図29，90頁）は記憶に新しい。

事例4の進化事例については，パークドーム熊本（図30，200頁）が挙げられる。空気膜構造は，常設でほぼ使用されなくなったが，短時間に空間を作れる利点は仮設建築に適している（例えばLUCERNE FESTIVAL ARK NOVA（図31，32））。デザイン性や自由度があり，見るだけでわくわくし，学習になるような形態をつくれ，建築は常にそこにあるものという空間の概念を覆す可能性をも秘めており，今後も期待したい構造である。

第6章
中国・四国

113,114

115

112

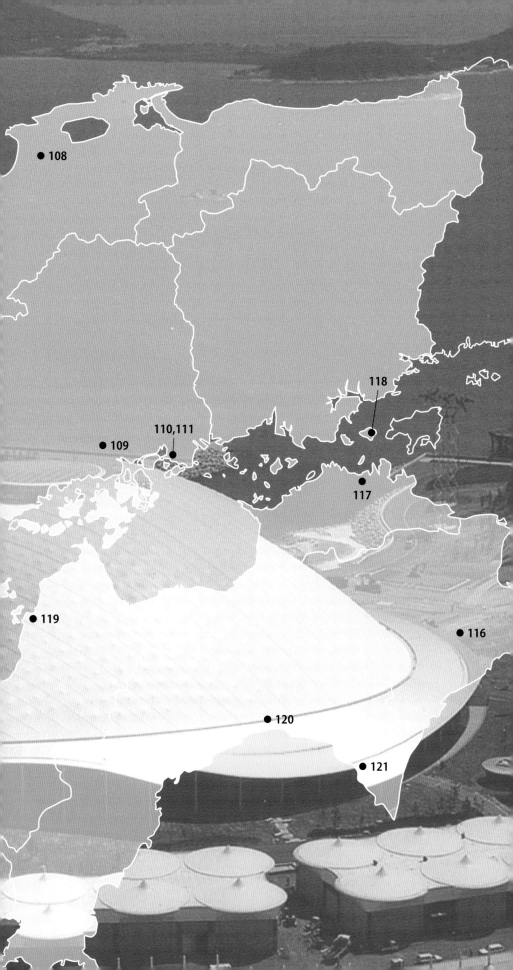

出雲ドーム
Izumo Dome

美しい田園風景と調和する出雲ドーム

ドーム内観　『蛇の目傘』のイメージ

地組される集成材アーチのユニット

フープケーブルのディテール

穏やかな田園風景に溶けこむ木造ドーム

　古代最大の木造建築・出雲大社を祭る北山の杜に続く広大な水田の中に，白く輝く出雲ドームが違和感なく溶け込んでいる。架構のイメージは，木製の骨に和紙を貼った日本古来の『蛇の目傘』であった。放射状に配した36本の骨太な集成材アーチと，細かい折面をもつ半透明の膜面で構成された直径143m，高さ49mの球形ドームは，ハイブリッド構造にすることで，空間の軽快さを損なうことなく木造ならではの新しい構造表現を実現している。

木・膜・スチールのハイブリッド構造

　出雲ドームの構造的な最大の特徴は，横つなぎのないアーチ構造を実現するため，V字ストラットを介してフープケーブルとダイアゴナルロッドをアーチの内側に配置した立体張弦アーチ構造である。ドーム内部に入ると，これらのテンション・ストリング群からはあたかも蛇の目傘の骨をかがる細い糸のような印象を受ける。80mの長さに及ぶ集成材アーチの主応力となる圧縮力に対しては，「ウッドタッチ」によって接合金物の最小化が可能となった。

自重時のアーチ架構を成立させるために重要な役割を果たすフープケーブルには，施工時の張力導入を可能とする独自のディテールが考案されている。膜屋根はアーチに沿って張られ，中央を押え ケーブルで押し下げることにより形づくられたV字型断面は，大きな雪荷重と風荷重に対して，有効に抵抗することができる。

　出雲ドームの建方には2本のアーチ部材を1ユニットとして地組した後に，中央部の圧縮リングを一気に49mの高さまで持ち上げる「中央プッシュアップ工法」が採用された。この時，外周支承部の水平移動量は約10mとなり，当然アーチと中央リングの接合部には回転角を吸収するメカニズムが求められる。地上組立時と完成時，接合部はピンから固定状態に変化するわけである。ドラマチックに立ち上がっていく建方時のドームの姿は市民の注目を集め，完成後も街のシンボルとして親しまれている。

所在地・竣工年：島根県出雲市／1992年
建築設計：KAJIMA DESIGN
構造設計：KAJIMA DESIGN＋斎藤公男
構造形式：木質立体張弦アーチ構造

白竜ドーム
Hakuryu Dome Gymnasium

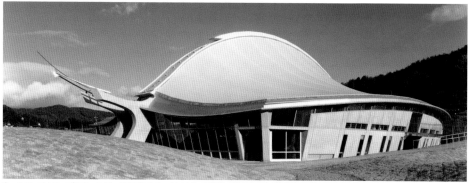

キールアーチとケーブルネット膜，外周コンクリートにより，躍動的で滑らかな曲面屋根を実現している

ケーブルネットと膜を繋ぐストラットで膜は張力状態を保つ

夜は膜を透過する光で行燈のように照らし出される

集成材キールアーチの建方

ケーブルへの張力導入

膜の展張

竜の背骨のようなアーチ

　新広島空港の北に位置する町のコンペで選ばれた本案は緑豊かな環境に馴染み，柔らかい光に包まれた空間で，竜のような外観から白竜ドームと名付けられた。屋根を支える中央のアーチは，キール（竜骨）と呼ばれる。キールとは，元々は船の船底で船首と船尾を繋ぐ部材を表す用語である。全長50mのキールアーチは中央で幅2×せい2m，端部で5.5×1.5mの変断面になっている。キールは現場搬入後にビッグフィンガージョイントで接合（木口をジグザグにカットして交互に組み合わせて接着剤で接合）した厚さ220mmの2枚の湾曲集成材をクレーンで吊り上げ，相互に鉄骨で繋いで作られている。ビッグフィンガージョイントは金物による接合よりも高い接合効率を確保しており，金属の腐食や結露，火災時の金属軟化の問題を根本的に除去している。日本初の試みであったため，接着剤選びやアーチの強度試験による検討が慎重に行われた。キールの内側には照明設備やキャットウォークが内蔵され，頂上付近には棟換気用の開口が設けられて

いる。これにより屋根付近の熱気を排出し，外気を誘引する空気の流れがもたらされる。

ケーブルネットと膜による躍動的な曲面

　キールの左右には格子状のケーブルネットが張られ，その上にPTFE膜が展張されている。格子状のケーブルネットは吊り方向と押え方向の張力により，自立した釣合曲面を形成している。外周にはケーブルの張力が加わるため，桁行方向の梁を円弧状に湾曲することで軸力での応力伝達を可能にし，梁に生じる曲げモーメントを軽減している。ケーブルネットと膜は，吊り方向に0.8m間隔で配置されたストラットで接合することで，膜面に作用する雪荷重や風による吹上荷重をケーブルネットに伝達している。厚さ0.6mmの膜は，曇天の日でも自然光で競技できるほど明るく，夜間は照明で膜が行燈のように照らされ，地域のシンボル的な存在となっている。

所在地・竣工年：広島県三原市／1992年
建築設計：竹中工務店
構造設計：竹中工務店
構造形式：集成材アーチ＋ケーブルネット膜構造

Ribbon Chapel
Ribbon Chapel

瀬戸内の海を見下ろす山の中腹に立つ結婚式用のチャペル

チャペル内部からは瀬戸内の海まで視線が抜ける

内部から螺旋の天井を見上げる

結び合う二つの螺旋

　敷地は，広島県の尾道と鞆の浦の中間くらい。尾道といえば「情緒豊かな坂のまち」，鞆の浦といえば「崖の上のポニョのふるさと」である。どこか懐かしい日本の原風景が残っている風光明媚な地域である。一見，奇抜に見えるその外観も，周辺環境の中で見ると，自然の中にすっくと立ったその立ち姿とスケール感が，実にバランスがよく，美しい佇まいを呈している。

　二つの螺旋が絡み合い頂部で一つとなる。二人の人生が紆余曲折を経て一つとなる，そんな結婚という行為そのものを純粋に空間化した建築である。絡み合うリボンが，屋根となり，庇となり，床となり，壁となって空間を創出している。そんな物語性の豊かさと構造の一体感，それがリボンチャペルの最も創造的で革新的なところである。

支え合う二つの螺旋

　リボンチャペルの螺旋は，直径318.5 mmの2本の鋼管，それらに架け渡された16×250 mmと25×300 mmのフラットバー，鋼管上にスロット溶接さ

れた9 mmと12 mmの鋼板で構成される。フラットバーは階段の捩れ剛性を高めるとともに鋼管の座屈を抑止し，鋼板は面内剛性を確保し水平力を円滑に伝達する役割を担っている。鋼板上にはスタッドが配され，コンクリートの段床と一体化される。

　螺旋はインナーとアウターの二つの螺旋で構成され，頂部で一体となる。前者は直径100 mmの無垢材の柱（上下ともにピン接合）によって支持され，後者はインナーの螺旋から腕のように跳ね出した四つの直径318.5 mmの鋼管連結梁によって，鉛直・水平ともに支持されオーバーハングしている。二つの螺旋が連結され，お互いに変形を制御し合うことによって，鉛直・水平剛性ともに飛躍的に向上し，全体としてチューブのような構造が構築され外力に抵抗する。こうして，結び合い支え合う構造が構築されている。

所在地・竣工年：広島県尾道市／2013年
建築設計：中村拓志＆NAP建築設計事務所
構造設計：Arup（柴田育秀）
構造形式：二重螺旋構造

ベラビスタスパ＆マリーナ尾道 エレテギア
Bella Vista SPA & MARINA ONOMICHI Main Dining Erretegia

繊細に組まれた木造屋根を鉄骨造フィーレンディール柱・桁が支持する

家具用 NC 加工機で高精度に加工された
極小断面木材

極小断面木材の三層構成と嵌合接合による
屋根構造

風景の中に軽やかに浮かぶ屋根

フィーレンディール柱に通した桁に
ボルト止めして構成するラーメン構造

第 6 章｜中国・四国

美しい風景の中に浮かぶ屋根

　瀬戸内海の美しい島々を見渡せる高台に建つ，リ
ゾートホテルのレストランである。東西方向 3.6×
南北方向 32.4 ｍの平屋で，海岸と平行に細長く配置
されている。屋根は 5.5 寸勾配の入母屋形式で，採
光の越屋根がついている。この美しい環境の中に軽
やかに浮かぶ屋根を実現するため，軽量な木造屋根
を繊細な鉄骨フレームで支える構成となっている。

極小断面木材による屋根構造

　屋根構造は極小断面木材（地域産アカマツ製材，
上弦材 22.5×60 mm，下弦材 22.5×45 mm，鉛直水
平材 45×45 mm）で組み立てた山形トラスである。
トラス接合部は 1 点で多数の部材が交差するため，
木造では部材断面が小さくなるほど設計が困難にな
るが，部材構成とディテールの工夫で解決している。
　山形トラスは，屋根勾配に合わせた上下弦材の間
に鉛直水平のラチス材を入れた構成である。ラチス
材は，腰屋根の位置に合わせて割り付けている。シ
ングルのラチス材をダブルの弦材で挟む 3 層構成と
し，少なくとも二方向の部材を通して接合部の混雑

解消に寄与させている。ラチス材を相欠きやほぞで
組み，交差部で 5 mm 切削したダブルの上下弦材で
挟むといった構成を基本として，支圧により確実に
応力伝達させるために，加工精度が確保されるよう
家具用の NC 加工機を用いている。さらに，飼木や構
造用ビスといった要素技術を駆使している。

極小断面鋼材による下部構造

　下部構造は，眺望を極力妨げないよう，溶接組立
による梯子状の柱ユニットに桁ユニットを通してピ
ン接合するだけで組み立てられる構造（梁間：
フィーレンディール柱の片持ち，桁行：角鋼柱と
フィーレンディール桁のラーメン）としている。屋
根構造と下部構造のジョイントは，木造トラスと
フィーレンディール桁の縦材のピッチを 450 mm に
合わせてビスで止付ける簡易なディテールを採用し
ている。

所在地・竣工年：広島県尾道市／2015 年
建築設計：中村拓志＆ NAP 建築設計事務所
構造設計：山田憲明構造設計事務所
構造形式：鉄骨フィーレンディール構造＋木造トラス

山口きららドーム
Yamaguchi Kirara Dome

瀬戸内海を背にして建つ「山口きららドーム」
コンペ時の最初のイメージは「渡り鳥」

有機的に波打つ "ツインドーム"

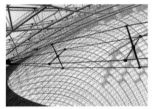

大小二つのドームを繋ぐ
"フライング・タイケーブル"

木の香りが漂う "バウンダリー・ルーフ"

基本構想の最初のイメージ模型

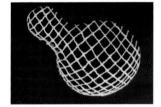

"逆さ吊り" によるスタディ模型

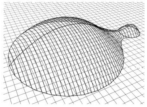

数理曲面（推動曲面）への変換

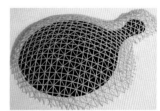

曲面格子と境界構造の全体模型

敷地条件と設計理念──自然にデザインする

　敷地は，穏やかな瀬戸内海に浮かぶ大小の島影を望む広大な阿知須干拓地。人工のラグーン，緑の丘陵やスポーツ広場が建物を囲んでいる。設計チームが目指した「デザイン」のキーワードは "自然"。すなわち，第一に美しい周囲の景観に調和すること，第二に機能と形態，空間と技術とが無理なく結ばれ融合すること，第三に屋内の環境は自然流を旨とし，省エネ（光・熱・風）を目指すこと，第四に駆使される構造技術は "造形の実現" に振りまわされないこと，力ずくの技術ではなく，システム・ディテール・工法とがお互いに相関し合うこと，などである。建設エネルギーを最小にすることは，ホリスティックデザインの鍵となる。

空間・形態・構造の融合

　計画当初，市民の憩いの場所として，温泉を楽しむ小空間が考えられていた。アリーナとコミュニティの，大小二つのスペースを覆う連続した美しいツインドームを作ること。このイメージがすべての出発点となった。開かれた二つのドームの間には，

十字形ストラットを挟み込んだフライング・タイケーブルが設けられている。自重時の外周リングの応力と変形を制御するために，タイケーブルには初期張力が導入された。ドームの中と外の二つの空間を繋ぐインターフェイスとしての大庇（バウンダリー・ルーフ）は，床も天井も香り高いヒノキ材で仕上げられた。さらに，これをウェーブさせるとドーム形態はより軽やかとなり，独自な形態は飛翔する渡り鳥や，波間に浮かぶ小島のイメージと繋がってくる。アリーナ外周には開閉可能な大型開口を設けることにより，ドームの内外を一体・連続的に利用することが可能となっている。ドーム頂部には，オクルス（天窓）が設けられた。自然光を取り入れるとともに，その外周にあるスウィンドーによって雨水を防ぎながら，強い上昇気流がうながされる。

ドーム・ジオメトリーをどう決めるか

　波打つようなツインドームの形態イメージの起点は "渡り鳥"。有機的な造形に恣意的でない論理性を与えるために，ヒントになったのがA.ガウディの「逆さ吊り」の設計手法である。さらに，この連続体

「テンセグリック・トラス」のメカニズム
スリットジョイントによる PS 導入

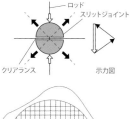

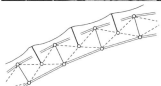

「テンセグリック・トラス」から浮遊する
「ホルン型張力膜」

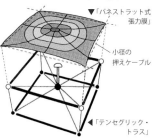

「ホルン型張力膜」のメカニズム

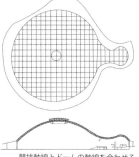

競技軸線とドームの軸線を合わせる

"UP & DOWN 工法"にも適応されたドーム免震

長尺かつ平面膜の架設風景

ドーム内観　あたかもエアー・ドームと見間違える程の浮遊感・透明感はかつてない。

を近似させる数理的ジオメリーとして推動曲面（EP）が採用された。すなわち，まず大小二つのドーム頂点を結ぶ導線（背骨）を定め，これに沿って一本の放物線（パラボラ）を並列にスライドさせていく。一つの推動曲面を切り取った外周に取り付く大庇は線織面。大きなうねりをもった屋根曲面は，直線のH形鋼で構成されている。一見複雑なドーム形態は結局，単純な平行曲線群と直線の集積から生まれたことになる。

仕組みと仕掛け──システム・ディテール・工法

軽量かつ透明感の高いドームを，構造的合理性を発揮させながらいかに構築するか。製作と施工を考慮したいくつかの仕組みと仕掛けが考案・実施された。

①テンセグリック・トラス（Type Ⅲ）

長・短径が約 210 m，160 m のドームを構成する二方向格子のグリッドは 4×4 m，せい 2 m。中央交点のスリット・ジョイントの隙間に薄い金属プレートを挿入して，ロッド長を確定した後にプレートを抜いて小ジャッキで圧着する。1 ユニット 8 本のロッドには，同時に所定の張力が瞬時に導入される。

②ばね式ホルン型張力膜

膜体とトラスとは，基本的に遊離している。約 4 m 角の膜パネルの周辺に仕込まれた小径のケーブルは，トラス上弦ジョイントと結合され，風による吹上げに抵抗。

また，膜パネルの中央はトラス中央ジョイントから伸びたバネ内蔵ストラットにより突き上げられ，小さな曲率のホルン型張力膜は積雪荷重などを支える。

③ドームの免震化と UP & DOWN 工法

ドーム外周の柱頭には，38 基の積層ゴム支承が設置された。ドームの温度変化への対応・長柱も含めた地震力の大幅な低減を目的とした「ドーム免震」は世界初の試みであろう。軽量とはいえ多数の支保工によるドームの建方では，特に慎重なジャッキダウンが重要である。ここでは，外周リング直下の免震装置を利用して，一度支保工から浮かせて（UP），支保工解体後に下げる（DOWN）「UP & DOWN 工法」が試みられた。

所在地・竣工年：山口県山口市／2001 年
建築設計：日本設計
構造設計：日本設計＋斎藤公男
構造形式：鉄骨造＋張力膜（テンセグリック・トラス構造）

Column J | ケーブルとディテール
Detail of cable

図1 ブルックリン橋

図2 明石海峡大橋

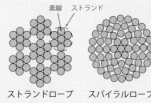

図3 代表的な構造用ワイヤーロープの断面と呼称

ストランドロープ（7×7）　スパイラルロープ（1×61）

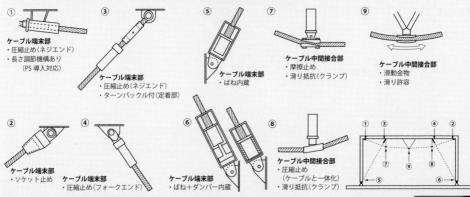

図4 ケーブル構造接合部の端末部と中間接合部

① ケーブル端末部
・圧縮止め（ネジエンド）
・長さ調節機構あり（PS導入対応）

③ ケーブル端末部
・圧縮止め（ネジエンド）
・ターンバックル付（定着部）

⑤ ケーブル端末部
・ばね内蔵

⑦ ケーブル中間接合部
・摩擦止め
・滑り抵抗（クランプ）

⑨ ケーブル中間接合部
・滑動金物
・滑り許容

② ケーブル端末部
・ソケット止め

④ ケーブル端末部
・圧縮止め（フォークエンド）

⑥ ケーブル端末部
・ばね＋ダンパー内蔵

⑧ ケーブル中間接合部
・圧縮止め（ケーブルと一体化）
・滑り抵抗（クランプ）

図5 酒田市国体記念体育館の端末金物

図6 建築会館の中間接合部

図7 有明体操競技場の中間接合部

鋼製ワイヤを用いたケーブルの歴史

はじめて鋼製ワイヤをケーブルに用いて建設された吊り橋が，ニューヨークのブルックリン橋（1883年）である。この時のワイヤの引張強さは1,098 N/mm^{2}で，その後，材料の高強度化が進み，世界最長の吊り橋である明石海峡大橋（1998年）では1,764 N/mm^{2}級が用いられた。建築では，1964年に国立代々木競技場がケーブル材料を用いて建設され，その後，張弦梁構造が提案された1980年代以降に，多くのアリーナやスタジアムで利用されている。また，ガラスの点支持構法が普及した1990年代以降は，ガラスファサードの支持架構でのケーブルの利用も数多くみられる。

ケーブルの特徴とディテール

建築で用いられるケーブルは，引張強さが1,470〜1,770 N/mm^{2}の鋼線を束ねたもので，通常の鋼材に比べて著しく高い引張強度を有する。そのため，同じ破断荷重を有する鋼材と比較すると，断面が小さくでき，部材の軽量化が図られる。素線をより合わせて断面を構成することで，高い柔軟性を有し，曲げて使用する，巻き取って長尺の部材として輸送することが可能な部材である。

一方，素線をより合わせて断面を構成するため，弾性係数が一般鋼材よりも小さく，軸剛性が小さくなるため，架構の変形に配慮が必要になる。また，高張力鋼の素線を束ねたケーブルは，溶接接合ができない。このため，ケーブル端部の定着部には端末金物と呼ばれる金物が必要となる。端末金物は，ソケット止め，圧縮止めなどがあり，一般的にコストが高くなることから，ケーブルをできるだけ切断せずに連続的に使用して，端末金物の数量を減らすことが望ましい。また，長尺で用いる場合，他の部材と交差する部分において中間接合金具が必要となる。この中間接合金具においては，交差部に生じる力を，ケーブルを損傷することなく，相互に確実に伝達できるようにする必要があり，2枚の金物でケーブルを挟み込む"摩擦止め"や，金属スリーブをプレスなどでケーブルに圧着させる"圧縮止め"，"楔止め"方式などがある。

下関市体育館
Shimonoseki Municipal Gymnasium

建設当時の外観（1963 年）

建物正面入口

鱗状の金属パネルで覆われた
HP 曲面

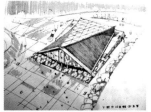
鳥瞰パース（作画：斎藤公男，1962 年）

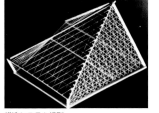
構造システム模型

石こう模型（建物背後より，1/200）

室内観─アリーナからスタンドを見る

大屋根の合掌型正面

激動する空間構造の時代の中で

　1962 年春。この建物の設計が，舞いこんだ時の坪井研究室は激動のさなかにあった。愛媛県民館（1953 年），晴海ドーム（1959 年）に続いて，この前年には戸塚 C.C が竣工し，国立代々木競技場と東京カテドラルの基本構想が同時にスタートしていた。いずれも丹下健三との渾心の協働設計である。しかし，この「下関」は坪井善勝という構造設計者が主導した稀有な誕生物語が第一の特徴である。それ故であろうか。「ドコノモン」（倉方俊輔著）で紹介されたこの建物は，保存に向けて耐震改修のための診断・計画が実施されたこともあった。

基本構想──与条件の「解」を探る

　下関市より出された条件は二つ。第一に体育館だけでなく，公会堂としての機能を併せ持つこと。第二に文献にもない“新しい構造形式”を打ち出すこと。その上で，厳しい予算と工期を守ることが求められた。平面・断面の非対称性を持つこの空間ボリュームを，最適・最小化する立体架構として提案・採用されたのは三角形格子梁からなる平面屋根

（せい 2 m）と，異形山形アーチの組合せトラス構造であった。三角板は山形架構の肩部とステージ後方壁に支持され，山形架構は大スパン構造として自重と地震力などの外力に抵抗。その脚部には，タイビームが施されている。桁方向の地震力や前傾する屋根全体を支えるため，両側の曲面屋根には構面ブレースが挿入された。

形態と構造──その後の展開

　この建物の特徴は，正面大合掌の力強さと，曲面屋根のダイナミックな躍動感の組合せであろう。黄金色の捩じれ面はアルミ板（300 mm 角）の瓦葺き。後年，これを人びとは「HP 曲面の構造」と評している。おそらくは同時期の東京カテドラルの印象と，繋がっているためと思われる。この建物の主役を演じた「山形アーチ」は秋田県立体育館をはじめ多くの大空間へと発展し，さらに後の「張弦梁」（ファラデー・ホール）を生み出す起点ともなった。

所在地・竣工年：山口県下関市／1963 年
建築設計：坪井善勝（協力／今泉善一）
構造設計：坪井研究室（川股重也，斎藤公男）
構造形式：鉄骨造，RC 造

唐戸市場と唐戸ブリッジ
Karato Fish Market & Footbridge

唐戸市場を上空から望む

芝生の屋上広場に憩う人びと

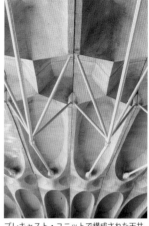

プレキャスト・ユニットで構成された天井

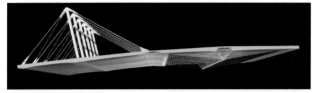

斜張式張弦梁による構造システム

"海の泡"をイメージした唐戸ブリッジ，市場と駐車場を軽やかにつなぐ

立方八面体が連続する歩道橋，トラス（ピン）と曲げ材，水平路面板とがハイブリッドに結合されている

PCa ユニットを三つのケーブル群で集積する

複数の建物から構成される唐戸市場の市場棟は，施設の中心である。100×45 m の市場棟の西側半分が「せり場」として利用される無柱空間として計画され，その屋上部分は海峡を望む芝生広場となっている。海峡の立地から耐候性の高いプレキャスト・プレストレス・コンクリート（PCaPC）が採用され，長期荷重の大きさ（N/m²）は，仕上げ 4,500，積載 3,600，躯体は約 5,000 にもなる。この重量に耐える PCaPC のストラクチャーとして採用されたのが，スパン 29 m の張弦梁とスパン 16 m の斜張式吊り屋根を複合化した構造形式であり，ゲルバー・システムの応用である。その結果，張弦梁部分のスパンも小さくなり，PCa ユニットの造形的な自由度も獲得し，無機的な重い RC の量塊を"力の流れ"を視覚化させた有機的かつシャープな表情をもった PCa ユニットが生まれている。約 100 個の PCa ユニットは，2×15 m を基本とした 4 種類のユニットで全長約 60 m のゆるやかなアーチ状ビームを形づくり，「集積のデザイン」が魅力を発揮している。一体化された PCa

屋根板は，PC ケーブル，張弦ケーブル，フロント・バックステイケーブルの 3 種類のケーブルが支持し，施工時にはバックステイケーブルの引き込みにより屋根板の応力と形状の制御も行っている。

多面体がつくる「海の泡」——唐戸ブリッジ

B.フラーが唱えたエネルギー幾何学の出発点は「球の最密パッキング」。中心となる一つの球のまわりに，最も密に詰められた球の中心を結ぶと六つの正方形と八つの正三角形が生まれ，「ベクトル平衡状態（Vector Equilibrium）」と呼ばれる。いわゆるアルキメデスの「立方八面体」である。唐戸ブリッジは「海の泡」をイメージし，テンセグリティ・モニュメントを用いた挑戦を経て，最終的に「テンセグリックな立方八面体の集積」により実現されている。立方八面体を線材で構成し，上下弦材と床を支える部分に曲げ材を挿入して多面体を安定化させている。

所在地・竣工年：山口県下関市／2001 年
建築設計：池原義郎建築設計事務所（加藤詞史）
構造設計：斎藤公男＋構造空間設計室（KKS）
構造形式：唐戸市場／PCaPC 張弦梁構造＋斜張式吊り屋根
　　　　　唐戸ブリッジ／テンセグリックトラス

錦帯橋
Kintaikyo Bridge

錦川に架け渡された五連の木造アーチ橋

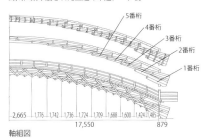

5番桁
4番桁
3番桁
2番桁
1番桁

2,665　1,776　1,742　1,736　1,724　1,709　1,688　1,600　1,424　1,485
17,550　　　　　　　　　879

軸組図

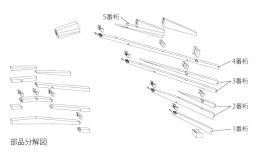

5番桁
4番桁
3番桁
2番桁
1番桁

部品分解図

中国の古絵をヒントに生まれた5連の木橋

　錦帯橋は，暴れ川である錦川に流されない橋を架けることを決意した岩国藩第3代藩主・吉川広嘉が，家臣の児玉九郎右衛門に架橋を命じ，1673年に完成した。流失しにくい形式としてアーチ橋を研究した広嘉が悩んでいたのは，200mもの川幅をどのようにアーチ橋で架け渡すかであった。明からの帰化僧・独立（どくりゅう）が所持していた「西湖志」に描かれた小さなアーチ橋をヒントに，広嘉が5連の橋を提案したといわれている。

通直な木材を繋げてスパン35mのアーチ橋を実現

　5連のうち両端の2スパンは橋脚で細かく支持されており，中央三つは各約35mスパンで，カテナリー形状のアーチ構造となっている。楔を挟みながら通直な桁材を少しずつずらして持ち送ることで，全体として緩やかなアーチ形状を形成している。桁材に生じるアーチ軸力は，鼻梁のせん断力を介して次の桁材に伝える仕組みである。

　鉛直荷重の支持によって生じる水平反力に対しては，隣接するアーチ同士では打ち消し合い，端部で

は石垣の橋台の重量により抑え込んでいる。偏荷重に耐えるための曲げ性能は，先述の少しずつ持ち送る構成によりどの位置においても3材以上の桁材を連続させるとともに，ブレース状の鞍木によって多段に重ねられた桁材を一体化することで高めている。

定期的な架け替えによって伝えられる技術

　初代の橋は完成からわずか8か月後に流出するが，広嘉の指示により，その5か月後に再建された。276年間耐えた錦帯橋も，1950年のキジア台風による錦川の大増水により流失したが，1953年に再建され，老朽化した2004年には架け替えられた。架け替えでは，祖父・父とも1953年の再建に関わった海老崎粂次棟梁が指揮した。錦帯橋は20〜40年ごとに架け替えが行われた記録が残っており，橋の老朽化対策だけでなく大工技術の伝承が行われていたと考えられている。

所在地・竣工年：山口県岩国市／1673年（初代）
設計：吉川広嘉，児玉九郎右衛門
構造形式：木造アーチ構造

上勝町ゼロ・ウェイストセンター
Kamikatsu Zero Waste Center

機能に合わせて丸太材が徐々にトランスフォームしていく

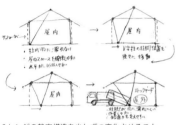

3ヒンジの静定構造を少しずつ変化させることで空間の使用条件に適合させる

3枚におろした丸太を，1本のボルトを中心に回転させて形態変化させる初期の発想　製材が薄くなることが課題になり，最終的には太鼓材を半割材で挟む構成に改善された

角度変化と接合耐力を担保するボルトとシアリングを組み合わせたディテール

ゼロ・ウェイストのシンボル

　上勝町は日本で2003年に初めてゼロ・ウェイスト（ゴミゼロ）宣言した自治体で，本建物はごみ分別処理場に教育・研究・発信機能を付与し，「ゼロ・ウェイスト」の理念の体現と，町のコミュニティの再形成や地域振興を目的とした環境型複合施設である。馬蹄形の大屋根の下に，機能がまったく異なるこれらの開放性の高い屋内外空間が，ごみの回収〜再生のプロセスに沿って並ぶ平面計画に対し，町内産スギ丸太の活用とゼロ・ウェイストを踏まえ，形態に対する融通性を持ちながらも統一性のある構造システムの構築を目指している。

丸太材が使用条件に合わせて形態変化する

　馬蹄形という中心軸の角度が徐々に変化していくプランに対して，鉛直・水平力の両方を負担可能なフレームを中心軸に沿って2.73m間隔に並べ，屋根の鉛直荷重を支えつつ，全体としてあらゆる方向に対する水平耐力を持たせている。フレームは二つの単位トラスと1本のピン柱による3ヒンジの静定構造で，常に施工性や乾燥収縮が課題となる丸太を

用いながら，丸太材の乾燥収縮による不静定応力や形態変化による構造特性の急変に対応している。トラスの柱脚位置を，屋内では内部スペースの空間効率と水平耐力を高めるために外側に，屋外では雨仕舞とごみ運搬の動線に配慮し中央付近に，その間は455mmずつ移動させ，機能と構造形態の融合と緩やかな構造特性の変化を図っている。

形態変化に追従できる丸太の構成とディテール

　フレームは，シングルの太鼓材とダブルの半割材を組み合わせて構成し，部材同士の接合面を平らにするとともにトラス接合部の混雑を解消し，丸太材を用いる際に常に課題となる乾燥・墨付・加工・組立の困難を解決している。接合ディテールは，内蔵した鋼製シアリングにより支圧面積を大きくすることで1本のボルト止めを可能にし，形態の変化に追従できるようになっている。

所在地・竣工年：徳島県勝浦郡上勝町／2020年
建築設計：中村拓志＆NAP建築設計事務所
構造設計：山田憲明構造設計事務所
構造形式：木造3ヒンジ構造

香川県立体育館
Kagawa Prefectural Gymnasium

4歩足で地上から浮上した「船の体育館」

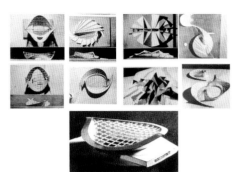

「国立代々木競技場」（1964年）の基本構想時に提案されたイメージ・モデル下の模型は坪井研制作　「和船」のイメージにつながっていよう

HP曲面の吊り屋根を支える側梁・妻梁と大柱

座席を支える格子梁（23mのキャンチ）を仰ぎ見る

空調ダクトにも利用されている側梁断面

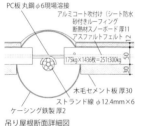

PC板 丸鋼φ6現場溶接
アルミコート吹付け（シート防水
砂付きルーフィング
断熱材スノーボード 厚11
アスファルトフェルト
175kg×1436枚＝251t300kg
木毛セメント板 厚30
ストランド線 φ12.4mm×6
ケーシング鉄製 厚2
吊り屋根断面詳細図

ケーブルネットが張られたミニ模型

サウンディング型市場調査の応募案（河西範幸）

ケーブルネットをPSコンクリート梁で支える

　瀬戸内海に面した温和な風土の中に位置する高松市に出現したこの建物の迫力は当時，建築界の話題をさらった。ほとんど同時期に完成された二つの丹下作品—国立代々木競技場，東京カテドラルと比較すると，この建築のもつ異様なまで力強い造形は見るものを圧倒する。振り返れば「代々木」の基本構想時にスタディされた小模型の中に，この"和船"のプロトタイプとおぼしきものがあったと記憶する。論理的かつ知的なシャープさではなく，骨太で力強い地域のシンボル性が求められたに違いない。一辺80m角の敷地の中で競技場（長軸75m，短軸50m）と客席（1,300人）空間は浮上させられ，付属施設はすべて中央下部に収容される。吊り屋根は1.2mグリッドのケーブルネット（吊り：ストランドケーブルφ12.4，押え：鋼棒）間にプレキャスト板（厚50mm）を載せた後に，目地コンクリートを打設した。この構造体の生命である側梁（全長84m）と妻梁（18.5m）はともに三角形の中空断面（梁せい約8m）のプレストレスコンクリート造であり，

施工時には二次応力の発生を防ぐため，いくつかの静定架構に分解している。

　コンピュータが登場する以前，緻密な数字が隙間なく並んだ計算書は1,000頁に達していた。構造設計者・岡本剛（1915〜1994年）から詳細な説明を受けた木村俊彦（1926〜2009年）は驚嘆する。「これは世界に類例をみない弾性構造計算の極致だ。この建物のもつ価値は計算書でも備え付けなければ理解されないであろう」と。

　1998年の耐震性能調査を経た2012年，耐震補強計画が行われるも実施に至らず。2018年，ワールドモニュメント財団（1963年, NY）は「緊急に保存・修復が求められる文化遺産ウォッチ」に指定。そして2021年には「サウンディング型市場調査」が実施され，新しい用途変更や半屋外利用を含めた10件の提案があった。果たして「船の体育館」の再出港はなるか。そのゆくえは世界中から注目されていよう。

所在地・竣工年：香川県高松市／1964年
建築設計：丹下健三＋URTEC，集団制作建築事務所
構造設計：岡本建築設計事務所
構造形式：PC構造＋ケーブルネット吊り屋根構造

豊島美術館
Teshima Art Museum

外観全景　自然環境と一体に溶け込む RC シェル

内観

土盛り型枠工法／土の搬出

土盛り型枠工法／配筋状況

建築とアート，自然が融和する美術館

　建築家・西沢立衛とアーティスト・内藤礼の協働による美術館で，建物の形は水滴のような屋根と壁が連続した無柱空間であり，そこに時間の経過とともに水が湧き出る作品を恒久設置するという建築とアートが融和するユニークな美術館として知られ，国内外から多くの来訪者を集めている。緑と水の豊かな棚田の風景の中で，空気や光，木々の緑を天井に空いた二つの開口が内部空間へと誘い込み，周囲の自然環境と一体化している。

水滴のような形の RC 自由曲面シェルの実現

　この建物は長辺 60.2 m，短辺 42.7 m の不整形な楕円形状の平面を覆う，水滴のような形の RC シェルの自由曲面屋根（ライズ 5.12 m，厚さ 250 mm）を持ち，屋根には二つの開口があり，シェル内部は半屋外の展示室があるのみである。建築家やアーティストの考える水滴のようなイメージの初期曲面形状は，そのままでは力学的合理性を持っているものとは言い難い。そこで，構造計画において力学的に合理的なシェル曲面形状を求めるために，感度解

析による形態デザイン手法を採用。これはシェル全体のひずみエネルギーを目的関数，制御点座標を設計変数として曲面形状決定問題を最適化問題に帰着させ，できる限り建築家のイメージに近い力学的に合理的な曲面形状を得ようとするものである。こうして機能的，計画的，芸術的な条件を満足し，構造的にも合理性を持つ，水滴のような形の RC 自由曲面シェルが具現化されているのである。

　それともう一つ，この RC 自由曲面シェルの実現に不可欠な工法として土盛り型枠工法が採用された。それは，天井に打継ぎや型枠の継目のない一様な打放し仕上げ面が要求されたこと，および形状初期不整を抑えるために高精度の施工管理が必要であったことから，シェルの形状に土盛りを行い，表面にモルタル仕上げを施し，それを型枠としてコンクリートを打設するという温故知新の型枠工法である。

所在地・竣工年：香川県豊島町／2010 年
建築設計：西沢立衛建築設計事務所
構造設計：佐々木睦朗構造計画研究所
構造形式：RC 自由曲面シェル構造

愛媛県立武道館
Ehimeken Budokan

主道場内観

屋根架構の詳細

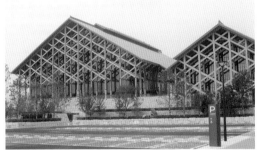

建物全景

観客席より見た屋根架構（屋根面の黒いブレースが粘弾性ダンパー）

国内最大級の木造武道館

　床面積約5,000 m²の主道場を含む，建築面積約12,000 m²を覆う3,000 m³の県産スギ集成材による屋根架構が圧巻の県立武道館である。愛媛は年間約50万m³の木材を算出する林業県であるが，構造材に用いられる主要な樹種はスギであり，ベイマツなどに比べると剛性・耐力が小さいため，大空間架構を構成するには工夫が必要である。本建物では，武道をイメージさせる菱形を構成するスギ集成材を構造の基本構成要素とし，妻面は丸材の主柱列柱を繋ぐ斜材，内部は菱形が連なる山形架構を観客席架構間に架け渡すことで，単なるトラス架構に見えない印象的な大空間木質構造を実現している。施設はエントランスホールを挟んで床面積5,095m²，観客席2,932席の主道場と床面積885m²の副道場，床面積1,279m²の柔道場，剣道場他が南北に配置され，ともに同形式の架構で覆われている。足元は，やはり県産の大島石による外壁石積で仕上げられている。

妻面架構と内部屋根架構の力のやりとり

　各道場の正面に並ぶ主柱は樹齢100年を超える末口150 cmのスギ原木をφ620 mmに円柱加工し，長さ4〜11 mとなったスギ丸材をイタヤカエデの木だぼで接合した22本（最長28.3 m）を配置したものである。一方，スパン60 mの主道場大屋根を支える木質系ハイブリッドトラスは，登り梁に集成材もし

くは集成材とスチールプレートのコンポジット（複合）部材を，菱形ユニットの対角を結ぶ水平および垂直材に高張力鋼のテンションロッドを配置したものである。これらの部材配置により，木部材（登り梁）は圧縮場が支配的になり，軸力を接合部に設けられた十字断面の鋼板接合部に集成材小端の圧縮応力として伝達することで，接合部の必要ボルト本数を減らしている。さらに，引張材となる菱形ユニット内部のテンションロッドを十字鋼板断面に接続することで，テンションロッドの張力を集成材小端面に伝達しすっきりとした接合部を実現している。

　大規模な丸太風の柱材で構成された妻正面の木組架構は大変印象的であるが，梁間方向の水平剛性は観客席架構で補剛された内部の屋根架構より小さい。このため，妻面に働く地震力は屋根面の構造用合板で内部の屋根架構に伝達するとともに，屋根面4隅に粘弾性ブレースを取付け，正面架構と内部架構間の変位差に対し付加減衰を与えることで応答低減を図っている。

　是非，現地に訪れて内部に入り，木質材で構成されたダイナミックで感動的な内部空間を実感してもらいたい。

所在地・竣工年：愛媛県松山市／2003年
建築設計：石本建築事務所
構造設計：播繁設計室
構造形式：屋根構造／木質造，観客席／RC造

高知駅
Kochi Station

建物内観　上弦材にスギの集成材，下弦材と斜材に鋼管を使う

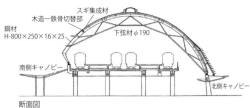

断面図

北側外観　ホームに立ったとき「北山」が見えるようにルーバーの角度を調整

北側柱脚のディテール

斜材と下弦材を繋ぐ鋳鋼ジョイント

南側外観　駅前に「三志士像」が立つ

高架化された駅舎

　高知駅は，国土交通省の連続立体交差事業の一環として，JR土讃線が高架化されることに伴い新設された駅舎である。高架化によって，歩行者は駅の南側と北側を自由に往来できるようになった。

構造概要

　駅舎上屋は全覆型でヴォールト状になっており，スパン約39m，長さ約60mである。ヴォールトの構造は4.5m間隔にアーチが配置され，このアーチの断面形状は左右対称ではなく南北で異なる変わった形をしている。高架を大きく跨ぐダイナミックな形を保ちつつ，南側にある在来線を走らせながら工事をする必要があったため，アーチは南側でひざを曲げたようにくの字形に折れて高架上で支持されることとなった。知事からの要請で高知県産のスギを使うことが求められ，スギの特性を最大限に活かす構造システムが適用された。それは，アーチの上弦材にスギの集成材（150×900mm，2枚合わせ），下弦材（φ190.7mm）と斜材（φ114.3mm）に鉄骨を使うハイブリッド構造である。高知県は台風銀座にあるため，風洞実験を行って風の影響が把握された。

木をいじめない接合

　木の断面に鋼板を割り込んで，せん断ボルトやドリフトピンを用いて接合する方法は一般的に多く用いられる方法であるが，木との力のやりとりを考えると細いボルトが木に対して集中した力を与える。木材の種類の中でも柔らかい材質を有するスギの場合，このような接合方法は大きな負担となる。そこで，この建物では支圧，ボルトの引張を直接活用できる「かんざしボルト」接合が採用された。北側柱脚において，常時荷重による圧縮力に対しては材端の木口面全体で接したベースプレートで受け，風や地震時に作用する引張力に対してはかんざしボルトを介して鋼板が木を押え，これまた支圧で抵抗できるような仕組みとしている。このように，木にとって力の伝わり方が常に圧縮となり，しかも応力分布が穏やかとなるディテールが徹底して用いられた。

所在地・竣工年：高知県高知市／2008年
建築設計：内藤廣建築設計事務所
構造設計：川口衛構造設計事務所
構造形式：木造─鉄骨ハイブリッド構造

いちとにぶんのいち View
Ichi-to-Ni-bunno-Ichi-View

崖上に大きく張り出したレストラン

レストランから太平洋を望む

上部躯体の曳家完了時

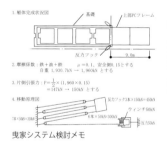

曳家システム検討メモ

1. 躯体完成状況図

2. 摩擦係数：鉄＋油＋鉄　　　μ＝0.1, 安全側0.15とする
　自重 1,930.7kN → 1,960kN とする

3. 片側引張力：$P = \frac{1}{2} \times (1,960 \times 0.15)$
　　$= 147kN \rightarrow 150kN$ とする

4. 移動原理図

空間と周辺環境が融合する建築計画

　本建物は，高知空港から東へ約 10 km の太平洋沿岸にあり，高知県を中心にレストランとブティックを併設した複合型店舗を展開する「いちとにぶんのいち」の新規店舗として計画された。

　敷地は海岸から高さ約 30 m の崖地にあり，建物の形状は短辺方向 4.5 m，長辺方向 27 m，高さ 7.5 m の箱型のボリュームを崖から 9 m 跳ね出させ，周辺の豊かな環境を眺望できる計画となっている。

プレストレストコンクリート造による鳥籠構造

　各種構造形式の可能性，材料の選択，施工の合理性などを模索しながら，眺望を損なわずに力の流れを意識できる美しい形態を生み出すため，幾多にもわたるスタディを繰り返した。結果として，海岸沿いの崖地という厳しい立地条件であることから対候性と耐久性に優れるコンクリート系での計画を採用している。また，鳥籠のように全構面をトラスフレームで構成することで剛性の高いフレームとし，9 m の跳ね出しを可能にしている。さらに，長期荷重時に引張応力が生じる部材には，プレストレス導入に

よりあらかじめ圧縮力を生じさせておくことで，引張応力をキャンセルしている。これによりクリープ現象に対して考慮するとともに，トラス部材断面を 300×300 mm と小さく抑えることができ，周辺の眺望を最大限内部へ取り込むことを可能にしている。

曳家による施工計画

　崖地へ跳ね出すため，施工時に先端を支保工で支持することは不可能である。そこで施工者と綿密な計画を行い，地組した構造躯体を曳家により移動させ，崖から 9 m 跳ね出させる施工方法をとった。躯体重量約 2,000 kN となる移動は，既に完成している基礎躯体を反力とし，三並列とした滑車を 30 kN の電動ウィンチ 2 基にそれぞれ繋ぎ，基礎梁天端に設置した鋼板を滑らせて行った。上部躯体の移動完了後は，あらかじめ基礎梁に設けた 24 か所のボルト孔に M36 ねじボルトをセットし，樹脂モルタルを注入することで基礎躯体と上部躯体を連結させている。

所在地・竣工年：高知県安芸郡芸西村／2006 年
建築設計：河江正雄建築設計事務所
構造設計：ジェーエスディー（JSD），照井構造事務所
構造形式：PC 造による片持ちトラス造

第6章　中国・四国

Column 6 | 日本における初期の鉄筋コンクリートドーム建築
Early reinforced concrete shells in Japan

図1 長崎眼鏡橋（1634年）

図2 雌滝取水堰堤取水井屋（1900（明治33）年）

図3 相撲常設館（1909（明治42）年，辰野金吾・葛西萬司設計）

図4 Jenaのプラネタリウム（1926年）

日本におけるアーチやドーム構造

ユーラシア大陸で組石造による構造物が普及していた地域では，今から2000年ほど前には石積みの大スパン構造物に曲線（アーチ）や曲面を活用することが，有利であることが知られていた。一方，日本本土における大スパン建築としてのアーチや曲面構造の歴史は比較的浅く，太鼓橋，船や桶，蔓植物による吊り橋や東北地方冬季の「かまくら」などに形としては見ることはできるものの，本格的な組石造アーチは中国から来た僧（黙子如定（もくしにょじょう））により，長崎の眼鏡橋（1634年，図1）が架設されたのが最初とされている。木造アーチの錦帯橋はその後（1673年）であり，曲線や曲面を活用した大スパン構造の建設は，海外からの影響によると考えられる。

明治期に入ると，欧米からインフラや産業の技術を導入する際に付随する形で，アーチや曲面を利用した構造技術が輸入された。新神戸駅近郊の雌滝取水堰堤取水井屋（1900（明治33）年，直径3.3m，図2）は，小さいがこのような例として現存している古い石積みドームである。

欧州では，18世紀の産業革命により大規模な鉄製の構造物が多数作られるようになり，組石建築からの開放を謳歌した。駅舎建設や温室ブームなどにより，鉄とガラスの大スパン建築が発達する。初代クリスタルパレス（1851年，1936年に焼失）は著名な例だ。

日本における本格的集客施設としてのドーム建築も，欧米からの技術導入の形で鉄骨造で始まる。初代ニコライ堂のドーム（1891年竣工，1923年に震災で大破，後述），相撲常設館（1909年竣工，1917年失火により焼失，図3）などが，日本における鉄骨大スパン建築の早期の事例である。東京駅（1914年）や広島の原爆ドーム（広島県物産陳列館，1915年）も当時の鉄骨によるドーム建築の事例で，どちらも1945年の戦災で大きなダメージを受けた。

日本の鉄筋コンクリートシェル構造

鉄筋コンクリートは鉄に約100年近く遅れて工業化された材料であるが，鋼材より安く，火災に強く，石のようでありながら鋳物のように自由に形を作れる新しい材料として期待された。

薄肉の鉄筋コンクリートシェル構造は，1920年頃のドイツのディビダグ（Dywidag）社における開発経緯がよく公表されており，同社がツァイス（Zeiss）社の提案する新しい光学娯楽のために作った半球ドーム施設，イエナ（Jena）のプラネタリウム（1926年，図4）が初期の鉄筋コンクリートシェルの有名な事例として知られている。しかし，モニエの鉄筋コンクリートの特許（1867年）が植木鉢であったことからわかるように，鉄筋コンクリートの開発には当初から薄肉構造への期待があり，イエナのプラネタリウム以前にもさまざまな試みがなされていた。

(a) 外観

(b) ドーム内の様子

(c) 上空より1

(d) 基壇内部

(e) 上空より2

(f) 入口上部詳細

(g) 初期案の模型

図5　可睡斎護国塔

日本においても，鉄筋コンクリート技術の導入直後から薄肉のドーム構造の建設事例が存在しており，現存しているものもある。

以下に，日本における初期の鉄筋コンクリートドーム建築の事例のうち現存する4例について，2019年に日本建築学会大会において川口・上村・岡により報告された資料「日本における初期の鉄筋コンクリートドーム構造の事例について（その1）（その2）」を基に紹介する。

可睡斎護国塔

可睡斎護国塔（1911年，図5）は，現存する日本の鉄筋コンクリートシェル建築としてごく初期の事例であり，記録もよく残っている。日露戦争の犠牲者を祀るために建立された護国塔で，宗教施設内の立地で環境も護られており，状況は比較的よい。意匠設計は伊東忠太，構造設計は佐野利器である。鉄筋コンクリート造で，八角形配置の柱と十字梁によるラーメン構造の基壇（高さ約4.5 m）の上に円筒状の塔体（約4 m），その上に半球状ドーム（約3 m）が載り，さらに総輪（約6 m）を支える。塔頂部までの高さは約17.5 m，塔体およびドーム部の直径は約5.9 m。総輪下部はドームへの明かり採りとなっている。伊東忠太の独特の意匠による設計は当初すべて石造にて計画されていたが，予算の都合などから規模を縮小し，鉄筋コンクリート造として竣工している。工事は2期に分けて計画されており，塔部分の設計予算が認

場所	静岡県袋井市久能
規模	最高高さ約17.5 m（約60尺）。
竣工年	1911（明治44）年
設計者	伊東忠太（意匠設計），佐野利器（構造設計）
構造	ドーム部：RCシェル構造
形式	基壇：RCラーメン構造
経緯	1909年　起工 1911年　竣工 1978年　県指定文化財建造物 1979年　第1次保存修理 1998年　第2次保存修理
備考	県指定文化財建造物

表1　可睡斎護国塔概要

可され鉄筋コンクリート工法となったのは1909（明治42）年，竣工は1911（明治44）年である。

佐野利器は，『構造はドームで楽なものだったが，形が複雑なので仮枠を造るのに苦労した』と述べている。伊東忠太は1907（明治40）年の時点で，鉄筋コンクリート造を思わせるドーム部の断面スケッチを残している。

今治ラヂウム温泉本館

愛媛県今治市の複合施設（図6）。2016年に，国の登録有形文化財に登録されている。施設の浴場部分は双子のドーム空間で，2014年まで各々男湯女湯として利用。二つのドームはまったく同じ形状（直径約9 m）で，八角形平面によるリブ付きドーム屋根。頂部には，明かり採りのランタンが載っている。ランタンの重量はリブにより支持されており，リブ間を緯線

(a) 南東側外観

(b) 浴室ドームの内観

(c) 西側裏手からの外観と双子のドーム
図6 今治ラヂウム温泉

南東空中からの鳥瞰外観

方向にのみ曲率を持った薄肉シェル屋根（厚さ約13cm）が覆っている。複合福祉施設「共楽館」（竣工1919年（大正8年5月21日付海南新聞））の一部として建設され，今治市課税台帳によれば1927（昭和2）年に大衆浴場「ラヂウム温泉」として開業しており，1927年以前の竣工と考えられるが，ドーム空間を含む温泉建物が共楽館と同時期の1919（大正8）年に竣工していたかは，現在のところはっきりしていない。設計，施工者ともに不明でさらなる調査の余地がある。

1945年8月5日の今治空襲の際にも爆撃されず焼失をも免れ，1967年に3階（宿泊施設）部分を増築，ほぼ現状に近い状態となった。2014年までは現役として利用されていたが，その後は宿泊施設および浴場は老朽化により休業状態である。

100年程度の歳月を経て，民間施設として地域に根差し存続してきた特徴のあるドーム建造物で，歴史的にも規模的にも貴重な文化財であるが，民間施設であるため本格的な保全工事が施されていない。建物存続のためには，早急な改修と継続的な活用方法を見出していくことが喫緊の課題となっている。

明治神宮外苑聖徳記念絵画館

明治神宮外苑の中心的な建物で，明治天皇・昭憲皇太后の聖徳や生涯を描いた絵画の展示施設である。中央部にドーム屋根を配置した小林正紹の設計競技一等当選案をもとに，小林政一による実施設計がなされている（図7）。

1919（大正8）年に起工，1926（大正15）年に竣工。

場所	愛媛県今治市共栄町
規模	建築面積 408 m²，最高高さ 14 m
竣工年	1919～1927年（未詳）
設計者	未詳
構造形式	ドーム部：リブ付き鉄筋コンクリートドーム（双子の2棟） 建物全体：鉄筋コンクリート造，増築部鉄骨造
経緯	1919年複合福祉施設「共楽館」竣工 1927年ラヂウム温泉として開業 1967年宿泊施設部分増築 2016年登録有形文化財
備考	国登録有形文化財

表7 今治ラヂウム温泉概要

ドーム部の基本形状は半径約8.2 mの球形で，シェルの厚みは頂点で約150 mm，底部で約300 mmである。

増田泰良等の研究では，ドームに関わる図面の日付は「大正11年3月14日」（1922年）で，ドーム部分の設計は遅くともこの時には終了したと考えられている。本ドームは，曲げ理論による解を用いて設計されたと考えられている。

薄肉の曲面構造を安全に設計建設するためには，事前に部材内に発生する応力状態とその値を見積もる方法が非常に重要となる。

膜理論は曲面の面内の力の釣合のみを考えた単純な理論で，薄肉で形の単純なシェル構造の全体的な応力状態や値を知るには簡単で適した方法だが，シェルの支持部など連続性が変わる部分の近くで，応力状態が大きく変化する曲げ応力の影響を知ることができない。曲げ理論は変形も考慮して支持部な

(a) 建物外観
図7 明治神宮外苑聖徳記念絵画館

(b) ドーム内観

(a) 建物外観
図8 日本ハリストス正教会教団復活大聖堂（ニコライ堂）

(b) ドーム内観

場所	東京都新宿区霞ヶ丘町
規模	建築面積 2,348.52 m²
竣工年	1926（大正 15）年
設計者	図案：小林正紹 基本設計：高橋貞太郎 実施設計：小林政一
構造形式	ドーム部：鉄筋コンクリートドーム 建物全体：鉄筋コンクリート造，一部鉄骨造
経緯	1919 年　設計競技 1 等案決定，同年着工 1926 年　竣工，一般公開 2011 年　重要文化財
備考	重要文化財

表 3　明治神宮外苑聖徳記念絵画館

場所	東京都千代田区神田駿河台
規模	建築面積：805.3 m²
竣工年	竣工：1891 年，改修竣工：1931 年
設計者	ミハイル・アレフィレヴィッチ・シチュールボフ，ジョサイア・コンドル 改修：岡田信一郎
構造形式	ドーム部：改修前／鉄骨造 改修後／鉄筋コンクリート造・鉄骨造
経緯	1884 年 3 月 起工，1891 年 2 月 竣工 1923 年 9 月 関東大震災により鐘楼が倒壊しドームが破壊 1927〜29 年ドームは S 造から RC 造に建替え 31 年竣工 1962 年 6 月 国の重要文化財に指定 1994 年 部分的な構造補強を含む修復

表 4　ニコライ堂概要

どで，大きくなる曲げ応力を見積もることができるが，理論が複雑になる。これらの理論はフランスやドイツで開発されたが，実用になる形で広まったのは膜理論が早く，曲げ理論の実用解法がこれを追い掛ける形で開発された。

日本ハリストス正教会教団復活大聖堂（ニコライ堂）

ビザンチン形式の大聖堂は 1891（明治 24）年に竣工。実施設計はジョサイア・コンドルである。躯体は煉瓦造で，聖所ドームは鉄骨造であったが，1923 年の関東大震災により鐘楼部，ドーム部ともに大きな被害を受け，復興工事（1927〜1929 年）により鉄筋コンクリートによるドームに架け替えている（図8）。復興工事の改修設計は岡田信一郎。構造設計者は不明。主な変更点は，鐘楼を低くする，内部に中 2 階を設ける，中 2 階のないイコノスタシス

の上部に補強アーチを設ける，正面両脇を八角柱で補強する，ドームをドラム部付の背の高いものとする，などであった。

半径 6.7 m のドーム部の設計は膜理論で行われている。計算書によると，シェルの厚みはスパンの 1/150〜1/200 で仮定断面を設定しようとしているが，安全や施工などにより 6 吋（≒152 mm）と設定している旨の設計方針が残されている。

老朽化に伴い，1990 年代に部分的な構造補強を含む本格的な保存修復工事を実施している。この時に実施された修復工事において，RC ドームと下部のレンガ構造との接続部位について鉄筋挿入による補強が実施されている。聖所ドーム自体には特に補強などはなされていないが，今日も健全な姿を確認することができる。

第7章
九州・沖縄

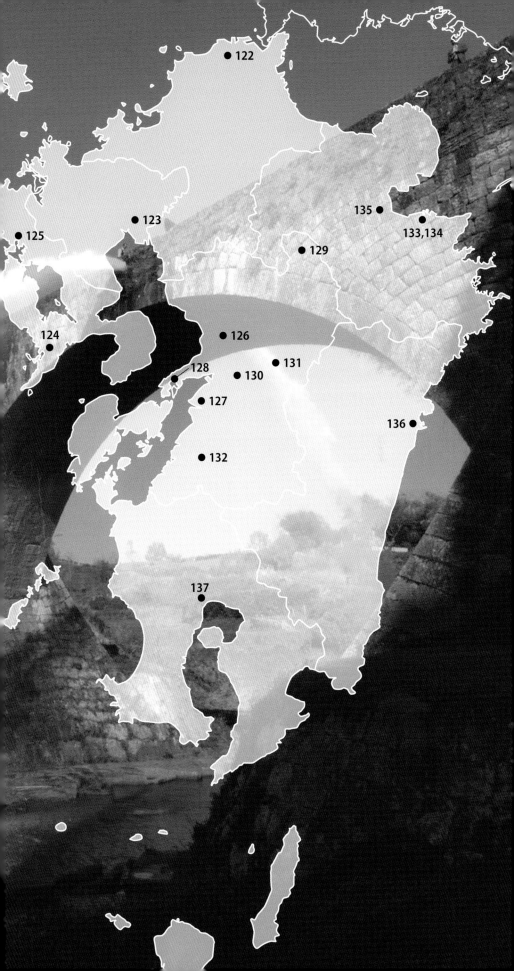

北九州穴生ドーム
Kitakyusyu Ano Dome

「森に着地したパラグライダー」をイメージした外観

内観　木＋鋼板とケーブルによる張弦梁構造

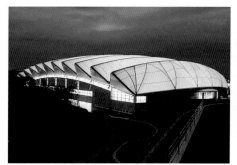

夜景　膜を透過する光で屋根が浮かび上がる

設計コンセプトと構造概要

　全国スポレク大会のゲートボール会場として計画された，屋外感覚でスポーツを楽しめる屋内型スポーツ施設である。屋根には膜構造を採用し，内部空間は鉄と木と構造用ケーブルによるハイブリッド構造になっている。北九州市が日本のパラグライダー発祥の地であることにちなんで，飛翔するパラグライダーをイメージしたデザインが提案された。

　70×100 m の平面に対して，キャンチトラスで支持された張弦梁が約 10 m 間隔で梁間方向に配置されている。内部は木の骨組が屋根を支えているように見えるが，主架構は鉄骨造である。張弦梁の弓の部分は鋼板アーチのウェブを両側から木で挟み込むことで，木は座屈補剛材の役割を果たしている。キャンチトラスも同様に木で補剛した鉄骨で構成し，内側に約 5 m，外側に約 3 m 跳ね出すことで，張弦梁に発生する応力を軽減している。キャンチトラスの外側端部は鉛直方向に配置したバックステイケーブルで基礎と緊結することで，下部構造の柱頭をモーメントから解放している。キャンチトラス脚部と RC

壁の間に設けられたスリットは，RC の柱と壁に生じる応力が小さいことを暗示しつつ，屋根の軽快さを強調している。骨組の両端に生じる力をキャンチトラスとバックステイケーブルの軸力で処理する部分は，力学的にもパラグライダーと類似しているといえる。桁行方向にはケーブルと束による X 字形の張力材が配置され，アーチの面外変形を拘束している。

施工方法

　施工時は張弦梁を地上で組立，張力導入を行った後に，クレーンで吊り上げてキャンチトラスの先端位置にセットし，現場溶接している。両端のキャンチトラスと張弦梁による架構は，曲げモーメントの分布形を構造化したゲルバー梁の変形とみることもできる。構造システムは酒田市国体記念体育館（29頁）と同じであるが，支配荷重は積雪から吹上げ風荷重に変わり，屋根は金属板とバレーケーブルが配置された膜面という点で異なる。

所在地・竣工年：福岡県北九州市／1994 年
建築設計：東畑建築事務所
構造設計：東畑建築事務所＋斎藤公男
構造形式：RC 造＋張弦梁構造

市村記念体育館（旧：佐賀県体育館）
Ichimura Memorial Gymnasium

正面　エッジを効かせた特徴的な折れ壁が縁梁を突き抜けて，さらに上部までに伸びることで，垂直性が強調されてる

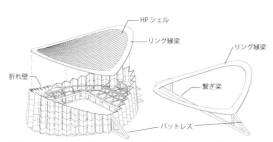

HPシェル
リング縁梁
リング縁梁
折れ壁
繋ぎ梁
バットレス

構造システム　リング梁は水平アーチとして機能し，スラスト力はバットレス（斜め柱）を介して地上へと伝わる

HPシェルによる独特な屋根形式（大分県庁展望ホールから）

第7章｜九州・沖縄

RCシェルから吊り屋根構造の時代へ

　1950年代は国内においてRCシェルが隆盛を極めたが，戦後10年が経過し経済成長が勢いを増してくると，施工に手間のかかるシェルは徐々に敬遠されるようになる。代わって登場したのが，吊り屋根などの張力構造である。ローリー・アリーナ（1953年）などの吊り屋根の作品が世界的に注目を浴び，58年ブリュッセル万博で張力構造の実験的な作品が多数実現したことがこの流れを決定づけた。

　国内でも張力構造の建物を実現しようという機運が高まり，最初に実現したのが西条市体育館（1961年竣工。2012年に解体）である。その2年後に完成したこの体育館は，西条市と同一の設計者によるほぼ同じ形態を有する建物である。

鞍型屋根と縁梁の構成

　鞍型曲面の大屋根は，西条市のものより一回り大きい長手60m弱，短手50mのスパンを有する。リング縁梁内部には1.2mピッチで長手方向にストランドの吊り材が延び，それと直交方向に押えケーブルが配されている。その上に厚さ50mmのPC版を載せ，隙間を目地を埋めた上で最後にプレストレスを導入することで，屋根はシェル状に一体化された。リング縁梁は一対の水平なアーチとして機能し，合流したスラスト力は斜め柱を介して地上レベルまで伝達され，繋ぎ梁により処理される。

　リング縁梁は，外周を覆う屏風状の折れ壁によって支持されている。西条市では縁梁は文字通り折れ壁の上に載せられてやや鈍重な印象を与えていたが，こちらの作品では壁が縁梁を突き抜けて，上に延びることで垂直性を強調したデザインとなっている。

吊り構造の先駆者・岡本剛

　建築家・坂倉準三とともに日本で最初の本格的吊り屋根構造を実現した構造家は，レーモンドとともに群馬音楽センターなどを手掛けた岡本剛である。これらの作品の成功により，彼は吊り屋根構造の第一人者と見なされるようになり，後に丹下健三とともに香川県立体育館を実現することとなる。

所在地・竣工年：佐賀県佐賀市／1963年
建築設計：坂倉準三建築研究所
構造設計：岡本建築設計事務所
構造形式：ケーブルによる鞍型曲面吊屋根

出島表門橋
Dejima Footbridge

ウェブに細かく穴を開け透過性が高められた主桁

多くの市民に見守られながら架橋が行われた

固定荷重時
（対岸側からのキャンチレバー）

対岸側　　　　　　　　　出島側

ぎりぎり接地しない状態
を確認した後に固める
反力≒0

積載荷重時
（対岸側2点-出島側1点支持）

対岸側　　　　　　　　　出島側

対岸側には固定度があり，両端単純支持
の場合に比べ出島側の反力は小さくなる

力学概念図（出島側への負荷を減らす工夫）

街のアイデンティティとしての構造物

　江戸時代のいわゆる鎖国政策により，日本と西欧を結ぶ唯一の窓口であった長崎の出島。開国後は港湾整備に伴って内陸化が進んでいたものの，日本の近代化に大きな役割を果たした歴史的遺産として国の史跡に指定され，現在は復元整備事業が進んでいる。出島表門橋はその一環として架けられたものだ。

史跡に負荷を与えない33.3mのキャンチレバー

　新しい橋を架けるにあたり二つの条件が出された。一つは国指定史跡である出島側への橋台を設置しない，というもの。そこで対岸側にカウンターウェイトを備えた強固な基礎を設け，33.3mのキャンチレバーとして固定荷重に対する釣合状態を実現する案が採用された。固定荷重による反力は史跡側に生じさせないコンセプトだが，33.3mのキャンチレバーでは歩行振動問題が生じる。そのため，構造自重による釣合状態の実現後は出島側をピン支持状態とし，仕上荷重や積載荷重に対しては反力を負担させ，歩行振動の抑制を図っている。

　もう一つの条件は，江戸期と現在の川幅が異なり当時の石橋の復元が困難であることから，復元と誤解されないよう現代的なデザインの橋とすること，であった。橋の色調を出島の建物に合わせるのみならず，ウェブに細かく開けた穴は透過性を高め，細かく配置した水平リブは主桁の座屈補剛として機能するなど，構造物全体で風景に溶け込ませる工夫がなされている。

一括架橋をイベント化し市民に愛される存在に

　工場にて一体製作された長さ38.5×幅4.7mの構造体は，船で長崎港まで海上輸送された後，特殊車両を利用して架橋前日の未明の時間帯に現地ヤードへと陸送された。プロジェクトに対して，市民に関心をもってもらえるよう入念なプロモーション活動が行われていたこともあり，架橋当日は月曜午前にも関わらず周囲に4,000人もの市民が集まり，550tクレーンに吊り上げられ慎重に設置される橋の様子に固唾を飲む一大イベントとなった。

所在地・竣工年：長崎県長崎市／2017年
設計：ネイ＆パートナーズジャパン，Ney & Partners BXL
構造形式：鋼製橋

弓張岳展望台
Mt. Yumihari Observatory

3 点ピン支持の鉄筋コンクリート HP シェル／シェル周辺（縁梁）は微妙な曲線を描く

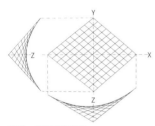

HP シェル曲面の座標図

ステンレス鋼製のピン支承部

鞍型曲面と認識できる方向からの外観

構造学者が設計した稀有な RC シェル

　設計者・坪井善勝は生涯，構造設計の機会を"応用数学と応用力学の構造演習の場"と捉え，研究成果を実施設計に応用することで"研究と設計のフィードバック"を求め続けた研究者であった。戦後復興期には，直径 50 m の球形シェル（愛媛県民会館，1953 年）や一辺 54 m の正方形平面を覆う HP シェル（静岡駿府会館，1957 年）など，世界最大級の RC シェルを実現し海外から注目されていたが，この展望台は構造学者が意匠も含めて設計した下関市体育館（181 頁）に次いで，二つ目の稀有な事例となった。

自然環境と共生した軽快なモニュメント

　佐世保市役所の観光案内に「佐世保の大自然と市街地が一望できる弓張岳」とあるように，展望台は風光明媚な環境に恵まれた場所にあり，西海国立公園 10 周年記念事業として企画された。設計意図は，①自然環境を保護する，②簡潔で軽快な記念碑とする，③海岸地方の気象環境を考慮する，の下に行われ，建物の役割を「眺望と日陰」に絞ることで，海

鳥の飛翔前を思わせ，見る方向で形態が変化する 3 点ピン支持 HP シェルが発案された。

　材質は，築山と床は現地で採取された石材，RC シェル屋根は銅板被覆，接合部はステンレス鋼製，と長期耐用型の構造物となっている。

構造的に斬新な HP シェル

　このシェルは，直線群により構成された HP シェルを 4 枚の平面で切り抜いたもので，縁部分は微妙な曲線を描いており，曲面に穏やかな印象を与えている。2 点支持の HP シェルは脚部が剛に接合され，シェル特有の軽やかさが失われるが，3 点で支持することでシェルを安定させ，さらにピン接合により軽快さを強調している。ピンの機構は，①風の吹上げによる水平方向の回転や引張，②型枠撤去時の鉛直方向の回転，③地震時の脚部の移動などの回転や移動に対処した，構造的に興味深い HP シェルである。

所在地・竣工年：長崎県佐世保市／1965 年
建築設計：坪井善勝＋坪井善昭
構造設計：坪井研究室（名須川良平）
構造形式：3 点ピン支持の RCHP シェル構造

パークドーム熊本
Park Dome Kumamoto

外観　円盤状の二重空気膜構造とその周辺の不整形なアモルファス屋根膜

二重空気膜内部　円錐台中央リングが見える

内観　二重空気膜構造外側のリングトラスが 8 か所の組柱で支持されている

外観夜景

中央部を下から見上げた様子

浮雲ドーム

　空に浮かぶ雲が，日差しを遮り雨風を凌ぐというコンセプトで，全天候型屋内施設の屋根に，ハイブリッド二重空気膜構造が採用されたこの施設は，設計競技の最優秀案が実現したものである。1997 年に竣工し，同年の世界ハンドボール選手権や 2001年の全国高校総体の会場として使用され，現在でも各種大会や県民の健康や生涯スポーツの拠点として利用されている。有効高さ約 32 m の，この空間は室内型でありながら，非常に明るく開放的である。

世界初のハイブリッド二重空気膜構造

　空気膜構造と車輪型ケーブル構造を組み合わせたハイブリッド構造であるこの構造は，内径 107 m のリングトラスと円錐台状の中央リング（上径 10.7m，下径 36.6 m，高さ 14 m）との間でドーナツ状に上下に補強ケーブルと膜材を配置し，二重膜内の空気圧を高めた構造である。東京ドームのような空気膜構造と比べ，下部空間全体を加圧しなくてよいというメリットがあり，万が一のデフレート時にも下ケーブルにより屋根面は保持される。ケーブルは ϕ62 mm のスパイラルロープが上下に 48 本ずつ配置され，それぞれに PTFE 膜が設置されている。内部の空気圧は常時 300 Pa で加圧されており，強風時は 600 Pa，積雪時は 800 Pa に変化して，雪や風への抵抗性を高めている。重量 24,000 kN の円盤は，19m 下げた位置で二重空気膜まで設置され，リフトアップにより正規の位置へ施工された。

周辺構造

　リングトラスは内径 107 m，外径 128.15 m，高さ18 m の鋼管による三角形断面トラスで，二重空気膜と外側の周辺鉄骨を支持している。トラス上面および外側はガラスである。トラスは 8 か所の組柱で支持されており，組柱は，直径が約 1 m の鋼管内にコンクリートを充填したものを 3.6 m 間隔で 3 本ずつ配置している。周辺骨組部は不整形な単層ラチスで，その上部にはケーブルで補強した PTFE 膜が張られており，アモルファスゾーンと呼ばれている。

所在地・竣工年：熊本県熊本市／1997 年
建築設計：第一工房・フジタ JV
構造設計：フジタ／技術協力：木村俊彦
構造形式：ハイブリッド二重空気膜構造

八代市立博物館 未来の森ミュージアム
Yatsusihro Municipal Museum

築山の下から見る外観

エントランス　ラチスシェルとスラスト抑えのPC鋼棒タイロッド

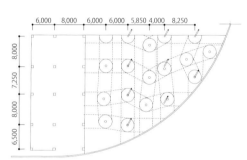

1階柱頭部の「ディスク」と屋根を支持する2階柱の関係
（1階伏図）

築山越しに望む特徴的な外観

　「くまもとアートポリス」の一環として，建築家・伊東豊雄と木村俊彦が初めて協働した作品。周辺への圧迫感を軽減するため，前面側の1階部分は築山により隠され，2階がメインエントランスとなる。築山越しに望む建物は，伊東の自邸であった「シルバーハット」（構造設計は松井源吾，現在は「今治市伊東豊雄建築ミュージアム」内に再建されている）からの発展をイメージさせるヴォールト型の鉄骨屋根や，シリンダー状に宙に浮いた鉄筋コンクリート造の収蔵庫が特徴的な外観を作っている。

スチールフラットバーによるヴォールト屋根

　2階の室内エントランスホールや展示室は，スパン8.25〜12mの4連ヴォールト，屋外エントランスは四つのヴォールトを角度を違えながら連結した交差ヴォールトのシェル屋根で覆われている。

　この屋根は，せい90×厚さ9〜16mmのスチールフラットバーを三角形に組んだラチスシェルで構成され，ヴォールトの母線方向に幅850mm程度で分割・工場製作したユニットを，工事現場で高力ボルトにより圧着接合する施工法が採用されている。シェル効果により曲げ応力が小さいため，小さな部材で現場溶接を用いずに作ることが可能となっている。屋根外周部には水平反力に抵抗するϕ17mmのPC鋼棒タイロッドが設けられ，力学的に明快な部材配置によって軽快な屋根が作られている。

屋根を支えるランダムなRC丸柱

　1階の展示室は，鉄筋コンクリート造のフラットスラブをランダムに配置した丸柱が支える構成になっており，均質な空間に柱がリズムを与えている。柱の頭部には円形の「ディスク」が設けられ，鉄骨屋根を支持する2階の柱をディスク内に納まるように配置している。

　ディスクによって補強されたフラットスラブが，上下階の柱のずれによる力を吸収し，内部空間の柱配置に自由度を与えている。

所在地・竣工年：熊本県八代市／1991年
建築設計：伊東豊雄建築設計事務所
構造設計：木村俊彦構造設計事務所
構造形式：鉄骨ラチスシェル構造＋RC耐震壁付ラーメン構造

三角港キャノピー
Misumi Canopy

駅側からキャノピーを見る

広場と海のピラミッドを囲うような配置

光学ガラスの照明が仕込まれた柱頭のピンディテール

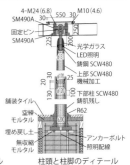

柱頭と柱脚のディテール

風景に馴染むカーブした白い屋根

　三角駅からフェリー乗り場まで，乗客を導くためのキャノピーである。薄いフラット屋根が，駅前広場と葉祥栄設計の海のピラミッド（1990年）を囲うように総長200mに渡って緩やかなカーブを描き，あたかも宙に浮かんでいるようにみえる。駅からの海への眺望を遮らないよう，屋根高さは4.5mに設定され，海のピラミッドの幾何学的な造形と天草のしまなみの有機的な風景とのバランスからシンプルな屋根が採用されている。

浮遊感を創出するリングガーダー

　幅4.5mの屋根を，内側に大きく偏心させた柱頭ピンの柱で支える構成である。このため一見不安定にも見えるが，屋根構造を厚さ12mmと9mmの鋼板を溶接した幅4.5m×せい250mmの箱形断面梁ユニットを，カーブに沿って7.5m間隔に配置した26本の柱で支持するリングガーダーの仕組みで立体的に安定させており，この巧みなシステムが浮遊感を生み出す基となっている。更に，柱を千鳥配置することで偏心モーメントを処理しやすいスタンス

を確保している。

　屋根は，現場が海に面していることから，幅4.5×長さ7.5mの大きさで工場製作した26個のユニットを海上輸送で搬入したという。柱頭部とジョイントした後，ユニット同士を現場溶接している。

鋳鋼柱のディテール

　抽象的なデザインがなされた屋根に対して，柱は鋳鋼の可塑性を活かしたデザインがなされている。柱頭部は3軸の回転を自由にする徹底したピンディテールを採用するとともに，鋳鋼の素材感と調和する光学ガラスを用いた照明を仕込むことで，夜間における屋根の浮遊感を更に際立たせている。更に，柱脚部はスカート状にして舗装に馴染ませ，下部1.2mの高さまでは鋳肌を残してわずかなアクセントをつけるなど，仕上げと構造が一体化したデザインを極限まで追求することで，周囲の風景に溶け込みながらも他に類をみないキャノピーを実現している。

所在地・竣工年：熊本県宇城市／2016年
設計：ネイ＆パートナーズジャパン，Ney & Partners BXL
構造設計協力：オーク構造設計
構造形式：リングガーダー構造

小国町民体育館（小国ドーム）
Oguni Dome

建物の内観　木造による立体トラスが現れる

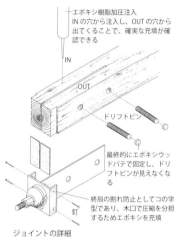

エポキシ樹脂加圧注入
IN の穴から注入し、OUT の穴から
出てくることで、確実な充填が確
認できる

IN

OUT

ドリフトピン

最終的にエポキシウッ
ドパテで固定し、ドリ
フトピンが見えなくな
る

終局の割れ防止としてコの字
型であり、木口で圧縮を分担
するためエポキシを充填

釘

ジョイントの詳細

ドーム外観

接合部の様子

MUSIC ATELIER
(1986)

小国町交通センター
(1986)

小国林業センター（1987）
小国町民体育館（1988）ピン接合

接合部の遍歴

木造による立体トラス空間

　林業を主産業とする人口約 8,000 人の町の町起こし事情の一環として，林業の再興と若者の定住化を目的として三つの建物が計画された。交通センター，林業センターに続く，仕上げプロジェクトが小国町民体育館，通称「小国ドーム」である。

　建築テーマは，短い小径木の間伐材を用いた任意形状の大空間の実現である。3 施設の形状が多様であることを考慮し，平面，立体ともに曲面のデザインが可能な離散系の立体トラス構造が採用された。因みに，林業センターは長方形平面のフラットルーフ，交通センターは逆円錐台である。

　システムトラス（せい 1.8 m）構造のトラス材として小径木芯持材（上下弦材：110～170 mm 角，斜材：90～125 mm 角，繋ぎ材：90～100 mm 角）の間伐材を採用し，南北 54.6×東西 46 m の大空間を覆ったこの建物は，新しい時代の木造空間の先駆的事例として位置付けられている。

ジョイントの設計

　圧縮力と引張力が共存する立体トラスのジョイン

トを，シンプルにデザインするのは簡単ではない。本計画では，TM トラスの球形ジョイントを木造トラス用にアレンジし見事に汎用化を実現している。さらに，ジョイントとトラス部材の接合も 3 種類の空間構造を通して改良を加えている。鋼製ジョイントとトラス部材の接合面にエポキシ樹脂を注入し，異種素材のスムーズな力の流れを計画している。

　耐火実験を行って耐火被覆必要高さを床面＋6.2 m と確定し，1FL＋8 m まではスプリンクラーを設置，それ以上の高さは耐火被覆を除外している。

未来への可能性に満ちた木造建築

　本計画は，現代木造の初期の作品であるが，素材，ジョイントディテール，空間構成，新規性，可能性のどれを取っても，30 年経った今日でも現代の木造を超えて未来へのセレンディピティな可能性を喚起する作品である。

所在地・竣工年：熊本県阿蘇郡小国町／1988 年
建築設計：葉デザイン事務所
構造設計：松井源吾＋アトリエ浮来
構造形式：木造立体トラス曲面構造，TM トラスジョイント

砥用町林業総合センター
Forestry Hall To-Mochi

内観　スギの格子が壁ではブレース，屋根では下弦材として用いられている

遠景

外壁は木とガラスのマリオンで構成されている

鋼板とドリフトピンによる木の接合部

建物概要

　熊本県の林業の町の小さな集会所で，地元のスギ材を多用することと，町のシンボルとなる建物をつくることが求められた。1階は軽スポーツ（ミニバレーボール）のための大きな集会室，2階は会議室と資料展示室がある。この三つのスペースを木の不定形な架構で覆い，全体をガラスの直方体の中に納めている（主スパン 8.5 m×22.5 m，高さ 8.7 m）。

軽量鉄骨とスギの格子による架構

　構造は木と鉄骨の混構造で，外壁に沿って 1 m ピッチで立てられた軽量鉄骨の細い柱を，屋内側のスギの斜め格子で支えている。屋根の架構は，2 m グリッドの軽量鉄骨（上弦材）に対して，45°方向にスギ（下弦材）が配置され，両者がスギの束材で接続されている。また，45°方向は 4 列おきに斜材が入ったトラス架構にすることで，屋根の剛性を確保している。トラスの列に対して上弦材が斜めに配置されているため，上弦材を介して複数のトラスが支え合う状態になっている。これにより，天井高が必要でトラスのせいが小さい箇所を，天井高が不要でせいの大きい箇所が補うようになっている。木と鉄骨のハイブリッド構造は，ヤング係数が高い鋼材を下弦材に用いるのが一般的であるが，この建物ではガラスのマリオン支持のため，あえて逆転している。壁は水平力に対するせん断剛性，屋根は鉛直荷重に対する面外剛性の確保が重要になるため，本建物では格子の方向を壁と屋根の間で切り替えることで，壁ではブレースとして，屋根では下弦材としてスギ材を機能させている。小断面の軽量鉄骨は主に二次部材として使うことが多いが，この建物ではスギ格子の斜材としても機能している。建物のスケールに応じた架構を思考することで，天井高の変化などの建築的な要求に柔軟に対応し，スレンダーですっきりとしたガラスのマリオンが実現している。この建物は山の中に造成された丘の上にあり，透明なガラスの箱の中に，大きなブッシュ（茂み）が人工的につくられたような景観を形成している。

所在地・竣工年：熊本県下益城郡美里町／2004 年
建築設計：西沢大良建築設計事務所
構造設計：Arup
構造形式：木造＋鉄骨造

通潤橋
Tsūjun-Kyo Bridge

石と水，そして虹のアーチの共演

円形分水装置

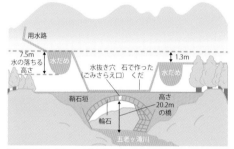

通潤橋の逆サイフォンの仕組み

三つのアーチの共演

　通潤橋を訪れるのは，太陽が降り注ぐ雲が少ない日が望ましい！駐車場に到着すると，人が手がけた「石のアーチ」と重力の「水のアーチ」，そして太陽と霧が創り出す「虹のアーチ」と，セレンディピティな三つのアーチの共演に遭遇する。

　長さ76m，高さ20.2mのこの橋は，水源に乏しい白糸台地に水を送るために架けられた水路橋である。本台地は阿蘇山の火山灰が積ってできたため，雨水はたちまち地下深くに浸透し，人々は長年水不足に悩まされ続けていた。この水不足の改善に取り組んだ人物が庄屋の布田保之助。建設資金は地元の矢部手永役所や細川藩から借り，石造アーチの技術は熊本八代の種山石工に協力を仰ぎ，実作業は近隣農民がこぞって参加した。石管と木樋（石の緩衝材）による水路を設置して，木製支保工を外す工法で建造され，工事期間約1年8か月をかけて1854年8月に完成している。アーチスパンは27.6mである。

逆サイフォンを利用した送水の仕組み

　この橋は二つの地区を水路で結んでいるが，送水

に取入口と吹上口の高低差を使った逆サイフォンの原理を利用している。ゴムなどのシーリング材のない時代，石造の導水管の継目を特殊な漆喰で漏水しないように密封して，通潤橋より高台に位置する白糸台地まで用水を押し上げている。こうした仕組みは当時吹上樋と呼ばれ，水路橋である通潤橋の最も重要な技術であった。通潤橋の約6km上流部の小笹地区にある円形分水装置は，笹原川を流れる水を水田の面積に応じて公平に分配するため造られ，この仕組みにより水の分配紛争が解決された。

熊本地震の被害と復旧

　2016年熊本地震では，通潤橋の石垣がずれ，水路の導水管に亀裂が入るなどの損傷が生じた。更に，修理中の2018年5月に発生した集中豪雨でも被害を受けたが，2020年3月修理が終わり，7月21日，4年3か月ぶりに記念放水が行われた。2023年秋には，土木構造物初の国宝に指定される予定。

所在地・竣工年：熊本県上益城郡山都町／1854年
計画・設計：布田保之助
構造形式：石造アーチ構造

球泉洞森林館
Kyusendo Forest Museum

急峻な地形に抱かれた建物外観

七つのドーム屋根の
重なりの様子

館内は壁面よりふんだんに光が入り明るい

2階最上階（エントランス階）のロビー
の天井には，ドームの相貫の様子がその
まま表されている

館内の家具には2回の土砂災害の跡が層
状に残っている

2階平面図と梁の三方向グリッド

南北方向断面図

たわむれる七つのドーム

　全長5,000mを超えるという鍾乳洞「球泉洞」が1973年に発見され観光化されたことから，球磨村森林組合が斜め向かいの敷地に林業の学習型観光施設を「森林館」として整備した。1984年に竣工した施設は，直径15mの半球ドームを戴いた7組の円筒が互いに重なり合い相貫しつつ，60m下に清流が流れるカルスト台地の急峻な斜面から張り出すように建設されている。七つのドームは，建築設計者の木島安史が1980年の阿蘇のゴルフクラブハウス・コンペで用いた案を原型としている。地下1階地上2階建で，屋根のドーム部と上階1層がRC造，下層部分がSRC造となっている。

無型枠工法のRCシェル

　ドーム部の鉄筋コンクリートシェル構造は木製型枠などを必要としない現場打ちのトラスウォール工法で，放射方向補強筋をトラス状に加工し，その上下面に型枠兼用の補強金網を貼り付け，この間にコンクリートを打ち込む工法で作られている。ドームは最下部で厚さを増して周方向の梁に載り，主とし

てその周上に配置された3本のSRC円柱によって支えられている。各フロアを支えるSRC大梁は，円の中心で中心角60°で交わる三方向正三角形状のグリッドに配置されている。屋根葺き材はアスファルトシングル銅板張りのくぎ打ち，天頂部分には防水層があり，ドーム内は結露水吸収材の吹付けとなっている。内壁面は型枠の木目の表された打放しコンクリート仕上げ。最下層のピロティ状スペースは将来の増築用となっている。

豪雨による土砂流入で休館中

　1985年の日本建築学会作品賞を受賞し，1995年には発明家・エジソンに因んだ展示も加わったが，2012年および2020年の豪雨で背面の山に土砂崩れが発生，大量の土砂が館内まで入り込んだ。周囲の交通網も豪雨災害の深刻な打撃を受け，2012年より長期間の休館状態を余儀なくされている（2022年3月現在）。

所在地・竣工年：熊本県球磨村／1984年
設計：建築／木島安史＋YAS都市研究所，構造／早稲田大学田中弥寿雄研究室，設備／早稲田大学井上宇一研究室
構造形式：鉄筋コンクリートシェル構造，SRC造

大分県立武道スポーツセンター
Oita Sports Park Martial Arts Sports Facility

多目的競技場内観（現：レゾナック武道スポーツセンター）

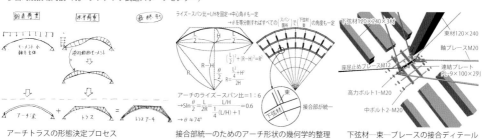

アーチトラスの形態決定プロセス　　　接合部統一のためのアーチ形状の幾何学的整理　　　下弦材―束―ブレースの接合ディテール

第7章｜九州・沖縄

一般製材による大空間屋根

　二つのアリーナ（多目的競技場，武道場）を覆う屋根構造は，日本屈指の生産量を誇る大分県のスギ一般製材を用いた木造である。屋根外形は日本刀をモチーフにしている。多目的競技場は広さ約70×100mの無柱空間で，生産量の多い末口径約300mmの原木から得られる一般製材（断面120×240mm，材長4m）を用いて実現するために，構造形態・部材構成・ディテールにさまざまな工夫と統合を図っている。

形態と接合部を合理化するアーチトラス

　鉛直力を支えるアーチの上に，水平荷重時の曲げモーメント分布形状に合わせてせいを変化させたトラスを組み合わせたアーチトラスが2,575mm間隔に並ぶ。接合部の合理化のため，アーチ形態は2次曲線や懸垂線とせず，中心角72.6°の円弧を24等分した点を繋ぐ折線としている。これによって，スパンの違いに追従し，かつすべての接合部における下弦材と束材の角度，および下弦材木口のカット面角度が統一されたアーチを，高価な湾曲集成材を用いずに通直材で実現している。

部材構成とディテール

　アーチトラスは，二方向の座屈を抑えるために3材をH形に束ねた上下弦材と半径方向の束で基本フレームを構成し，各マス目に丸鋼ブレースを入れたものである。下弦材は横座屈抑制のために，束脚部を丸鋼で斜め方向に引っ張っている。弦材の圧縮軸力は木口面タッチの支圧で伝達させて，ボルト本数を大幅に減らしている。さらに，部材方向別に分けたガゼットプレートを部材芯の交点で1本の高力ボルトで止めることで角度追従を可能にし，同じプレートの組合せで接合部をつくれるようにしている。

　木材供給者との対話によってヤング係数出現率や流通を鑑みて，E70（ヤング係数$5.9\sim7.8\times10^3$ N/mm^2）の材は全体の1/3に抑えてE50（ヤング係数$3.9\sim5.9\times10^3$ N/mm^2）を主体に計画し，ヤング係数と含水率の組合せで4種類に区分して適材適所に使い分けている。

所在地・竣工年：大分県大分市／2019年
建築設計：石本建築事務所
構造設計：石本建築事務所／屋根架構：山田憲明構造設計事務所
構造形式：木造アーチトラス構造

Column **K** | 木造の引張接合
Joint method capable of transmitting tensile force in wood construction

図1　原始的な縄でしばる接合

図2　軸組構法の一般的な継手（腰掛鎌継ぎ）引張耐力は小さい

図3　桁等の継手に使われる追掛大栓継ぎ

図4　和小屋形式の小屋組(旧関善酒店主屋)

図5　合掌造の小屋組

図6　洋小屋形式の小屋組

図7　洋小屋における合掌尻の仕口

図8　洋小屋における陸梁の引張接合　左：木側材とボルトと車知栓を併用した継手　右：台持継ぎ

木造の引張接合

　現代では，大きな引張耐力を持つ木部材同士の接合方法が多様にあるが，これは日本における木造建築の長い歴史でみれば最近のことである。明治時代前の接合は，木部材を交差させて縄などで縛って固定する方法（図1）や，大工道具で切削加工した木部材同士を嵌め合わせる「嵌合接合（継手・仕口と呼ばれる）」（図2，3）で，現代のような金物や接合具を用いた方法のように数十 kN の引張耐力を持つものではない。その理由は，当時の技術では高い引張耐力を持つ接合方法が実現しにくかっただけでなく，建物自体が接合部に引張力を期待しなくて済む構造であったからだと考えられる。それが明治時代に，トラスや筋かいといった西洋工学の思想と技術が輸入されて以降，状況が大きく変わっていった。

屋根構造における引張接合

　伝統的な最も標準的な屋根構造である和小屋形式の小屋組は横架材と束材を積み重ねる構成で，そもそも屋根の重さを支える際に接合部に引張力が生じない（図4）。一方，白川郷の民家や一部の寺院建築などにみられる叉首構造（合掌造）は，屋根勾配に沿って配置した叉首（合掌）と水平な横架材とで二等辺三角形を構成した一種のトラス構造であり，上弦材に相当する合掌が圧縮軸力を，下弦材に相当する横架材が引張軸力を負担する（図5）。このため，

合掌と横架材の接合部では圧縮・引張軸力を急変させる接合が必要となるが，引張材（横架材）を延ばして圧縮材（合掌）を挿すという「合掌尻」と呼ばれる巧みな方法によって，引張接合が生じないようにしている。合掌造の下弦材は中間に継手のない一本材であるため，引張耐力を有する接合は出てこない。

　日本の屋根構造ではじめて本格的な引張接合が登場するのは，西洋からトラスが伝えられ日本の木造技術と融合して洋小屋形式が誕生した明治時代である。洋小屋は叉首構造と同様に，圧縮軸力を負担する合掌と引張軸力を負担する陸梁（ろくばり）で大きな二等辺三角形のフレームを構成し，その内に部材を組み込んで更に細かい三角形に分割していく（図6）。この洋小屋では，上述の合掌尻が至るところに多用され，極力引張接合が必要とならないような部材構成が追求されていることに驚かされる（図7）。この洋小屋で唯一引張接合が必要になるのが，長大な陸梁の継手である。この継手には，陸梁を二つ側材の木材や鋼材で挟み，ボルトで接合する2面せん断の引張接合がみられる（図8）。稀に，日本の木造技術を活かして，陸梁と側材に車知（しゃち）を打ち込んでずれ止めをしている事例もある。

耐震構造における引張接合

　伝統的な軸組構法における通し貫，太径柱，土塗壁，板壁といった主な耐震要素はいずれも剛性や耐

208

図9　通し貫で構成された軸組壁

図10　石場建ての基礎・柱脚

図11　筋かいで構成された軸組壁

図12　柱脚の引抜きを抑える引き寄せ金物

図13　LSBを用いた引張接合　コンパクトな納まりのためモーメント抵抗接合もつくりやすい

図14　接着剤を用いたラージフィンガージョイント

図15　構造用ビス

図16　積層したLVLブロックをプレストレスで圧着し引張力が出ないようにした耐力壁

力が小さく，建物各部に大きな引張力が生じるような構造ではなかった（図9）。基礎や柱脚は，床下で地面に据えた礎石に柱を載せるだけの形式（石場建てまたは礎石建ちと呼ばれる）で，仮に床上の剛強な壁があったとしても，一定以上のせん断力を負担すると片端の柱が浮き上がって力をリリースするものであった（図10）。しかしながら，桁や頭貫など建物の一体性を高める部材には，追掛大栓継ぎや大鎌継ぎなどの一定の引張耐力を持つ継手が使われていた。

　明治時代に入って西洋の技術が伝わると，それまで小屋組の一部などに使われてきた筋かいが壁にも徐々に使われるようになった（図11）。筋かいは通し貫や土塗壁を用いた壁に比べて，剛性と耐力が高く，これらの性能を発現させるには，上述のような石場建ての柱脚・基礎ではなく，コンクリート製の基礎に土台や柱をアンカーボルトで固定しなければならない。更に，柱が土台や横架材から抜けないようにする必要がある。このように筋かいの普及によって，至る箇所に強い引張接合が求められることとなった。

　筋かいや土塗壁によって補強することで，水平耐力を持った軸組壁は「耐力壁」と呼ばれるようになる。耐力壁の性能が高いほど平面的な配置は疎らで済むが，その反面，屋根面や床面といった水平構面にも大きな性能が求められ，これらを構成する床組や外周の桁にも羽子板ボルトや短冊金物などによる

横架材同士の引張接合が普及した。2000年の基準法改正では，従前あいまいだった柱頭柱脚金物などの仕様規定が強化され，明確な目標値が設定されたことで各金物メーカーがこぞって接合金物を開発し，引き寄せ金物やかど金物などが急速に普及した（図12）。近年は中大規模木造建築の需要に伴い，構造用合板やCLTを用いた高耐力の面材耐力壁が開発・普及し始めたことで，100 kNを超えるような高耐力の接合金物も登場し始めている。

現代の多様な引張接合

　現代では軸組構法用だけでなく，パイプ形式，LSB（図13），GIR，接着接合（図14）など，コンパクトな納まりで高い引張耐力を有する接合方法が開発され，複雑な立体トラス等にも使われるようになっている。これらのコンパクトな引張接合方法は，軸力に対してだけでなく，木造ラーメンにおけるモーメント抵抗接合の発展を促した。

　近年は，オーストリアやドイツで進んでいた構造用ビスの技術を日本のメーカーが研究開発・普及させ，吹上げ対策のための垂木と軒桁の引張接合などに多用されている（図15）。木造でもPC構造のように，接合面間に引張力の生じないようフルプレストレスを用いた接合方法も開発されている（図16）。この方法は摩擦力によるせん断力伝達も可能になるため，極めて簡素なディテールが可能になる。

大分スポーツ公園総合競技場 ビッグアイ
Oita Stadium

屋根が開いている状態 非常に開放的な空間である（現：レゾナックドーム大分）

日当たりのよいグラウンド

開閉中の透過性の高い膜屋根と三角格子骨組

瞼のような楕円形の開口部

大規模で広域な県民のためのスポーツ公園

このスタジアムは 2002 年日韓ワールドカップサッカー会場の一つであったが，2008 年国体をはじめとする県民のスポーツ振興の拠点施設として，またコンサートや文化イベントなど多目的に，オールシーズン全天候で可能な施設として建設された。

球面上を開閉する屋根「ビッグアイ」

建築計画上多目的であることからも，屋根を開閉させる面からも，全体形態は球面の一部を切り取ったシンプルな形状となっており，最高高さは 57.46 m，屋根中央部には楕円型の開口部がある。愛称が「ビッグアイ」であるように，大きな目玉が宇宙に向いて開いているようにも見える施設である。この開口部には架構自体が球面に沿って，20 分間でスライド開閉する膜屋根が設置されている。屋根が開いている時は，自然光や風が入り，周辺の緑豊かな環境を感じられる。閉じている時でも，25%と透過率の高い特殊な PTFE 膜が設置されているため，昼間でも内部は非常に明るい。この開閉という機構に対し，非常に軽量で，曲面追従性も高く，耐候性や透

過性も高いことから膜屋根が採用された。当時，天然芝のピッチであったが，現在ではハイブリッド芝へ転換されている。

アーチ架構＋三角格子骨組

上部鉄骨フレームは，最大スパン 274 m のアーチ架構が 40 m おきに 7 本並んでおり，開閉屋根はこのアーチの上をスライドする。7 本のアーチの直交方向には中央に 1 本のアーチが設置され，剣道の防具面のような構成になっている。屋根面の鉛直方向荷重は，これらのアーチで負担する。楕円状の開口部まわりにもアーチ同様，鋼管を用いたトラス架構が配置されている。開口部より外側はチタン屋根で，7 本のアーチの間にサブアーチが設置され，アーチ間は平面三角格子の鉄骨フレームを配置し，屋根面の水平剛性を確保している。開閉する膜屋根の下地フレームも同様に，平面三角格子骨組を採用している。

所在地・竣工年：大分県大分市／2001 年
設計：KT グループ JV（黒川紀章建築都市設計事務所・竹中工務店・さとうベネック・高山總合工業）
構造形式：上部／鉄骨造，アーチ架構＋三角格子骨組架構，下部／RC 造，屋根／球体スライド方式開閉膜屋根

イナコスの橋
Inachus Bridge

橋の外形はレンズ形　日光の当たり方によって橋の見え方に変化が出る。正午になると下弦材とラチス材が影に隠れ，石のアーチがくっきり浮かぶ。
橋の主体構造を美しく見せるため，手摺のデザインも極力シンプルにする工夫がなされている（手摺デザイン協力：永瀬克巳）

4か所のヒンジには陶板による「釘かくし」がつけられ，この橋に
付加された唯一の装飾である（陶芸作家：桜井基就）

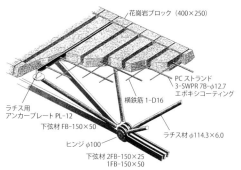

花崗岩ブロック（400×250）

PCストランド
3-SWPR 7B-φ12.7
エポキシコーティング

横鉄筋 1-D16

ラチス用
アンカープレート PL-12

下弦材 FB-150×50

ラチス材 φ114.3×6.0

ヒンジ φ100

下弦材 2FB-150×25
1FB-150×50

構造システムの詳細

きっかけ

　大分県別府市の境川に架かるスパン34 mの歩道
橋である。緑豊かな南立石公園の北側に位置するこ
の橋は，西に鶴見岳，東に別府湾を望むことのでき
る美しい場所にある。当時の中村太郎市長が建築家
である磯崎新から紹介を受け，川口衞がこの橋の設
計の依頼を直接受けることとなった。その時，市長
が伝えたことは三つ，「世界に二つとない橋をつ
くってほしい」「どこかに吊り橋の原理を使ってほし
い」，そして「別府らしい橋を」とのこと。これらの
希望に応えるかたちで，この橋は生まれた。

一枚岩をつくる

　別府市は中国の山東半島煙台市と友好都市であ
り，山東省産の花崗岩を輸入して歩道の敷石などに
使用していた。工事中の現場をたまたま通りがか
り，それを知った川口衞はこの良質な石を使って，
渡る人がこの石をじかに踏んで歩くような，そんな
橋をつくってみたいという思いに駆られる。石を圧
縮応力が卓越する状態で用いるため，花崗岩を厚さ
250 mm，幅400 mmのブロックとして並べ，橋軸

方向に5本のPCケーブルを貫通させ，これを緊張
することにより「一枚岩」が得られるようにし，上
弦材とした。テンション材となる下弦材にはフラッ
トバーを用いてチェーン構造とし，その存在感を高
めると同時にシンプルなディテールを適えている。

不完全トラス

　上下弦材の間にあるラチス材には鋼管が使われて
いるが，その配置の仕方が一般的なトラスと異な
り，一つおきに間引かれていることがわかる。川口
はこのような構造を「不完全トラス」と名付けた。
1点に集中する部材数を減らすことでディテールを
簡潔にでき，部材・施工手間が減ることから経済的。
そして，何よりも全体のかたちがすっきりするとい
う利点がある。この橋と別府駅の中間に位置する
ビーコンプラザ（設計：磯崎新アトリエ）の屋根に
も「不完全トラス」が使われているので，合わせて
見学されることをお薦めしたい。

所在地・竣工年：大分県別府市／1994年
建築設計：川口衞
構造設計：川口衞構造設計事務所
構造形式：サスペンアーチ式不完全トラス構造

日向市駅
Hyuga-shi Station

天井にならぶ変断面集成材が，ホーム構内にやわらかい雰囲気を作る
梁は 2 枚を一組として用いられる

透明性の高い軽快なデザイン
駅上屋の妻面から 2 構面は雨掛かりを考慮して鉄骨梁としている

変断面の梁の上にアーチ状の部材が架かる

切断された余剰部分を 1 階柱に利用

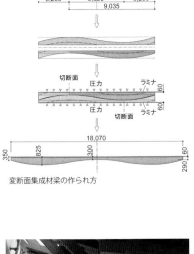

変断面集成材梁の作られ方

高架西側のキャノピー

地元のスギ材を活用する

宮崎県日向市を通る JR 日豊本線の高架化に伴って，作られた全覆型の駅舎上屋である。設計は 1998 年にはじまり，駅が竣工したのは 2008 年でプロジェクトに要した期間は実に 10 年という長いスパンであった。地元日向市の希望もあり，計画当初から宮崎県の特産であるスギ材を活用することが求められた。

屋根は，スパンが約 17.2 m あり，特急列車の全長を覆うため 110 m の長さを有する。比重は軽いものの強度があまり出ないというスギ材の特徴を踏まえ，できるだけ大きな負担を木材にかけない構造システムが採用された。それは，両側に立体的な鋼管骨組を立ち上げ，その上に集成材の梁とアーチ状の部材を載せるという「ハイブリッド構造」である。これにより，全体として梁間方向にはハイブリッドの方杖架構が，そして桁行方向にはブレース構造が出来上がるのである。

変断面の集成材

集成材の梁の断面形状は，水平力により生じる逆対称の曲げモーメント分布を考慮した変断面となっている。梁幅は 120 mm で，梁せいは 300〜825 mm の範囲で変化する。元来，集成材とは限りある資源を有効に活用しようという発想のもと，開発された経緯がある。その思想をさらに一歩進めることが意図されて，この計画では，必要な箇所に必要な断面性能を与えることのできる変断面集成材が採用された。その作られ方にも工夫がある。まず，S 字形の湾曲集成材を作り，出来上がった S 字状の部材を中央で二等分する。切断した辺の外層部にラミナを 2 次接着し，最後に梁の長さで切断する。切断した余剰部分も 1 階の柱に利用することで，材料を余すことなく有効に活用されている。

駅舎高架の東西には，7〜11 m の深い奥行きを持つキャノピーがある。その骨組は，木を主体とした三角形トラスであり，RC 構造の高架に連結することにより，水平力に対する安定性を確保し，軽快な鋼管柱で支持される。

所在地・竣工年：宮崎県日向市／2008 年
建築設計：内藤廣建築設計事務所
構造設計：川口衞構造設計事務所
構造形式：木造─鉄骨ハイブリッド構造

姶良総合運動公園体育館
Aira Gymnasium

西側外観　南側で木造屋根がそのまま延長され，軒の出5mの庇を形成。雨樋はなく，地面に雨水を受ける砂利が敷かれる

北側壁面のT字状骨組（鉄骨造）

アリーナ内観　RC造，PCa造，S造，木造，異種材料が見事に調和

正方形のグリッドで構成される南側壁面（PCa造）

木造シェルの分割位置
集成材パネル同士の接合は，梁間・桁行方向ともに木口にウレタン系接着剤を使い，等間隔に配置されたボルトで緊結されている

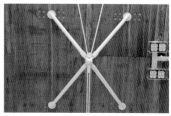

木とラチス材，ラチス材と下弦材の接合部
集成材パネルは，運搬や取り扱いが可能な大きさとして，1ピースあたり8×2.5m（梁間方向に5分割，桁行方向に40分割）に決められた。隣り合うスパンのジョイント位置は半コマずつずらす

第7章｜九州・沖縄

丘の上に建つ体育館

　鹿児島県の中央に位置する姶良市。体育館は，周辺地域のスポーツの拠点として整備された総合運動公園内にあり，公園の入口から丘の上へ向かう道路を登った先に体育館が見えてくる。建物は約100×50mの平面で，バレーボールコート4面が入る大きなアリーナ空間を有する。アリーナのスパンは36m，木造シェル屋根が軽快に架かり，その質感は見る人に暖かい印象を与え，空間に招き入れる。

木造シェルの屋根

　建築家が追求したのは，「アリーナの上に一枚の板として浮いているかのような屋根」。さまざまな構造形式が検討された結果，木のシェル構造とスティールによるハイブリッド構造が提案された。シェル構造は，梁間方向に非対称アーチ状（流線形）の曲線を描いており，厚さ200mmのベイマツ集成材で形成される。ベイマツ下面には天井材として厚さ18mmの姶良産スギが貼られ，アリーナから見上げた時にはその木肌が表れている。下弦材には経済的で剛性の高いフラットバー（2FB-28×125）を用いて存在感のあ

る「チェーン構造」とし，ラチス材には鋼管（φ114.3mm）を用いて「不完全トラス」の構成としている。異なる材料間における接合部のディテールは細かく配慮され，シンプルで美しく魅せる。南側では屋根面がそのまま延長され，5mという出の深い庇を構成し，木造シェルの薄さをよりいっそう際立たせる。

多様な構造種別の適用

　さらに，特筆すべきは適用した構造種別の多さである。下部構造で，部屋が多く配置される東西エリアは現場打ちの鉄筋コンクリート造。シェル屋根を支持する北側の壁面は梁間方向にT字状の骨組，桁行方向にブレース構面を形成する鉄骨造，そして南側の壁面は，開口が多いことからプレキャスト鉄筋コンクリート造である。ローコストを実現するため適材適所で構造種別を選んだ結果，屋根の木造を加えて合計4種類の混構造となった。これらの異種材料は内観で見事に調和し，豊かな空間を形成する。

所在地・竣工年：鹿児島県姶良郡姶良町／2005年
建築設計：古市徹雄都市建築研究所，山下設計
構造設計：川口衞構造設計事務所
構造形式：木造─鉄骨ハイブリッド構造

近代〜80年代の木造技術
Wood construction technique used in the modern era through the 1980s

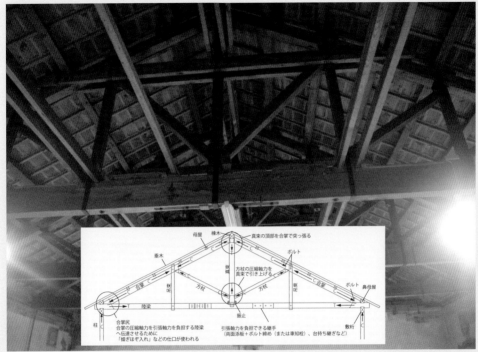

図1　明治時代に建てられた赤レンガ倉庫の洋小屋組の仕組

はじめに

　現代は木造建築がかつてないほど注目されており，木造の構造技術に関する開発・普及がめざましい。この木造建築が隆盛する直接の契機となったのは，2010年に施行された公共建築物等木材利用促進法だが，発端は1980年代末から始まった木造ブームである。この木造ブームは，1985年の円高による木材輸入の加速化に加え，1950年代末からの大規模木造禁止時代に対する強い反動として起こったものである。現代では，近世以前の伝統木造や木造ブーム以降の現代木造建築における情報は多く存在するが，大規模木造禁止時代やそれ以前の技術が語られることは少ない。本コラムでは，近代〜80年代の木造技術を見ていこう。

近代（幕末〜戦前）の木造技術とその背景

　日本の木造建築は古来，仏教建築をはじめとして時に海外の木造建築の技術を融和しながらも，独自のものを醸成していったが，その技術は主に日本の大工を中心として培われてきた。西洋技術が日本に入ってきた幕末期から少しずつ西洋建築が作られ始めたが，木造建築における近代工学的な見地から研究や設計が始まったのは，大学等の近代的な研究・教育機関が整備された明治時代初期である。

　この時期に西洋から伝わった主な技術は，大きなスパンをより短く細い木材で架け渡すためのトラス，地震や風などの水平力に対して軸組の剛性と強度を高めるための筋かい，ボルトや鉄の金物を用い

た接合方法，コンクリート製の基礎，そして構造の挙動を把握するための構造力学である。

　トラスは，切妻や寄棟屋根の長スパン部分にキングポスト・トラス形式で採用され，「洋小屋組」として定着した。その構成とディテールには，日本の大工の創意工夫による技術が随所に使われている。特に，圧縮軸力を負担する合掌と引張軸力を負担する陸梁との接合部に用いられている「傾ぎほぞ入れ」の仕口や，方杖によって鉛直下向きに引っ張られる真束の頂部を合掌で突っ張るといった仕組みは，当時高価だった金物をほとんど使わずに応力を木材同士の支圧で伝達させるためのものであり，力学的にも理に適っていて意匠性も高い（図1）。

在来軸組構法の誕生

　地震や木造の耐震化についての本格的な研究は，横浜地震（1880（明治13）年）や濃尾地震（1891（明治24）年）を契機に始まった。驚くべきことに明治時代に地震計の設置や，上下動も再現できる人為地震台の製作まで行われた。これらの耐震化の流れの中で，登場したのが筋かい，金物接合，柱脚の基礎への緊結といった西洋伝来の技術である。近世以前の標準的な耐震要素は柱，長押，貫，足固めの軸組に加えて，土塗壁や板壁であったが，古代からごく一部で使われていた筋かいの設置がこの時代に広く普及し始めた。この時期には，コンクリートや鉄が普及し始め，木造建築にコンクリート製の基礎や接合金物が使われるようになった。この結果，地震力は筋かいで固めた軸組に集

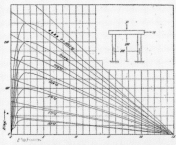

図2 坂静雄の「社寺骨組の力学的研究 第1部 柱の安定復原力」（1941年）からの抜粋

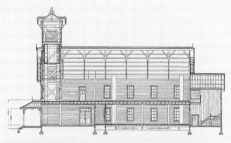

図3 旧札幌農学校演武場（1878年）の断面図

図4 求道会館（1915年）の小屋組

図5 求道会館（1915年）のディテール

中するが，力の伝達を確実にするため，接合部や基礎を緊結する，いわゆる「在来軸組構法」が生まれた。

世界で初めて震度の概念を発表した佐野利器の家屋耐震構造論（1916（大正5）年）においても，接合部に金物やボルトを使うこと，筋かいを用いて三角形の構面をつくることの重要性を説いており，関東大震災（1923（大正12）年）の被害を受けて，筋かいの設置はさらに進められた。

伝統構法の再評価

その一方で，真島健三郎や野口孫市のように，古来の技術によって作られる「伝統構法」の地震に対する優位性を主張するものもいた。特に，軸組は貫によって一定の剛性・耐力と靱性を確保したうえで，柱脚は地震の力が建物に入らないよう，基礎に緊結しない方がよいと考えた。これらは真島と，佐野利器・武藤清を中心に行われた柔剛論争の中でも議論された。このような経緯もあり，改正市街地建築物法（1924（大正13）年）では，足元の緊結は要しない形式と，土台と基礎をアンカーボルトで緊結する二つの形式が並立していた。ところが，戦後の建築基準法では前者が削除された。寺院建築では，坂静雄が太径柱の傾斜復元力や貫の実験的研究をしており，現代の伝統構法評価の礎となっている（図2）。

ツーバイフォー工法の歴史

北米で1800年代初期に生まれた枠組壁工法（以下，ツーバイフォー工法）は現代の日本では広く普及しているが，日本での歴史は古く，北海道開拓に伴い明治初期に北米からの木造技術が輸入された。札幌農学校の土木教師W.ホイーラーが設計した旧札幌農学校演武場（図3，札幌時計台，1878（明治11）年）やフランク・ロイド・ライト設計の自由学園明日館（1921（大正10）年）などが初期の形式であるバルーン・フレーム工法で建てられた。ツーバイフォー工法は，2インチ厚のディメンションランバーと洋釘だけでつくれるため，日本の伝統構法とは異なり高度な大工技術が不要であった。明治末期からはその合理化されたシステムにより，アメリカから輸入・販売するものも出て，少しずつツーバイフォー工法の住宅が広がっていった。だが，ツーバイフォー工法技術基準が日本で告示化されたのははるか後の1974年である。

ツーバイフォーではないが，ディメンションランバーを使った屋根構造の傑作として，武田五一による求道会館（1915年）がある（図4）。一般的なハンマービームトラスの形式を踏襲しているが，上下弦材・水平材・束材をそれぞれ1〜3列並べたツーバイ材で構成して各部材を通しやすくしたことで，多数の部材が集まるトラス節点の混雑を解消しつつ，繊細で美しい内部空間を実現している（図5）。このアイディアは，武田がサンフランシスコで開催されたパナマ太平洋万国博覧会を見て触発されたものである。

戦中戦後の木造技術とその背景

昭和12年に日中戦争が始まると，臨時資金調達法によりRC造での建設が制限され，多くが木造で建設された。この際，市街地建築物法は実質的に停止し，木造建設を加速化させるため，木材の規格寸法の切り下げ（幅120mm→105mm），木材の許容応

$$N_2 = 730kg$$

cd 面について，N_1 と繊維方向のなす角 θ は

陸梁，合掌共　$\theta = 12°$　第6図より

$$f_\theta = 78kg/cm^2$$

$$cd \geqq \frac{N_1}{12 \times 78} = 3.6cm \quad 可$$

de 面について，N_2 と繊維方向のなす角 θ は

陸梁　$\theta = 82°$　$\therefore f_\theta = 16kg/cm^2$

合掌　$\theta = 74°$　$f_\theta = 16kg/cm^2$

第14図

$$de \geqq \frac{N_2}{12 \times 16} = 3.3cm \quad 可$$

図6 「木構造計算規準・同解説」（1949年）　図7 「木構造計算規準・同解説」（1949年）に掲載された洋小屋合掌尻の設計方法

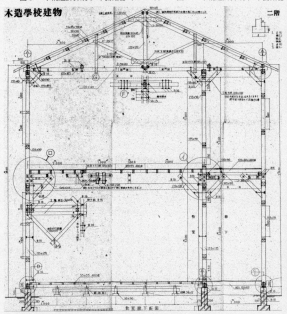

木造學校建物　　二階

図8 「木構造計算規準・同解説」（1949年）に掲載された木造校舎の詳細図

図9 軽井沢聖パウロカトリック教会（1935年）

図10 札幌聖ミカエル教会（1961年）

力度の引き上げや，設計荷重の低減などが図られた。

　戦時中や終戦直後は，鉄やセメント等の資材不足から木構造の技術研究が進み，それらの成果は「建築物耐震構造要項」（日本学術振興会，1943年），「木構造計算規準・同解説」（AIJ，1949年）などにまとめられた（図6）。木構造計算規準1949は，実用的な内容で，設計荷重や許容応力度だけでなく，部材や接合部の設計方法が盛り込まれている（図7）。付属資料として，戦後建設需要の高かった木造校舎の詳細な構造計算や構造図が載せられている（図8）。峯山海軍飛行場格納庫（1944年）や東京逓信病院高等看護学院（1950年）などの大規模木造建築は，それらの理論や技術を使って実現された。これらは製材を用いながらも，日本古来の伝統技術を用いたものではなく，ボルトやジベルといった接合，トラスや格子梁といった組立材など，西洋の接合や組立の技術を用いたものである。

　1950年に市街地建築物法が建築基準法へと移行し，壁量規定が追加された。壁量規定は建物の重さや規模に応じた耐力壁を設ける規定で，簡易な仕様さえ守れば耐震的な住宅が容易に作れる意味で有用な規定であるが，伝統木造のような壁ではなく主に軸組で耐震性を確保する構造は基準法からこぼれてしまった。同時に，掘立柱状の柱脚も禁止された。

　だが，戦争や大火による度重なる焼失や森林資源枯渇の深刻化，伊勢湾台風（1959年）による木造建築の被害を受けて，衆議院における官公庁建築物についての「都市建築物の不燃化の促進に関する決議」，建築基準法における大規模木造建築の原則禁止（1950年，現代に続く壁量規定も盛り込まれた），木材資源利用合理化方策の閣議決定（1955年），日本建築学会の木造禁止決議（1959年）などを経て，都市部に大規模木造建築が建てられない時代が，80年代後半まで30年弱続くことになる。これにより大規模木造建築の新築数が激減するとともに，製材の接合や組立材の研究や生産システムは衰退した。

アントニン・レーモンドの木造技術

　フランク・ロイド・ライトの帝国ホテル建設の担当スタッフとして来日したレーモンドは，独立後に活動拠点を日本に置き，数多くの優れた建築作品をつくるとともに，前川國男，吉村順三，ジョージ中島，増沢洵など日本を代表する建築家を多く育て

図11 新発田市厚生年金体育館（1962年）

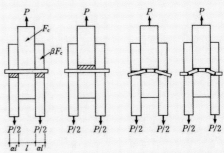

図12 ヨーロッパ型降伏理論式を用いたせん断ボルト接合部の降伏モード

た。レーモンドは，教会と住宅をはじめとして木造建築も多く手掛けた。架構に丸太材を使い，これらを化粧現しにすることで，伝統木造とも近代木造とも異なる独特の美しい木構造を生み出した。

初期の木造作品としてイタリア大使館日光山荘（1929年）があるが，これらの構造体はほとんど仕上げに隠れている。内部空間の構成要素として木造の構造体を本格的に現し始めるのは，軽井沢夏の家（1933年）からである。夏の家は，柱，梁から母屋，垂木に至るまで磨き丸太を使用し，日本の優れた大工技術で作り上げた最初の作品であると自著で語っている。当時レーモンド事務所のスタッフだった吉村順三は古建築に通じており，レーモンドに日本建築の構造的空間を体得させたともいわれている。ほぼ同時期に建てられた軽井沢聖パウロカトリック教会（1935年）は，屋根構造が木造のシザース（鋏状）トラスになっていて，部材には同様に丸太や太鼓材が使われている（図9）。部材同士の接合は，一方の木材の先端をほぞにしてもう一方のほぞ穴に挿し込む「ほぞ差し」や，シザーストラスの下弦材交差部では互いに木材を半分ずつ削って嵌め合わせる「相欠き」といった伝統的な仕口が使われていて，日本の大工技術が随所に見られる。

戦後の1948年に日本に戻ったレーモンドは，麻布に活動拠点として自邸と事務所を木造で作る。資材の不足する時代，レーモンドが構造材に選んだのは安価で入手しやすい小径の足場丸太だった。丸太を半割材で挟みながらボルトで組み立てていくという極めてシンプルな構成でつくられた空間は，これまで日本にないものだった。これによって交差部での木材の断面欠損を極端に少なくするとともに，見た目も軽快になる。自邸の一部は，現レーモンド事務所の最上階にメモリアルホールとして保存されている。中期の代表的な作品である聖オルバン教会（1956年），札幌聖ミカエル教会（図10，1960年）の小屋組には軽井沢聖パウロカトリック教会と同様のシザーストラスが採用されているが，その構成と接合は，まさに自邸で使われた挟み材形式である。後期の代表的な作品として，

本書でも紹介しているカトリック新発田教会（1965年，113頁）がある。

大規模木造禁止時代〜
木造ブーム前夜の木造技術とその背景

木造禁止時代には大規模の建設が制限されたが，技術研究が止まったわけではない。むしろ，集成材と合板，木造住宅にかかわる接合方法や防腐防蟻の技術が大きく発展した。

20世紀初頭に欧州で開発された集成材が日本にも導入され，戦後に日本ではじめての集成材建築として，森林記念館（設計者不明，1951年）が湾曲集成材によるアーチ構造で作られた。同時期に，後藤一雄は膠着梁（集成材の初期の呼び名）の研究を行っている。昭和30年代に入って，飯塚五郎蔵と三井木材工業が中心となって新発田市厚生年金体育館（図11）など，湾曲集成材を用いた木造建築をはじめとして，千数百棟が建てられたが，鉄骨造の普及に伴い衰退していった。それでも集成材に関する技術整備は少しずつ進められ，1963年に日本木材加工技術協会で「集成材の製造規準」，1966年には集成材の日本農林規格が制定，1972年の建設省告示でようやく集成材で一般の木材より高い許容応力度を用いることができるようになった。

合板の研究や実用化は古く，明治初期から行われてきたが，1969年に構造用合板のJASが制定された。先述のように1974年に枠組壁工法が告示化されたことから，構造用合板の住宅への応用は急激に広がっていった。合板の強度や耐水・耐久性は，接着性能が大きく関係するが，合板の進歩は良質な接着剤が開発されたことを示す。

ボルトの設計理論として重要であったのは，せん断力を受けるボルトの力学特性評価方法として，ヨーロッパ型降伏理論が日本でも採り入れられたことである。接合部の降伏モードを改訂し（図12），それぞれのモードについての力の釣合から降伏荷重を求める方法で，ボルトやドリフトピン等を用いた設計が精度よくできるようになった。逆に，1949年版から掲載されていた組立構造にはほぼ進歩がない。

日本の
構造デザイン年譜

用語索引

クレジット

参考文献

	0	1000	1500	1900	1910	1920	1930	1940

北海道・東北
- 1796 会津さざえ堂 (30)
- 1878 旧札幌農学校演武場 (札幌時計台) (215)

関東 (東京以外)
- 1872 富岡製糸場 (43)
- 1929 イタリア大使館日光山荘 (217)

東京
- 1780 三匝堂 (30)
- 1891 日本ハリストス正教会教団復活大聖堂 (ニコライ堂) (190, 193)
- 1909 相撲常設館 (190)
- 1914 東京駅 (190)
- 1915 求道会館 (215)
- 1921 自由学園明日館 (215)
- 1926 明治神宮外苑聖徳記念絵画館 (192)

中部
- 1911 可睡斎護国塔 (191)
- 1933 軽井沢夏の家 (217)
- 1935 軽井沢聖パウロカトリック教会 (113, 217)

関西
- 730 薬師寺東塔 (165)
- 1197 浄土寺浄土堂 (164)
- 1203 東大寺南大門 (167)
- 1644 五重塔 (76)
- 1709 東大寺金堂 (大仏殿) (166)
- 1901 舞鶴赤レンガ倉庫 (214)
- 1900 雌滝取水堰堤取水井屋 (190)
- 峯山海軍飛行場格納庫 (216) 1944

中国・四国
- 1673 錦帯橋 (183, 190)
- 1915 原爆ドーム (広島県物産陳列館) (190)
- 1919〜1927 (未詳) 今治ラジウム温泉本館 (191)
- 広島児童図書館 (31) 1949

九州・沖縄
- 1634 眼鏡橋 (190)
- 1854 通潤橋 (205)

海外
- 1851 クリスタル・パレス (158, 190)
- 1883 ブルックリン橋 (180)
- 1889 エッフェル塔 (158)
- 1926 イエナ (Jena) のプラネタリウム (190)
- 1935 サルスエラ競馬場 (17, 138)
- 1935 フロントン・レコレトス球技場 (31)

※赤字は本紙で掲載されている作品,
　青字は「世界の構造デザインガイドブックⅠ」での掲載作品を示す。
※作品名の後の (　) 内の数字は作品が掲載あるいは引用された頁を示す。

1960 聖ミカエル教会 (113, 217)

1966 大崎市民会館 (121)
1967 岩手県営体育館 (19, 96, 121)

1968 秋田県立体育館 (28, 181)

1960 ブリヂストン横浜工場体育館 (120)

1985 ゆるぎ石 (109)
1985 理工スポーツホール (57)

1961 群馬音楽センター (40, 197)
1961 戸塚C.C (181)

1986 サントリー館 (159)
1986 モニュメントタワー (159)

1967 千葉県文化会館 (52)
1968 千葉県立中央図書館 (53)　世界蘭会議パビリオン (159) 1987

1974 笠松運動公園体育館 (37, 121)

1978 ファラデー・ホール (56, 101)

1984 藤沢市秋葉台文化体育館 (64)

ジャンボ鯉のぼり (49) 1988
水戸芸術館展望塔 (36, 101) 1989
幕張メッセ (64) 1989

1950 東京通信病院高等看護学院 (216)
1951 森林記念館 (217)

1984 シルバーハット (201)

1956 聖オルバン教会 (217)
1958 東京タワー (83)

東京工業大学百年記念館 (92) 1987

1959 世田谷市民会館 (40)
1959 晴海ドーム (181)

1988 東京ドーム (84, 130, 171) 1988

1961 東京文化会館 (87)

1964 東京カテドラル聖マリア大聖堂 (86, 181)
1964 駒沢オリンピック公園総合運動場体育館 (96)
1964 国立代々木競技場 (32, 98, 101, 120, 180, 181)

1957 静岡駿府会館 (199)

1965 カトリック新発田教会 (113, 217)

1971 静岡市農協センター (53)

1975 資生堂掛川工場 (46)

1979 大垣市総合体育館 (124)

1984 霊友会弥勒山エアドーム (171)

1964 京都タワー (148)
1966 国立京都国際会館 (151)
1970 大阪万博お祭り広場大屋根 (101, 156, 158, 170)
1970 住友童話館 (158)
1970 大阪万博　オーストラリア館 (158)
1970 東芝IHI館 (159)
1970 大阪万博　スイス館 (159)
1970 大阪万博　アメリカ館 (168)
1970 大阪万博　富士グループ館 (168)
1970 大阪万博　開閉式空気膜マッシュバルーン (170)
1981 国際広場 (159)
1981 芙蓉グループ館 (159)
1983 神慈秀明会教祖殿 (146)
1984 ワールド記念ホール (162)
1984 すさみ町大型共同作業場 (121)
1985 インテックスプラザ (130)

天王寺博ワールド・バザール (159) 1987
奈良・シルクロード博 登大路会場 (159) 1988

1953 愛媛県民館 (181, 199)
1958 今治市公会堂 (40)
1961 西条市体育館 (197)
1963 下関市体育館 (28, 181)
1964 香川県立体育館 (96, 185, 197)
1967 高松国際スポーツパレス (121)

1963 市村記念体育館 (96, 120, 197)

小国町民体育館 (137, 203) 1988

1965 弓張岳展望台 (199)

海の中道海洋生態科学館 (131) 1989

1970 佐賀県立博物館 (53)

1984 球泉洞森林館 (206)

1953 ローリー・アリーナ (197)
1957 ローマのオリンピック小体育館 (138)
1958 ソチミルコのレストラン (138)
1975 シルバードーム (171)
1960 ブラジリア国会議事堂 (93)
1976 モントリオール・オリンピックスタジアム (80))
1960 サンタ・モニカ協会 (138)
1961 ピッツバーグシビック・センター (80)
1977 ポンピドゥー・センター (101, 161)
1967 モントリオール万博　アメリカ館 (158)
1986 ガラスボックス (46)
1967 モントリオール万博　西ドイツ館 (158)
1967 モントリオール万博　アビタ67 (158)　トロント・スカイドーム (80) 1989
1968 ダイティンゲンのガソリンスタンド (139)
1972 ミュンヘン・オリンピックスタジアム (158)
1974 ミシガン大学体育館 (171)
1974 シャルル・ド・ゴール空港 (154)

1990 あきたスカイドーム (27)

1997 大館樹海ドーム (25)

2005 公立はこだて
未来大学研究棟 (16, 22)
2005 しもきた克雪ドーム (18)
2005 釧路こども遊学館 (22)

2000 公立はこだて未来大学本部棟 (15)
2000 せんだいメディアテーク (20, 22)
2001 札幌ドーム (14)
2002 今井篤記念体育館 (26)

1991 酒田市国体記念体育館 (29, 150, 196)

1990 グリーンドーム前橋 (39, 57)
1990 ハイパードームE (61)
1990 横浜博覧会ゲート (131)

2005 県立ぐんま昆虫の森
昆虫観察館 (42)

1995 先端材料科学センター (58)
1996 船橋日大前駅 (57)
1997 幕張メッセ国際展示場 北ホール (51, 121)
1998 オーバル・ドーム (66)
1999 西武ドーム (48)
2000 さいたまスーパーアリーナ (45, 46)
2001 埼玉スタジアム (135)
2001 ホワイトライノⅠ (59)
2001 産総研 (46)
2001 波のシザース (68)
2002 日本大学理工学部 テクノプレース15 (55)
2002 横浜大さん橋国際客船ターミナル (60)
2002 トリプル・バルーン (67)
2002 虹のシザース (68)
2003 熊谷ドーム (47)

1990 東京体育館 (64, 97)
1991 有明コロシアム (80)

2001 メゾンエルメス (76)
2002 建築会館 可動式ドーム (79)
2003 IRONY SPACE (95)
2003 六本木ヒルズガーデンアリーナ (78)
2003 プラダブティック青山店 (82)
2004 TOD'S表参道 (102)
2004 クリスタル・ブリック (16)
2005 ミキモト銀座2 (75)
2005 東京工業大学 緑が丘1号館
レトロフィット (94)
2005 テーブル (106)

1993 旧日本長期信用銀行本店ビル (46)
1994 光が丘ドーム (103)
1995 葛西臨海公園展望広場レストハウス (22, 72)
1996 東京国際フォーラム (22, 74)

1991 天城ドーム (129, 130)
1992 海の博物館 (137)

2004 金沢21世紀美術館 (114)
2004 中国木材名古屋事業所 (136)

1995 サンドーム福井 (101, 118)
1996 長野市オリンピック記念アリーナ エムウェーブ (119, 121)
1996 堀之内町立体育館 (150)
1997 潟博物館・遊水館 (112)
1997 こまつドーム (81, 117)
1997 ナゴヤドーム (101, 134)
1997 新天城ドーム (81)
1999 新潟競馬場 (131)

2004 もてなしドーム (57, 115)
張弦アンブレラ (69) 2005
北方町生涯学習センターきらり (140) 2005

2001 静岡エコパスタジアム (101, 127, 150)
2001 静岡エコパアリーナ (128)
2001 倫理研究所 富士高原研修所 (132)
2001 豊田スタジアム (80, 135)

1993 梅田スカイビル (152)

1994 関西国際空港旅客ターミナルビル (160)

1996 大阪プール (131)

2002 京都アクアリーナ (149)

1997 MIHO MUSEUM ブリッジ (144)
1997 京都駅ビル (147)
1997 大阪ドーム (101, 153)

2003 積層の家 (163)
2003 ツダ・ジュウイカ (16, 22)
2003 ノエビアスタジアム神戸 (81)

1998 但馬ドーム (80)
1998 ユニバーサルスタジオシティ駅 (131)
1998 明石海峡大橋 (180)

2000 なにわの海の時空館 (154)

2004 芥川プロジェクト (141)

1992 出雲ドーム (130, 174)
1992 白竜ドーム (121, 175)

2001 山口きららドーム (178)
2001 唐戸市場と唐戸ブリッジ (182)

2003 愛媛県立武道館 (187)

1990 海のピラミッド (202)
1991 八代市立博物館 未来の森ミュージアム (201)
1997 パークドーム熊本 (171, 200)

2001 大分スポーツ公園総合競技場 ビックアイ (210)

1993 福岡ドーム (80, 101)
1993 宮崎シーガイア・オーシャンドーム (80)
1994 北九州穴生ドーム (150, 196)
1994 イナコスの橋 (211)
1995 ビーコンプラザ (211)

2004 砥用町林業総合センター (204)

2005 姶良総合運動公園体育館 (
2005 アイランドシティ中央公園
体験学習施設ぐりんぐりん

2000 エデン・プロジェクト (171)

2002 サーペンタイン・ギャラリー・パビリオン (102)

2005 アリアンツ・アリーナ (17

2006	2008	2010	2012	2014	2016	2018	2020

北海道・東北

2008 国際教養大学中嶋記念図書館 (24)
2012 粉川式アイスドーム (68)
2013 ルツェルン・フェスティバル アーク・ノヴァ (68, 171)
2016 陸前高田市立高田東中学校 (41)
2018 新青森県総合運動公園陸上競技場 (17)

関東（東京以外）

2006 BDS 柏の杜 (131)
2006 バイオかまくら (68)
那須塩原市街中交流センターくるる (41, 121) 2019
2007 河口湖ステラシアター (81)
2008 神奈川工科大学KAIT工房 (23, 62)
神奈川工科大学KAIT広場 (41, 63, 121) 2020
2009 東急江田駅ホーム上家 (130)
2010 ホキ美術館 (54)
2013 群馬県農業技術センター (41, 121)
2014 上州富岡駅 (22, 44)
2016 道の駅ましこ (38)
2017 ホワイトライノ II (59)
2017 箱根彫刻の森美術館 ネットの森 (65)

東京

2006 レイカズン本社ビル (23)
2007 IRON HOUSE (95)
2007 多摩美術大学付属図書館 (105)
2007 四角いふうせん (106)
2008 東京大学弥生講堂アネックス (85)
2011 東京工業大学附属図書館 (93)
2012 東京スカイツリー (88)
2013 東京駅八重洲口開発 グランルーフ (73)
2013 工学院大学弓道場 (104)
2016 新豊洲Brilliaランニングスタジアム (90, 171)
2019 国立競技場 (77)
2019 有明体操競技場 (91)
2020 TAKI Plaza (93)

中部

2006 瞑想の森 市営斎場 (125, 140)
2010 tomarigi (107)
2011 金沢海みらい図書館 (116)
2017 知立の寺子屋 (41, 121)
2012 MIHO美学院中等教育学校 チャペル (145)
2013 ROKIグローバルイノベーションセンター (133)
2015 みんなの森 ぎふメディアコスモス (122)
2015 静岡県草薙総合運動場体育館 (126)

関西

2015 パナソニックスタジアム吹田 (155)
2019 福田美術館 (23)

中国・四国

2006 いちとにぶんのいちView (189)
2008 高知駅 (188)
上勝町ゼロ・ウェイストセンター (184) 2020
2010 豊島美術館 (140, 186)
2013 Ribbon Chapel (176)
2015 ベラビスタスパ＆マリーナ尾道 エレテギア (177)
2016 ぽよよん土管 (108)
2019 土佐市複合施設"つなーで" (23)

九州・沖縄

2008 日向市駅 (212)
2016 三角港キャノピー (202)
2017 出島表門橋 (198)
2018 すばる保育園 (141)
2019 大分県立武道 スポーツセンター (207)

海外

2007 中国国立大劇院 (154)
2010 証大ヒマラヤセンター (141)
2011 カタール国際コンペティションセンター (141)
2017 Wanda Metropolitano (131)

クレジット

003　16　上，左下　山本理顕設計工場
008　24　上左　藤塚光政
014　30　上左　甘粕優太／上右（図）　シカゴ美術館（パブリックドメイン）
017　38　上　道の駅ましこ／下左　MOUNT FUJI ARCHITECTS STUDIO
020　41　上　SALHAUS
023　44　左下（図）　小西泰孝建築構造設計／右下（図）　TNA
024　45　左下，右下（図）　参考文献*から引用
026　48　左上，右上　太陽工業／左中　参考文献*から引用／右中　鹿島建設
030　54　上，中左，中右　雁光舎 野田東徳
036　61　右上，下中，下右を除く全て　斎藤公男
042　73　全て　太陽工業
047　78　右上　山下設計
050　83　中（図）　参考文献*の図を基に加工
051　84　上，中左　竹中工務店／右，左下　参考文献*から引用
052　85　上，下右　河野泰治／下中，下右　稲山正弘
053　86　左中，右中　参考文献*の図を基にトレース
055　88　上，下中　東武タワースカイツリー株式会社／下左，下右　日建設計／89　全て　日建設計
056　90　左上，左下　Nacasa & Partners Inc.／右中上（2枚），右中下（図）　KAP
057　91　全て　清水建設 西谷隆之
058　92　上　産経新聞社
059　93　上　石黒守
060　94　上，下右　石黒守
061　95　全て　梅沢良三建築構造研究所
064　99　左上　建築文化
065　102　図　参考文献*から引用
067　104　上　小川重雄／下中，下右　福島加津也＋富永祥子建築設計事務所／下右　参考文献*から引用
068　105　右下　伊東豊雄建築設計事務所
073　116　上，中中，中右　田尾玄秀／下右（図）　堀場弘＋工藤和美／シーラカンス K&H
074　117　上左，上右，中左，中右　太陽工業／下左（図），下右　参考文献*から引用
075　118　中中央　参考文献*から引用／図版　川口衞構造設計事務所
076　119　下左（図）　参考文献*から引用／上　鹿島建設
077　122　上　中村絵／中下（図）　伊東豊雄建築設計事務所
　　　　123　上　中村絵／下左（図）　金田充弘／下右（図）　伊東豊雄建築設計事務所
082　128　全て　エスエス
084　130　右中，右下　参考文献*から引用
085　133　上，下右　Takahiro Arai／下左　Arup
086　134　左中，右中　参考文献*の図を基にトレース
088　136　上，下左，下中　坂口裕康／下右（図）　参考文献*から引用
091　145　左上，左下　Higashide Photo Studio
092　146　建設中写真，右下　中田捷男
097　152　左上　新建築写真部
099　154　上左，上右，下右　Katsuhisa Kida
100　155　左下，右下　竹中工務店
101　156　上　川口衞構造設計事務所／157　左上，図版　川口衞構造設計事務所
102　160　全て　岡部憲明アーキテクチャー・ネットワーク
103　162　左下，図版　川口衞構造設計事務所
104　163　下右から3枚　ピーエス三菱／上右（図）　参考文献*から引用
105　164　上，下左　極楽山 浄土寺
105　164　下中，下右　参考文献*から引用
106　165　右上，右下　参考文献*から引用
107　166　右上，下左，下右　参考文献*から引用／167　下左，下右　参考文献*から引用
108　174　右下　佐々木直幸 鹿島建設
109　175　全て　竹中工務店
110　176　全て　Nacasa & Partners Inc.
111　177　左上，左下　Nacasa & Partners Inc.
112　178　上右　大成建設
115　183　下左，下右　参考文献*から引用
116　184　上　Koji Fuji/TOREAL
117　185　下右　河西範幸
120　188　上　金箱温春／図版　川口衞構造設計事務所

121　189　全て　徐 光（JSD）
122　196　全て　太陽工業
123　197　上　満田衛資
126　200　全て　太陽工業
128　202　写真3枚　momoko Japan／下右　参考文献＊から引用
129　203　上　川口健一／中右　小澤雄樹／左下　参考文献＊の図を基にトレース
131　205　上　熊本県観光連盟／下左　山都町
132　206　右上　東京大学 川口健一研究室／中下，右下　参考文献＊の図を基に加工
134　210　下中，下右　太陽工業
135　211　図版　川口衛構造設計事務所
136　212　図版　川口衛構造設計事務所

Column 1　図7，図8，図9　川口衛構造設計事務所
Column 2　図2　TSP 太陽／図13，図16　小俣裕亮（イソザキ・アオキ アンド アソシエイツ）／
　　　　　図14　LUCERNE FESTIVAL ARK NOVA／図15　参考文献2）から引用
Column 3　図1，図2，図3　佐藤淳構造設計事務所／図4，図6　junya.ishigami+associates／
　　　　　図5，図7，図8　小西泰孝建築構造設計／図12，図14　オーノ JAPAN／
　　　　　図13　青木淳建築計画事務所（現在，AS）／図17，図18　川口衛構造設計事務所
Column 4　図1　佐々木睦朗／図2　諸岡繁洋／図3　斎藤公男／図5　川口健一／
　　　　　図6，図11，図13，図19　佐々木睦朗構造計画研究所／図9　京都工芸繊維大学 満田衛資研究室／
　　　　　図14　建築企画コム・フォレスト／図15　満田衛資構造計画研究所／図17　大森博司／
　　　　　図18　Arata Isozaki & Associates
Column 5　図29　Nacasa & Partners Inc.／図31，32　TSP 太陽／上記以外　太陽工業
Column 6　図5（c），図5（d），図5（e），図6（b），図6（d）　東京大学 川口健一研究室／
　　　　　図7　岡建司／図8（b）　関口佳織
Column 7　図2　坂静雄／
　　　　　図3　国指定重要文化財 旧札幌農学校演武場ホームページ　http://sapporoshi-tokeidai.jp/know/structure.php／
　　　　　図4，図5　文化財工学研究所／図6，図7，図8　日本建築学会／図11　坂本功

Column B　図2，図6　原田公明（日建設計）／図4，図7　神鋼鋼線工業
Column C　図1　Fritz Geller-Grimm　出展：Wikimedia Commons／図2　Yathin S Krishnappa　出展：Wikimedia Commons／
　　　　　図3　Can Stock Photo/cidepix／図5　周穎琦
Column D　図2　Rrburke and Taxiarchos228　出展：Wikimedia Commons／図3　Tolivero　出展：Wikimedia Commons／
　　　　　図4，図7，図8，図9，図10，図11　横河システム建築／図5　Chihaya Sta　出展：Wikimedia Commons／
　　　　　図12　Kai Tak Sports Park Ltd.
Column E　図7　JSDC 君島氏紹介ページより引用／図8　参考文献1）から引用／図9　斎藤公男／
　　　　　図10　日本鋳造
Column F　図2　小澤雄樹／図4，図9　川口衛構造設計事務所／図6　鹿島建設／図7　ToLoLo studio
Column G　図6，図11　久米健一（清水建設）／上記以外　太陽工業
Column I　図3　Miyuki Meinaka　出展：Wikimedia Commons／図12　参考文献5）から引用／
　　　　　図1および上記以外　斎藤公男
Column J　図2　神鋼鋼線工業
Column K　図14　銘建工業

章扉2　　34　道の駅ましこ
章扉3　　70　フリー画像（Pixabay よりダウンロード）
章扉4　　110　Banku　出展：Wikimedia Commons
章扉5　　142　Wiiii　出展：Wikimedia Commons
章扉6　　172　大成建設
章扉7　　194　熊本県観光連盟

※上記に記載のない写真・図版は執筆担当による。

参考文献

001　SAPPORO DOME, IASS Sympojsium 2001, Nagoya, 2001

002　知られざる PC 建築—Perfect Collection，建築技術，2004 年

004　風雪受け流す翼形の大屋根，日経アーキテクチュア 2019 年 10 月 24 日号，日経 BP，2019 年

005　しもきた克雪ドーム（仮称）の設計その 1・その 2：水谷太郎他，日本建築学会学術講演梗概集，2003 年／
　　　鉄構技術 2013 年 10 月号，細澤治，鋼構造出版，2013 年

006　空間 構造 物語，斎藤公男，彰国社，2003 年／大スパン建築，日本鋼構造協会編，1970 年／
　　　健全なる意匠と構造 岩手県営体育館，日経アーキテクチュア 2019 年 2 月 28 日号，日経 BP，2019 年／
　　　新しい建築のみかた，斎藤公男，エクスナレッジ，2014 年

007　構造設計の詩法，佐々木睦朗，住まいの図書館 出版局，1997 年／
　　　構造・構築・建築 佐々木睦朗の構造ヴィジョン，佐々木睦朗，LIXIL 出版，2017 年

008　ヤマダの木構造，山田憲明，エクスナレッジ，2017 年

009　大館樹海ドーム，龍公社，1997 年／ドーム構造の技術レビュー，日本建築学会，2004 年

011　日本の膜構造，石井一夫，SPS 出版，1996 年／
　　　日本の構造技術を変えた建築 100 選—戦後 50 余年の軌跡，日本建築構造技術者協会，彰国社，2003 年

012　スペースストラクチャーの設計と実例，日本鋼構造協会編，鹿島出版会，1971 年

013　新建築 1991 年 11 月号，新建築社，1991 年／建築文化 1991 年 11 月号，彰国社，1991 年／
　　　日経アーキテクチュア 1991 年 11 月 11 日号，日経 BP，1991 年

014　羅漢寺三匝堂考，小林文次，日本建築学会論文報告集，1966 年／円通寺三匝堂（さざえ堂）実測図，日大理工学部建築史研究室／
　　　旧正宗寺三匝堂（通称：「さざえ堂」）構造調査報告会の開催について（パンフ），2009 年

015　水戸芸術館展望塔，青木淳・木村俊彦・金箱温春，カラム No.117，1990 年

016　空間 構造 物語，斎藤公男，彰国社，2003 年

017　新建築 2016 年 11 月号，新建築社，2016 年／ディテールの教科書 中大規模木造編，日経アーキテクチュア，日経 BP，2020 年

018　ケーブル構造設計指針・同解説，日本建築学会，2019 年／
　　　構造デザインの歩み 構造設計者が目指す建築の未来，JSCA 構造デザインの歩み編集 WG，建築技術，2010 年／
　　　空間 構造 物語，斎藤公男，彰国社，2003 年／
　　　日本の構造技術を変えた建築 100 選—戦後 50 余年の軌跡，日本建築構造技術者協会，彰国社，2003 年／
　　　張弦梁構造によるグリーンドーム前橋の大屋根施工，加藤博巳他，建築技術，1991 年／
　　　グリーンドーム前橋の大屋根構造の研究報告 1〜6，富永博夫他，日本建築学会大会学術講演梗概集，1990 年／
　　　長円形張弦梁屋根架構を用いた前橋公園イベントホールの構造設計概要，坂井吉彦他，鉄構技術，1990 年／
　　　グリーンドーム前橋の防災計画および構造計画について，山田利行他，ビルディングレター，1990 年

019　新建築 1961 年 10 月号，新建築社，1961 年／建築 1961 年 10 月号，青銅社，1961 年／
　　　昭和モダン建築巡礼 完全版 1945-64，日経 BP 社，2019 年

021　昆虫観察館，金箱温春，ラチスシェルの座屈と耐力，日本建築学会，2010 年

022　新建築 2021 年 4 月号，新建築社，2021 年／日経アーキテクチュア 2020 年 11 月 26 日号，日経 BP，2020 年／
　　　世界遺産 富岡製糸場と絹産業遺産群 建築ガイド，上毛新聞社，2014 年／世界遺産 富岡製糸場，遊子谷玲，勁草書房，2014 年／
　　　昭和モダン建築巡礼 完全版 1945-64，日経 BP 社，2019 年

023　新建築 2014 年 5 月号，新建築社，2014 年／建築技術 2020 年 12 月号，建築技術，2020 年

024　＊建築技術 2000 年 9 月号，建築技術，2000 年

025　ラチスシェルの座屈と耐力，日本建築学会，2010 年／第 16 回 JSCA 賞彩の国くまがやドーム，
　　　https://www.jsca.or.jp/vol5/p3_1_prize/200511/doc3.php

026　既存競技施設のドーム化技術の開発，吉田新他，日本建築学会大会学術講演梗概集，1999 年／
　　　＊世界の膜構造デザイン，石井一夫，新建築社，1999 年

027　構造と感性，川口衞，鹿島出版会，2015 年／実験ドキュメント 長さ 100 メートル 泳げ巨大こいのぼり，NHK アーカイブス，1988 年

028　飛躍する構造デザイン，渡辺邦夫，学芸出版社，1996 年

029　構造設計の初心 木村俊彦 初期の軌跡，木村俊彦構造設計事務所，1998 年

030　新建築 2010 年 12 月号，新建築社，2010 年

031　新建築 2002 年 10 月号，新建築社，2002 年／空間 構造 物語，斎藤公男，彰国社，2003 年

032　空間 構造 物語，斎藤公男，彰国社，2003 年／
　　　柱のない空間—スポーツ・イベント・展示ホール(建築設計資料 空間 SERIES)，日本建築学会，彰国社，1994 年

033　空間 構造 物語，斎藤公男，彰国社，2003 年

034　人力による張力導入法と張力導入計画（その 1），川口・水谷・藤原・今井・本間，日本建築学会技術報告集，57 巻，p.591-596，2018 年
　　　7 月／タワー型及び五角錐台型テンセグリティ架構の設計と施工　タワー型テンセグリティ架構の施工時張力導入（その 2），川口・水谷・
　　　大矢・今井・本間，日本建築学会技術報告集，58 巻，p.1005-1010，2018 年 10 月

035　鉄のコンピュータ建築：渡辺邦夫・横山太郎・加藤寛之，建築技術 2003 年 1 月号，建築技術，2003 年／
　　　Making Architecture，インタビュー：渡辺邦夫・foa，新建築 2002 年 6 月号，新建築社，2002 年／
　　　対談「折板構造はいかにしてうまれたのか」：渡辺邦夫・金箱温春，建築文化 2002 年 8 月号，彰国社，2002 年

036　新建築 1992 年 12 月臨時増刊 木の空間，新建築社，1992 年／空間 構造 物語，斎藤公男，彰国社，2003 年

037　建築技術 2008 年 12 月号，建築技術，2008 年

038　スチールデザイン No38，日本鉄鋼連盟，2021 年

039　別冊新建築 日本現代建築家シリーズ 17 木村俊彦，新建築社，1996 年

040 素材は語る1 木と空間, 今川憲英, 井上書院, 2018 年

041 別冊新建築 日本現代建築家シリーズ 17 木村俊彦, 新建築社, 1996 年

042 新建築 2004 年 12 月号, 新建築, 2004 年／JSCA 第 26 回奨励賞 受賞概要展示パネル

043 構造設計と監理を終えて, 渡辺邦夫, 新建築 1996 年 8 月号, 新建築社, 1996 年／
広範な技術を集約するデザイン, 渡辺邦夫, 建築技術 1996 年 9 月号, 建築技術, 1996 年

044 構造・構築・建築 佐々木睦朗の構造ヴィジョン, 佐々木睦朗, LIXIL 出版, 2017 年

045 新建築 2001 年 8 月号, 新建築社, 2001 年／建築技術 2009 年 3 月号, 建築技術, 2009 年

048 空間 構造 物語, 斎藤公男, 彰国社, 2003 年

049 新建築 2003 年 9 月号, 新建築社, 2003 年／建築技術 2009 年 4 月号, 建築技術, 2009 年／
第 5 回日本免震構造協会賞-2004-, 社団法人日本免震構造協会, 2004 年

050 Tokyo of TOKYO TOWER 東京タワーと東京の 60 年, 富田昌広, ギャンビット, 2020 年／
タワー Birth of Towers: 内藤多仲と三塔物語, 橋爪紳也・田中彌壽雄・内藤多四郎, INAX ギャラリー, 2006 年／
＊東京タワーの耐震レトロフィット, 木原碩美・山野祐司・國津博昭・樫本信隆, JSCA 賞業績資料, 2015 年／
構造デザインマップ東京, 新谷眞人他, 総合資格, 2014 年／
プロが教える建築のすべてがわかる本, 川口健一他, ナツメ社, 2010 年／
内藤多仲先生の御生誕百年を記念して, 早稲田大学印刷所, 1986 年

051 ＊日本の膜構造, 石井一夫, SPS 出版, 1996 年

052 構造デザインマップ東京, 新谷眞人他, 総合資格, 2014 年

053 ＊東京カテドラル聖マリア大聖堂, 名須川良平, 空間構造第 5 巻, 坪井善勝記念講演会実行委員会, 1997 年

054 高オズ計画論の展開と私の立場, 木村俊彦, 建築 1962 年 1 月号, 青銅社, 1962 年／
SPACE STRUCTURE―木村俊彦の設計理念, 渡辺邦夫監修, 鹿島出版会, 2000 年／
東京文化会館 (25) 改修, 近代建築 2015 年 10 月号, 近代建築社, 2015 年

056 新建築 2017 年 3 月号, 新建築, 2017 年／建築技術 2017 年 5 月号, 建築技術, 2017 年／
建築雑誌 2019 年 8 月号, 日本建築学会, 2019 年／鉄構技術 2019 年 9 月号, 鋼構造出版, 2019 年

058 新建築 1988 年 1 月号, 新建築社, 1988 年／日経アーキテクチュア 1987 年 12 月 14 日号, 日経 BP, 1987 年

059 新建築 2011 年 9 月, 新建築社, 2011 年／建築技術 2011 年 10 月 No.729, 建築技術, 2011 年／
鉄構技術 2011 年 5 月 Vol.24, 鋼構造出版, 2011 年

060 新建築 2006 年 7 月号, 新建築社, 2006 年／日経アーキテクチュア 2006 年 5 月 22 日号, 日経 BP, 2006 年／
グッドデザインアワード・イヤーブック 2007-2008

061 構造家 梅沢良三―建築に挑み続けること―, 梅沢良三, オーム社, 2011 年

062 新建築 1964 年 10 月号, 新建築社, 1964 年／新建築 1993 年 11 月号（管制塔改修）, 新建築社, 1993 年／
建築文化 1964 年 7 月号, 彰国社, 1964 年／昭和モダン建築巡礼 完全版 1945-64, 日経 BP 社, 2019 年

063 別冊新建築 日本現代建築家シリーズ 17 木村俊彦, 新建築社, 1996 年

064 建築技術 2020 年 7 月号 特集「代々木からのメッセージ」, 斎藤公男, 建築技術, 2020 年

065 ＊建築技術 2005 年 3 月号, 建築技術, 2005 年

066 構造と感性, 川口衛, 鹿島出版会, 2015 年／テンセグリック・システムにより補剛された薄肉ドームの提案, 阿部優・立道郁生・
川口衛, 日本建築学会技術報告集, 第 1 号, p.96-101, 1995 年／
サスペン・ドームの開発（その 1～その 3）, 立道郁生・川口衛 他, 日本建築学会大会学術講演梗概集, 1992 年

067 ＊建築技術 2014 年 12 月号, 建築技術, 2014 年

068 新建築 2007 年 7 月号, 新建築社, 2007 年／PLOT 伊東豊雄：建築のプロセス, ADA エディタトーキョー, 2014 年

069 遊水館の構造, 金箱温春, 建築技術 1997 年 6 月号, 建築技術, 1997 年／
潟博物館の構造, 金箱温春, 建築技術 1997 年 10 月号, 建築技術, 1997 年

070 レーモンド設計事務所 HP

071 構造・構築・建築 佐々木睦朗の構造ヴィジョン, 佐々木睦朗, LIXIL 出版, 2017 年

072 ステンレス建築 No.29「金沢駅東広場大屋根の構造設計と施工について, 金田勝徳, ステンレス構造建築協会, 2005 年／
ハイブリッド・アルミドームの構造設計（その 1～その 3）, 金田勝徳他, 日本建築学会大会学術梗概集, 2004 年／
ハイブリッド・アルミドームの施工（その 1～その 2）, 新村達也・中島肇・斎藤公男他, 日本建築学会大会学術梗概集, 2004 年

073 新建築 2011 年 7 月号, 新建築社, 2011 年／建築技術 2011 年 9 月号, 建築技術, 2011 年

074 ＊日本の膜構造, 石井一夫, SPS 出版, 1996 年

075 構造と感性, 川口衛, 鹿島出版会, 2015 年／＊写真集 サンドーム福井「阿吽」, 写真集サンドーム福井編集委員会, 1995 年

076 ＊日本の構造技術を変えた建築 100 選―戦後 50 余年の軌跡, 日本建築構造技術者協会, 彰国社, 2003 年

077 新建築 2015 年 9 月号, 新建築, 2015 年／建築技術 2016 年 2 月号, 建築技術, 2016 年

078 鉄筋コンクリート造空間構造の振動特性に関する評価の試み―既存アリーナにおける振動測定と数値解析による振動特性の分析
例―: 武藤 厚, 加藤友和, 糠谷真理, 平墳義正, 日本建築学会構造系論文集, No.592, 2005 年

079 構造・構築・建築 佐々木睦朗の構造ヴィジョン, 佐々木睦朗, LIXIL 出版, 2017 年

080 木・鉄・RC・免震ハイブリッドの構造計画, 岡村仁・桐野康則・佐藤孝浩, 建築技術 2015 年 8 月号, 建築技術, 2015 年

081 空間 構造 物語, 斎藤公男, 彰国社, 2003 年／
日本の構造技術を変えた建築 100 選―戦後 50 余年の軌跡, 日本建築構造技術者協会, 彰国社, 2003 年

082 空間 構造 物語, 斎藤公男, 彰国社, 2003 年／新建築 2002 年 10 月号, 新建築社, 2002 年

083 空間 構造 物語, 斎藤公男, 彰国社, 2003 年／ケーブル構造設計指針・同解説, 日本建築学会, 2019 年

084　建築技術 2001 年 11 月号，建築技術，2001 年

085　スチールデザイン No.28，一般社団法人日本鉄鋼連盟，2016 年／新建築 2013 年 11 月号，新建築社，2013 年／
　　　日経アーキテクチュア 2013 年 12 月 10 日号，日経 BP，2013 年

086　＊ナゴヤドームの構造設計と施工，佐箱睦雄，空間構造第 4 巻，坪井善勝記念講演会実行委員会，1996 年／Wikipedia "ナゴヤドーム".

088　＊構造ディテール図集，山田憲明・多田脩二，オーム社，2016 年

089　飛躍する構造デザイン，渡辺邦夫，学芸出版社，1996 年／構造デザイン講義，内藤廣，王国社，2008 年

090　橋梁と基礎 1998 年 7 月号，建設図書，1998 年／The Structure of Design, Leslie Earl Robertson, THE MONACELLI PRESS, 2017

091　MIHO 美学院中等教育学校―チャペル，中田捷夫・高見澤孝志・武藤　厚・加藤史郎，建築技術 2014 年 1 月号，建築技術，2014 年／
　　　コンクリートシェル構造設計ガイドブック，日本建築学会，2020 年

093　京都駅ビルアトリウム：木村俊彦・金箱温春・西伸介，空間構造の耐震設計と設計例，日本建築学会，2001 年

094　山田守設計による京都タワービルの設計課程に関する研究：大宮司勝弘・竹内淳・岩岡竜夫・岩田利枝，日本建築学会計画系論文集，第
　　　74 巻，第 636 号，2009 年

095　IASS WG8: Guide to Earthquake Response Evaluation of Metal Roof Spatial Structures, 2019／
　　　Endeavors to Control the Vibration of Long Span Structures, Kaneda K., Saito M., IASS Symposium 2001, Nagoya, TP116

096　SPACE STRUCTURE―木村俊彦の設計理念，渡辺邦夫監修，鹿島出版会，2000 年

097　別冊新建築 日本現代建築家シリーズ 17 木村俊彦，新建築社，1996 年

098　新建築 1997 年 4 月号，新建築社，1997 年／建築技術 1997 年 12 月号，建築技術，1997 年／
　　　ドーム構造の技術レビュー，日本建築学会，2004 年

099　新建築 2000 年 9 月号，新建築社，2000 年／GA Japan 46，エーディーエー・エディタ・トーキョー，2000 年／
　　　日経アーキテクチュア 1999 年 11 月 29 日号，日経 BP，1999 年

101　構造と感性，川口衞，鹿島出版会，2015 年／Space Grid Structures, John Chilton, Routledge, 2000

103　構造と感性，川口衞，鹿島出版会，2015 年／作品選集 1989，日本建築学会，1989 年／建築文化 1985 年 1 月号，彰国社，1985 年

104　＊構造デザインの歩み 構造設計者が目指す建築の未来，JSCA 構造デザインの歩み編集 WG，建築技術，2010 年

105　国宝 浄土寺浄土堂修理工事報告書，国宝浄土寺浄土堂修理委員会，極楽山浄土寺，1959 年

106　よみがえる白鳳の美 国宝薬師寺東塔解体大修理全記録，朝日新聞出版，2021 年／五重塔のはなし，建築資料研究社，2010 年

107　国宝東大寺金堂（大仏殿）修理工事報告書，東大寺大仏殿昭和修理委員会，1980 年／
　　　東大寺南大門史及昭和修理要録東大寺南大門修理工事事務所編，鈴木嘉吉・藤井恵介，文生書院，2005 年

108　空間 構造 物語，斎藤公男，彰国社，2003 年／
　　　日本の構造技術を変えた建築 100 選―戦後 50 余年の軌跡，日本建築構造技術者協会，彰国社，2003 年／
　　　新建築 1991 年 11 月号 イメージからのテクノロジーへ―酒田市国体記念体育館をめぐるテンション構造の諸相，斎藤公男，新建築社，1991 年

109　Membrane Structures in Japan，石井一夫，SPS 出版，1995 年／白竜ドームパンフレット

110　The Ribbon Chapel, Japan, Ikuhide Shibata, The Arup Journal, 2016／Ribbon Chapel, Ikuhide Shibata, IABSE Conference in Geneva, 2015

111　ヤマダの木構造 改定版，山田憲明，エクスナレッジ，2023 年

112　空間 構造 物語，斎藤公男，彰国社，2003 年

113　ドコノモン，倉片俊輔，日経 BP，2011 年／空間 構造 物語，斎藤公男，彰国社，2003 年／
　　　新しい構造 その可能性の追求とデザイン 下関市体育館におけるデザインプロセス，建築文化 1962 年 2 月，彰国社，1962 年

114　空間 構造 物語，斎藤公男，彰国社，2003 年

115　名勝錦帯橋架替事業報告書，文化財建造物保存技術協会編，岩国市，2005 年

116　建築技術 2020 年 11 月号，建築技術，2020 年／新建築 2020 年 7 月号，新建築社，2020 年

117　現代の建築と構造，新建築 1965 年 6 月号，新建築社，1965 年／吊構造，日本鋼構造編，コロナ社，1975 年

118　構造・構築・建築 佐々木睦朗の構造ヴィジョン，佐々木睦朗，LIXIL 出版，2017 年

120　構造と感性，川口衞，鹿島出版会，2015 年／スチールデザイン No.15，日本鉄鋼連盟

122　建築雑誌 1990 年 7 月号，日本建築学会，1990 年／日本建築学会大会講演梗概集，日本建築学会，1991 年

123　新建築 1963 年 5 月号，新建築社，1963 年

124　出島表門橋と 12 の橋，ローラン・ネイ，渡邊竜一，2018 年／新建築 2018 年 1 月号，新建築社，2018 年

125　新建築 1966 年 2 月号，新建築社，1966 年／空間 構造 物語，斎藤公男，彰国社，2003 年

126　ドーム構造の技術レビュー，日本建築学会，2004 年／世界の膜構造デザイン，石井一夫，1999 年

127　別冊新建築 日本現代建築家シリーズ 17 木村俊彦，新建築社，1996 年／
　　　SPACE STRUCTURE―木村俊彦の設計理念，渡辺邦夫監修，鹿島出版会，2000 年

128　＊建築技術 2016 年 6 月号，建築技術，2016 年

129　＊新建築 1992 年 12 月臨時増刊木の空間，新建築社，1992 年

130　新建築 2004 年 11 月号，新建築社，2004 年

132　シェル空間の研究と設計：田中弥寿雄，空間構造第 8 巻，坪井善勝記念講演会実行委員会，2000 年／
　　　新建築 1984 年 9 月号，新建築社，1984 年／建築文化 1984 年 9 月号，彰国社，1984 年／
　　　日経アーキテクチュア 1984 年 8 月 27 日号，日経 BP，1984 年

133　建築技術 2019 年 11 月号，建築技術，2019 年

134　新建築 2001 年 7 月号，新建築社，2001 年／GA JAPAN 51，エーディーエー・エディタ・トーキョー，2001 年

135　構造と感性，川口衞，鹿島出版会，2015 年／イナコスの橋，川口衞，造景 No.2，建築資料研究社，1996 年

136　構造と感性，川口衞，鹿島出版会，2015 年／日向市駅，日経アーキテクチュア 2008 年 5 月 12 日号，日経 BP，2008 年

137　構造と感性，川口衞，鹿島出版会，2015 年／新建築 2005 年 11 月号，新建築社，2005 年／
　　　建築技術 2005 年 12 月号，建築技術，2005 年

Column 1　1）Physical Models, B. Addis（Ed.）, Wilhelm Ernst & Sohn, 2021.

　　　　　2）広島児童図書館の構造設計―円錐形シェルの設計―，坪井善勝・若林実，生産研究7月号，第5巻，第7号，p.145-151，1953年

　　　　　3）殻構造について（その2）円錐形シャーレンの模型実験，坪井善勝・青木繁，日本建築学会関東支部研究報告集，第22巻，p.101-102，1953年

　　　　　4）Design Problems of a suspension roof structure–Tokyo Olympic Swimming Pools，坪井善勝・川口衛，東京大学生産技術研究所報告，第15巻，第2号，1965年

Column 2　1）空間 構造 物語，斎藤公男，彰国社，2003年

　　　　　2）小俣裕亮：空気膜構造を採用した移動式仮設建築物における予冷外気冷房及び放水冷却に関する実測研究，日本建築学会技術報告集，第26巻，第63号，p.613-618，2020年

Column 3　1）GA JAPAN 90，エーディーエー・エディタ・トーキョー，2008年

　　　　　2）ヴィヴィッド・テクノロジー，学芸出版社，2007年

　　　　　3）JA95 若手構造家の思考，新建築社，2014年

　　　　　4）構造設計プロセス図集，大野博史，オーム社，2020年

　　　　　5）構造と感性，川口衛，鹿島出版会，2015年

Column 4　1）Form finding of shells by structural optimization, K.–U.Bletzinger & E.Ramm, Engineerring with Computers, 1992

　　　　　2）構造物の形態解析と創生，半谷裕彦，生産研究，47巻1号，1995年

　　　　　3）多様化する構造デザイン，日本構造家倶楽部，建築技術，2022年

　　　　　4）遺伝的アルゴリズムに基づく不連続コスト関数を有する構造物の最適設計法，大崎純，日本建築学会構造系論文集，No.464，p.119-127，1994年

　　　　　5）等値線を利用した拡張ESO法による構造形態の創生，大森博司・崔昌禹，日本建築学会構造系論文集，No.539，p.87-94，2001年

Column 5　1）日本の構造技術を変えた建築100選―戦後50余年の軌跡，日本建築構造技術者協会，彰国社，2003年

　　　　　2）The Japan Architect 113 Spring, 2019：Expo'70，新建築社，2019年

　　　　　3）日本の膜構造・作品選集，石井一夫，SPS出版，1993年

Column 6　1）日本における初期の鉄筋コンクリートドーム構造の事例について(その1)(その2)，川口健一・上村一貴・岡建司，日本建築学会大会学術講演梗概集，2019年

Column 7　1）家屋耐震構造論，佐野利器，1915年

　　　　　2）日本における木造住宅の耐震性一その歴史と現状―，坂本功，住宅総合研究財団研究年報No.20，1993年

　　　　　3）日本の木造架構史，増田一眞，公益社団法人日本建築士会連合会会誌 建築士CPD講座全12回，2017〜2018年

　　　　　4）耐震木造技術の近現代史: 伝統木造家屋の合理性，西澤英和，学芸出版社，2018年

　　　　　5）〈総説〉構造用集成材の変遷とその部材特性に関する近年の研究，森拓郎，2002年

　　　　　6）集成材〈木を超えた木〉開発の建築史，小松幸平，京都大学学術出版界，2016年

　　　　　7）木構造計算規準・同解説，日本建築学会，1949年

　　　　　8）木構造設計規準・同解説，日本建築学会，1961年

　　　　　9）木構造設計規準・同解説，日本建築学会，1973年

　　　　10）木構造計算規準・同解説，日本建築学会，1988年

　　　　11）社寺建築の力学的研究 第1部 柱の安定復原力，坂静雄，1941年

　　　　12）求道会館修理工事報告書，東京都，2002年

　　　　13）JA 33 アントニン・レーモンド，新建築，1999年

　　　　14）国指定重要文化財 旧札幌農学校演武場ホームページ　http://sapporoshi-tokeidai.jp/know/structure.php

Column A　1）鋼構造物の座屈に関する諸問題 2013，日本建築学会，2013年

Column B　1）ガラスファサード設計施工ガイドブック，JSSC，2013年

Column E　1）建築技術 1997年12月号，建築技術，1997年

Column F　1）建築知識別冊 第2集 建築ノート2 空間と構造フォルム，建築知識，1980年

　　　　　2）建築雑誌 1998年10月号，日本建築学会，1998年

　　　　　3）構造と感性，川口衛，鹿島出版会，2015年

Column G　1）膜構造：その展開，石井一夫，日本膜構造協会，1999年

　　　　　2）膜構造30年のあゆみ，日本膜構造協会，2010年

Column H　1）空間 構造 物語，斎藤公男，彰国社，2003年

Column I　1）物産会から博覧会へ―博物館前史と黎明期を辿る―：金山喜昭，Museum study，2019年

　　　　　2）Expo'70 驚愕！大阪万博のすべて，MinamiNakawada&Atmosphere ltd.，ダイヤモンド社，2005年

　　　　　3）SPACE STRUCTURE―木村俊彦の設計理念，渡辺邦夫監修，鹿島出版会，2000年

　　　　　4）新建築 1992年12月臨時増刊 木の空間，新建築社，1992年

　　　　　5）橋 その9，松井源吾，土木春秋社，1988年

Column J　1）ケーブル構造設計指針・同解説，日本建築学会，2019年

本書執筆担当・執筆協力・図版作成協力 （五十音順，敬称略）

執筆担当

今川憲英　　010・040・129・131

小澤雄樹　　014・017・019・022・049・062・085・089・098・099・123
　　　　　　Column D・Column E・Column I

金箱温春　　015・021・028・035・043・046・054・063・069・080・093・100
　　　　　　Column A

川口健一　　025・034・050・053・086・132
　　　　　　Column 6

河端昌也　　011・026・047・051・073・074・077・084・109・122・130
　　　　　　Column C

喜多村 淳　　005・009・031・036・042・056・126・134
　　　　　　Column 5・Column G

齋藤公男　　006・012・013・016・018・032・033・048・057・064・072・081・082・083・108・
　　　　　　112・113・114・121・122・125
　　　　　　Column 2・Column B・Column H・Column J

佐々木睦朗　001・004・007・029・039・044・071・079・097・118

竹内 徹　　030・055・058・059・060・087・092・095・102・119

松尾智恵　　027・066・075・090・101・103・120・135・136・137
　　　　　　Column 1

満田衛資　　023・024・068・094・096・104・124
　　　　　　Column 3・Column 4

三原悠子　　002・003・020・037・038・041・045・061・065・127
　　　　　　Column F

武藤 厚　　078・091

宮里直也　　013・016・018・032・033・048・057・072・081・082・083・108・110・114・121・125
　　　　　　Column 2・Column B・Column H・Column J

山田憲明　　008・052・067・070・076・088・105・106・107・111・115・116・128・133
　　　　　　Column 7・Column K

執筆協力

佐々木直幸	006・108
金田勝徳	013
与那嶺仁志	017
中島 肇	018
向野聡彦	030
中西規夫	055
西谷隆之	057
高橋寛和	072
松井徹哉	078
渡邊朋宏	082
徳渕正毅	085
髙見澤孝志	091
小栗 新	099
奥出久人	100
柴田育秀	110
人見泰義	112
徐 光	121
高野勝吉	
坪井善昭	125
上村一貴	Column 6
岡 建司	
鴛海 昂	Column H・Column J

図版作成協力

門積直宏（京都工芸繊維大学）

井出悠介

小野竜輝

松本直巳

白鳥友耶

日塔 萌

山本菜生

渡部翔伍

小宮山 慎

網元佑華

佐藤和泉

佐藤実莉

米田理紗

都野弦太

大木智史（以上，芝浦工業大学）

大矢俊治

水谷圭佑

李 陽洋

幸田雄太

中楚洋介

張 天昊

東京大学生産技術研究所映像技術室
　（以上，東京大学）

鴛海 昂

鮎沢康太

井手健人

伊藤拓海

印南千尋

江黒皓介

沖山広樹

奥平康祐

菊池 舞

高野敦士

林 航平

松田章吾

村上佳菜子

山内健史

山中洋輝（以上，日本大学）

周 穎琦（横浜国立大学）

大野 妙（所属なし）

238

日本の構造デザインガイドブック

発行	2023 年 11 月 19 日
編者	一般社団法人日本建築学会
発行者	橋戸幹彦
発行所	株式会社建築技術
	〒 101-0061　東京都千代田区神田三崎町 3-10-4　千代田ビル
	TEL 03-3222-5951　FAX 03-3222-5957
	http://www.k-gijutsu.co.jp
	振替口座 00100-7-72417
造本デザイン	春井裕（ペーパー・スタジオ）
印刷・製本	三報社印刷株式会社

ISBN978-4-7677-0183-7
©Architectural Institute of Japan, 2023
Printed in Japan

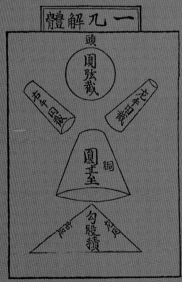

身体を幾何学図形に分解する「一九解体」の図
柴村盛之『格致算書』